Heinz Ohff

Karl Friedrich Schinkel

oder Die Schönheit in Preußen

Mit 38 Abbildungen

Piper
München Zürich

Die Aufnahmen für den Bildteil
wurden von Christiane Hartmann angefertigt.

ISBN 3-492-03909-x

Gesetzt aus der Sabon-Antiqua
Satz: Uhl + Massopust, Aalen
Druck und Bindung: Clausen & Bosse, Leck
Printed in Germany

Inhalt

1. Der große Brand

26. August 1787. Ein, wie man annehmen darf, friedlicher Sommertag dort, wo die Mark Brandenburg am brandenburgischsten ist, idyllisch, landschaftlich hübsch und ein bißchen eintönig. Eine Landschaft im Abseits. Leute in großen Städten träumen von solchen Gefilden, und Schriftsteller versehen sie mit all den alten Tugenden, deren Niedergang man beklagt – beides nicht immer zu Recht.

Neuruppin oder, wie es damals noch heißt, Ruppin, dämmert an seinem gleichnamigen See vor sich hin. Für ihn ist noch ein anderer Name gebräuchlich: Rhinsee, nach dem Flüßchen, das ihn durchfließt.

Der See hat eine merkwürdig langgestreckte Form, wie eine Gurke. Fontane, Neuruppiner von Geburt, schildert ihn – übrigens im ersten Satz des ersten Bandes seiner *Wanderungen durch die Mark Brandenburg* – als ein Gewässer, das »fast die Form eines halben Mondes hat«.

Der Superintendent für Kirchen und Schulen in Neuruppin, Johann Cuno Christoph Schinkel, kommt eben in einer kleinen Tochterkirche auf der dem Städtchen gegenüberliegenden Seite des Ruppiner Sees seinen seelsorgerischen Pflichten nach. Die Entfernung ist nicht groß. Der See hat hier freilich die Breite eines stattlichen Stroms. Deutlich sieht man die gotische Backsteinkirche und das alte Dominikanerkloster direkt daneben, dahinter die Gärten und Dächer der Wohnhäuser und Katen mit ihren rauchenden Schornsteinen.

Wir wissen nicht, ob man den Geistlichen alarmierend aus seiner Arbeit gerissen oder ob er es selbst bemerkt hat. Plötzlich muß der drüben aufsteigende Rauch nicht mehr aus den Schornsteinen allein gekommen sein. Auf einmal quillt er dichter, schwärzer, bauchiger in den Himmel, von rotem Flammenschein durchzuckt. Schinkel mag zunächst an eine Augentäuschung gedacht haben, aber die Rauchsäule und die vielen kleineren Brandherde, die sich ausdehnen, dürften ihn rasch eines Schlimmeren belehrt haben. Neuruppin brennt und, so scheint es, lichterloh. Auch die Stelle, an der Schinkels Wohnhaus liegt, am Kirchplatz, ist in Rauch und Feuer gehüllt. Dort befinden sich seine Frau und fünf Kinder.

In der Eile steht weder ein Wagen und noch ein Boot zur Verfügung. So macht sich der Einundfünzigjährige zu Fuß auf den meilenweiten Weg um den See herum. Besorgt gerät er ins Laufen und ist schon am Ende seiner Kräfte, als ihn ein nachgeschickter Wagen endlich einholt.

Es wird Abend, ehe der Superintendent Neuruppin erreicht. Die Stoßgebete, die er während der beschwerlichen Fahrt gesprochen haben wird, sind in Erfüllung gegangen. Sein Haus ist zwar niedergebrannt, aber die Familie rechtzeitig in Sicherheit gebracht. Die Erleichterung bleibt indes vorläufiger Natur. Noch ist die Feuersbrunst nicht gelöscht. Der völlig ermüdete Mann, vom Laufen verschwitzt und auf dem Kutschbock dem kühlen Wind ausgesetzt, fiebert. Ungeachtet dessen schließt er sich gleich den Löschmannschaften an und versucht, die Hilfsmaßnahmen zu koordinieren. Er hilft, wo immer er kann, bis er erschöpft zusammenbricht. An den Folgen der Überanstrengung und wahrscheinlich einer Lungenentzündung ist Johann Cuno Christoph Schinkel zwei Monate später, am 25. Oktober 1787, gestorben.

Für Karl Friedrich Schinkel, seinen ältesten Sohn und zweitältestes Kind, ein schicksalhaftes Datum. Er ist, als sein Vater stirbt, erst sechseinhalb Jahre alt und empfindet den Verlust als eine persönliche Katastrophe. Am Vater hängt er mehr als an der Mutter, ein nach Temperament und Anlage ausgesprochenes Vaterkind.

Das geht aus den wenigen persönlichen Äußerungen hervor, die von ihm erhalten sind. Man muß sie freilich mit besonderer Beachtung der Zwischen- und Untertöne lesen. Schinkel blieb sein Leben lang auf scheue Weise in sich gekehrt und anderen, selbst Freunden gegenüber, verschlossen. Es gibt eine »Selbstbiographie«, um die der Lexikongründer Friedrich Arnold Brockhaus ihn persönlich gebeten hat, und Andeutungen in Briefen, aus denen hervorgeht, wie nachhaltig ihn der frühe Tod des Vaters beeinflußt haben muß. Zwei weitere Todesfälle werden ihn ebenso schicksalhaft, wie es scheint, aus der Bahn werfen. In Wirklichkeit werfen sie ihn in eine ihm bestimmte Bahn hinein. Schinkel besitzt ein traumatisches Verhältnis zum Tod und zu jener großen Aufgabe, auf die er sich schon früh systematisch vorbereitet, als sei sie vorgezeichnet. Sein ganzes Leben scheint sich aus der Brandnacht zu entwickeln. Ein erschreckender Gedanke, nicht nur für einen jungen Menschen.

Die Ursache des »großen Feuers«, wie Fontane den Brand seiner Heimatstadt genannt hat, ist nie geklärt worden. Auch nicht, warum es sich so ungewöhnlich rasch hat ausbreiten können. Der Verdacht auf Brandstiftung liegt nahe, wurde aber nie bewiesen. Jedenfalls lagen zwei Drittel der Stadt nach dem Unglück in Schutt und Asche.

Man hat Neuruppin bald danach aus öffentlichen Geldern wiederaufgebaut und dabei, wie so manche Stadt im Wiederaufbau, endgültig zerstört. »Nach dem großen Feuer, das nur zwei Stückchen am Ost- und Westende übrigließ (als wären von einem runden Brote die beiden Kanten übriggeblieben) wurde die Stadt in einer Art von Residenzstil wieder aufgebaut«, lautet Fontanes Verdikt. »Lange, breite Straßen durchschneiden sie, nur unterbrochen durch die stattlichen Plätze, auf deren Areal unsere Vorvordern selbst wieder kleine Städte gebaut haben würden. Für eine reiche Residenz voll hoher Häuser und Paläste, voll Leben und Verkehr, mag solche raumverschwendende Anlage die empfehlenswerteste sein, für eine kleine Provinzstadt aber ist sie bedenklich. Sie gleicht einem auf Auswuchs gemachten großen Staatsrock, in den sich der Betreffende, weil er von Natur klein ist, nie hineinwachsen kann. Dadurch entsteht eine Öde und Leere, die zuletzt den Eindruck der Langeweile macht.«

Fügen wir hinzu, daß der Landesherr, Friedrich Wilhelm II., bei aller Jovialität gegenüber seinen Untertanen, in kriegerischen Zeiten auf militärische Erfolge angewiesen war. Und daß diese sich keineswegs von selbst einstellten. Die viel zu großen Plätze, die Fontane kritisiert, dürften als Exerzierplätze angelegt worden sein. Und die ebenso regelmäßigen wie monotonen Straßen liebäugelten mit einer anderen Sehnsucht des preußischen Königs, mit idyllisch-rechteckigen Residenzen wie Ludwigslust oder Karlsruhe, in deren Übersichtlichkeit man die kriegerischen Abenteuer vergessen kann.

Eine Art Residenzstadt war Neuruppin allerdings nur eine Generation zuvor die vier Jahre hindurch gewesen, die der spätere Friedrich der Große als Kronprinz in der Stadt hatte zubringen müssen. Er kam als Regimentschef von der Festung Küstrin, wo er seine Strafzeit wegen Desertion verbüßt hatte. Neuruppin war für ihn so etwas wie eine halbe Verbannung bevor er die Freiheit endgültig wiedergewann. Übrig geblieben von diesem mehr oder weniger erzwungenen Aufenthalt sind ein paar palaisartige Villen sowie der schöne Landschaftsgarten am Wall nebst Freundschaftstempel, dem Frühwerk des friderizianischen Sanssouci-Baumeisters Knobelsdorff. Friedrich scheint Neuruppin später total vergessen zu haben, nachdem er sich das nahe gelegene Schloß Rheinsberg gekauft und ebenfalls von Knobelsdorff hatte umbauen lassen.

Heute zeigt sich Neuruppin mehr oder weniger wie es von Friedrich Wilhelm wiederaufgebaut und von Fontane beschrieben wurde – ein etwas zu weit und zu groß geratener Staatsrock.

Seine fraglos turbulente Entstehung fällt in Karl Friedrich Schinkels Gymnasialzeit, von der wir ebenfalls so gut wie nichts wissen. Fast mehr noch als beim Tod des Vaters war und ist man auf Vermutungen angewiesen. So hat man die nicht eben glänzenden Neuruppiner Schulzeugnisse als »Bewußtwerdung einer echten Künstlernatur« interpretiert, aber den Gedanken, jener Wiederaufbau seiner Heimatstadt könne Schinkels Interesse am Bauwesen angeregt haben, als »reine Spekulation« bezeichnet.

Über beides läßt sich streiten. Musikalische und zeichnerische Begabung zeigen vor der Pubertät nicht nur die zukünftigen Künstlernaturen, sondern fast alle Kinder. Und daß ein derart geballtes Unternehmen wie der fast vollständige Wiederaufbau der Heimatstadt keinen Eindruck auf einen Heranwachsenden gemacht haben könnte, ist schlechterdings unmöglich. Denn dieses Ereignis hat gewiß das gesamte Leben der kleinen Stadt bis hinein in den Alltag geprägt.

So liegt die Vermutung nahe, daß solche Aktivitäten nicht ganz an einem zukünftigen Baumeister vorbeigegangen sein dürften. Inmitten der ständigen Unrast, von Lärm, Staub, Geschrei und Fuhrbetrieb, beim tagtäglichen Anblick von Maurern, die Häuser errichten und Architekten, die sie beaufsichtigen, mag auch Schinkel sich eine Arbeit ähnlicher Art für die eigene Zukunft vorgestellt, erträumt, zumindest als Möglichkeit erwogen haben.

Immerhin wird der schlechte Schüler von ehemaligen Lehrern und Schulkameraden als extrem sensibel geschildert. Er muß von jener Unnahbarkeit gewesen sein, die oft – und meist nicht unberechtigt – mit Hochmut gleichgesetzt wird. Da spielt die Belastung eine Rolle – der Verlust des Vaters, der ihn zugleich an die Stelle des ältesten männlichen Mitglieds der Familie rückt. Man darf sich ihn als selbstbewußt und leicht gestört vorstellen, dazu rasch entflammbar, vor allem beim Zeichnen und Musizieren.

Frau Dorothea ist mit ihren fünf Kindern in die Fischbänkengasse gezogen, in das sogenannte Predigerwitwenhaus, das vom großen Feuer verschont blieb. »In diesem Hause«, so Fontane, »hat Schinkel seine Knabenzeit vom sechsten bis vierzehnten Jahr zugebracht.« Da er sich weder mit der Mutter noch mit den nachfolgenden jüngeren Schwestern versteht, keine ganz einfache Zeit.

2. Von Neuruppin nach Berlin

Das Verhältnis zum Vater scheint nach dessen Tod noch zu wachsen. Von der Mutter ist bei Schinkel später kaum die Rede. In seiner Selbstbiographie für Brockhaus wird sie nur am Rande erwähnt und ihr Tod verschwiegen oder als nicht mitteilenswert empfunden. Waagen, sein erster Biograph, nennt sie »eine lebhafte Frau, von einem gesunden Verstande für das praktische Leben«.

Davon hat sie ihrem Sohn eine gehörige Portion mit auf den Lebensweg gegeben. Auch bei ihm steckt im Künstler ein Praktikus – oder umgekehrt. Dorothea Schinkel sollte man sich als herb, tapfer, auf preußische Weise pflichtbewußt, aber zugleich autoritär und Zärtlichkeiten wenig zugeneigt vorstellen. Sie entstammt einer erfolgreichen Kaufmannsfamilie, was sich für die achtunddreißigjährige Witwe mit den vielen Kindern als vorteilhaft herausstellt.

Mutter Dorothea ist eine geborene Rose. Die Roses werden meist als Neuruppiner Familie bezeichnet; zu Glück, Ansehen und nicht zuletzt einigem Wohlstand haben sie es indes in der Hauptstadt gebracht, in Berlin. Ihr Vorgehen muß man als für damalige Begriffe äußerst modern bezeichnen, denn ihren Standort haben sie zwischen Naturkunde und Handel gefunden, eine bis heute lukrative Nahtstelle. So besitzen sie in der Spandauer Straße, nicht weit vom späteren Alexanderplatz, eine gutgehende Apotheke. Sie fungiert als eine Art Stammhaus und Hauptsitz des Clans, der auch Mineralogen, Chemiker und Universitätsprofessoren aufzuweisen hat. Meist handelt es sich jedoch um Leute, die sowohl gelehrt sind als auch Handel treiben. Ein Rose wird wenig später den berühmten Alexander von Humboldt auf seiner letzten Expedition nach Sibirien begleiten.

Der jetzige Besitzer der Apotheke »Zum Weißen Schwan« heißt Valentin Rose und ist ein Neffe Dorothea Schinkels. Zum Vormund der Kinder wird zwar der Neuruppiner Geheimrat Nöldichen ernannt. Aber es ist Valentin Rose, der die sechs im Predigerwitwenhaus mit Rat und Tat unterstützt, und es dürfte ihm zu verdanken sein, wenn Mutter und Kindern wenig oder nichts abgeht. Roses halten zusammen, wie wir vom Unerschöpflichsten aller Neuruppiner, Fontane, wissen. Er hat eine Generation später im »Weißen Schwan« unter Wilhelm Rose, Valentins Sohn, eine Weile den Apothekerberuf erlernt.

Fontane war kein Augenzeuge mehr, aber doch jemand, der noch Augenzeugen gesprochen hat. Viel hat er dabei nicht herausbekommen, denn seine – sehr knappe – Beschreibung des Lebens und Treibens im Predigerwitwenhaus mutet wie eine Lesebuch-Idylle an. Berühmt gewesen sei ein alter Birnbaum, der im Hof des Gebäudes stand, sowie ein großer Garten, den er »altmodisch« nennt, worunter man sich wohl etwas wild Verwachsenes, ideal zum Toben und Spielen, vorstellen darf.

Über den Zweitältesten, Karl Friedrich, lesen wir: »Seine musikalische Begabung war groß; nachdem er eine Oper gehört hatte, spielte er sie fast von Anfang bis Ende auf dem Klavier nach. Theater war seine ganze Lust. Seine ältere Schwester schrieb die Stücke, er malte die Figuren und schnitt sie aus. Am Abend gab es dann Puppenspiel.«

Schinkels Interessen haben sich also schon in Kindertagen auf das Musische konzentriert, wobei die Musik zunächst im Vordergrund steht. Seine Zeichnungen aus dieser Zeit sehen eher kindlich aus, und als er älter wird, handelt es sich ausschließlich um Kopien nach Drucken.

Wo er in einem Nest wie Neuruppin ganze Opern gehört haben soll? Sie waren in Form von Klavierauszügen seinerzeit weit verbreitet und in vielen interessierten Haushalten zu finden. Überdies: wenn die Musen im Preußen des ausgehenden 18. Jahrhunderts eine Rolle spielten, dann im protestantischen Pfarrhaus, der Talentschmiede jener Zeit. Auch gab es unzählige Theatergruppen jeder Qualität, die durchs Land zogen und selbst in kleinen Gemeinden Sprechstücke aufführten und sogar Opern mit Klavierbegleitung. Denkbar sind zudem gelegentliche Theaterbesuche mit Verwandten wie Valentin Rose in Berlin.

Die Kinderschar ist nach Alter und Charakter bunt gemischt, sie reicht vom Backfisch bis zum Kleinkind. Beim Tod des Vaters war die Älteste, Sophie, schon fast sechzehn, die jüngste, Dorothea, noch keine zwei Jahre alt. Dazwischen befinden sich Karl Friedrich, der am 13. März 1781 geboren ist, Friedrich Wilhelm (1782) und Charlotte (1786).

Karl Friedrichs Lieblingsschwester ist die zehn Jahre ältere Sophie. Ihr bleibt er ein Leben lang am engsten verbunden. Auf den vielen Dienstreisen per Kutsche in seinen Beamtentagen nimmt er die weitesten Umwege in Kauf, um die Schwester in Krentzlin, einem Dorf unweit von Neuruppin, besuchen zu können. Er besucht sie so häufig, daß ihm Krentzlin zu einer Art zweiter Heimat wird. Geht er auf längere Reisen, etwa nach Italien, dient das Predigerhaus in Krentzlin als Anlaufadresse für seine Post.

Sophie heiratet den Prediger Wagner im Jahre 1794. Sie bleibt einer väterlichen Familientradition treu, aus der ihr jüngerer Bruder ausschert – der Vater war evangelischer Geistlicher schon in der vierten Generation. Die Schwester, ohnehin so etwas wie sein zweites Ich, ist fortan das wahre Bindeglied zu seiner Familie und deren Vergangenheit, in stärkerem Maße jedenfalls als die Mutter.

Die Mutter hat offensichtlich auf die Verheiratung der Ältesten nur gewartet, um ein Vorhaben zu verwirklichen, zu dem wahrscheinlich Valentin Rose geraten hat. Als Pensionärin der Landeskirche steht ihr nicht nur das Predigerwitwenhaus in Neuruppin, sondern grundsätzlich jedes Haus dieser Institution in Preußen als Wohnsitz zur Verfügung. Um den Kindern, vor allem wohl den Söhnen, eine bessere Ausbildung bieten zu können, beschließt sie die Übersiedlung in die Hauptstadt, nach Berlin, wo im Witwenhaus der Marienkirche in der Papenstraße 10, nicht weit von Roses Apotheke, eine Vakanz eingetreten ist.

Der Umzug geht über die Ostertage 1794 vonstatten. Hoffen darf Frau Dorothea auf die Unterstützung und Hilfe Friedrich Gedikes, eines der besten Freunde ihres Mannes. Gedike ist Rektor jenes Gymnasiums Zum Grauen Kloster, das Valentin Rose schon lange für seine beiden Vettern ins Auge gefaßt hat.

Das Graue Kloster, eine mittelalterliche Gründung der Franziskaner, stand nach der Reformation leer, bis in die alten Gemäuer eine fortschrittliche »Allgemeine Landesschule für Söhne märkischer Bürger, auch die von Nicht-Berlinern«, wie es in einer Urkunde heißt, einzog. Die Schule wurde das wahrscheinlich bekannteste Gymnasium des Landes.

Ob mit oder ohne Protektion durch Rektor Gedike, die beiden Söhne des Provinzgeistlichen, der sich für seine Gemeinde geopfert hat, bestehen die Prüfung und werden in das Gymnasium in der Klosterstraße aufgenommen; der dreizehnjährige Karl Friedrich in die Untertertia. Am 3. April 1794 ist der erste Schultag.

Wenn der ältere der beiden schon auf der Schule in Neuruppin nicht eben reüssiert hat, so erst recht nicht im anspruchsvollen Grauen Kloster. Allerdings dürften weder die Mutter noch Valentin Rose etwas anderes erwartet haben. Ihre Hoffnungen hat die Familie auf den jüngeren Friedrich Wilhelm gesetzt. Ihm zuliebe wird man in erster Linie nach Berlin gezogen sein; er gilt als der Begabtere. »Voll Talent und frischer, jugendlicher Begeisterung für Poesie« nennt ihn Waagen. Friedrich Wilhelm fällt – im Gegensatz zum schwerfälligeren Karl Friedrich – das Lernen leicht, und neben dem jeweiligen Lehrstoff fliegen ihm die Herzen von Nachbarn, Lehrern und Verwandten zu.

Karl Friedrich bewundert seinen Bruder, der schon in Neuruppin sein natürlicher Spielgefährte gewesen ist, rückhaltlos und ordnet sich ihm sogar in gewisser Weise unter. Das heißt, er scheint die Vorteile, die Friedrich Wilhelm sich erwartungsgemäß erobert, ganz selbstverständlich zu akzeptieren. Ihm bleibt vieles versagt, was der jüngere Bruder spielend schafft; ihm fehlt wohl auch jener Charme, der schlechte Leistungen überstrahlt und vergessen macht. Um es vorwegzunehmen: Wahrscheinlich hat Schinkel damals, im Grauen Kloster, gelernt, daß *er* allein mit guten, mit den allerbesten Leistungen bestehen kann.

Zweifellos lernt er auf dem Gymnasium, das zahlreiche später in Preußen einflußreiche Bürgersöhne besuchen, noch einiges mehr. Bücher geben ihm nicht viel, Augenerfahrung und Schönheits- sowie Gerechtigkeitssinn alles. Und da ist Rektor Gedike vielleicht nicht der richtige, anfeuernde Pädagoge. Einer alten Erfahrung zufolge, die man erst in fortgeschrittenem Lebensalter gewinnt, nimmt man freilich von ungeliebten Lehrern oft genauso viel, wenn nicht mehr mit als von den ge- oder beliebtesten. So mag ein gewisses aufklärerisch-rationales Element, das dem späteren Romantiker Schinkel erhalten bleibt, durchaus auf Gedike zurückgehen.

Ein aufrechter und mutiger Mann, gehört er als Mitglied des Montagsclubs zur »Standes- und Geistesaristokratie« der preußischen Hauptstadt und gibt überdies eine *Berlinische Monatsschrift* heraus, die er zusammen mit dem Königlichen Bibliothekar Bieser ediert. Im Montagsclub trifft sich seit 1749 die geistige Elite der Bürgerschaft, die sich, durch Handel und Wandel klug (sowie reich) geworden, politisch und gesellschaftlich gegenüber Adel und Geistlichkeit immer stärker in den Vordergrund schiebt. Dem Debattierklub, dessen Mitgliedzahl auf jeweils 24 Personen begrenzt bleibt, gehören zeitweilig unter anderen Lessing, Nicolai, der Kammermusiker Quantz und Zelter, der Leiter der Singakademie und Duzfreund Goethes, an, aber auch jene verdienstvollen Männer wie Gedike, die auf ihrem Sektor, weniger spektakulär als in Literatur, Philosophie, Theater oder Musik das Ihre zur Fortentwicklung von Staat und Land beigetragen haben. Sie werden meist allzurasch vergessen.

König Friedrich Wilhelm II., der Neuruppin wiederaufbaute, ist als Rosenkreuzer, also Anhänger einer anzweifelbaren Mystifizierung des christlichen Glaubens, strikt gegen all die mehr oder weniger unbotmäßigen bürgerlichen Aktivitäten, die von den in Berlin besonders aktiven Aufklärern kräftige theoretische Unterstützung erfahren. So hat der König, nachdem er schon Immanuel Kant jedwede schriftliche Beschäftigung mit der Religion verboten hat, in einem Religionsedikt von 1788 Presse und aufklärerische Philosophie in Grund und Boden gedonnert. »Da ich (...) vernehme, daß die Preßfreiheit in Berlin in Preßfrechheit ausartet, und die Büchercensur völlig eingeschlafen ist«, will er erstere (die sein großer Vorgänger Friedrich eingeführt hat) beschränken und letztere wiedereinführen. Noch ein Jahr vor dem Eintritt der Schinkel-Brüder ins Graue Kloster hat er vier Mitglieder des Oberschulkollegiums, darunter Gedike, als »Bekannte Neologen und sogenannte Aufklärer«, die er nur noch kurze Zeit dulden wolle, beim Namen genannt.

Ein »Neologe« (eigentlich: Spracherneuerer) ist damals ein Verfechter jener bürgerlichen Rechte, die bei Friedrich Wilhelm II., seiner Leutseligkeit zum Trotz, noch sehr im argen liegen. Karl Friedrich Schinkel freilich bedeutet die Aufklärung wenig oder nichts. Er denkt in anderen, weniger abstrakten Kategorien und entwickelt früh eine Abneigung gegen jede gesellschaftspolitische Betätigung. Das mag bei einem aufgeweckten jungen Mann erstaunen, seine Neutralität wird ihm später im Amt als oberste Bauinstanz in Preußen zugute kommen. Sowohl der Jüngling als auch später der Mann ignorieren Klassen- und Standesschranken ebenso wie alle politischen Grenzziehungen. Schinkel denkt ausschließlich musisch, was bei ihm freilich praktisches Denken nicht ausschließt, sondern – im

Gegenteil – erfordert. So mögen ihm der Baueifer und die Kunstliebe des Königs mehr imponiert haben als die anscheinend und aus seiner Sicht kleinlichen Einwände seines Schulrektors. Gegenüber der Berufung von Schadow und Langhans, der Gründung eines Deutschen Nationaltheaters und einer Singakademie, zu schweigen von Gastspielen sowohl Mozarts als auch Beethovens erscheinen dem Schüler geknebelte Gazetten und Buchzensur als läßliche Sünden.

Karl Friedrichs Ehrgeiz beschränkt sich, soweit überhaupt vorhanden, auf kulturelle Gebiete, Musik, Theater, Zeichnen. Zeitgenossen haben ihm nachgesagt, er sei höchstens darauf bedacht gewesen, im Schulpensum nicht allzuweit hinter dem jüngeren Bruder zurückzubleiben, der sein heimliches Vorbild gewesen sei.

Wir wissen nicht, woran dieser offenbar ganz plötzlich 1797 mit erst fünfzehn Jahren gestorben ist, wahrscheinlich an der Schwindsucht, der Geißel jener Tage. Nach dem Tod des Vaters der zweite einschneidende Verlust. Im übrigen der zweite Todesfall unter den Geschwistern: im Umzugsjahr 1794 ist die kleine Dorothea, acht oder neun Jahre alt, in Krentzlin gestorben, wohin sie wohl die älteste Schwester begleitet hat, anstatt mit den anderen nach Berlin überzusiedeln.

An sie wird sich Karl Friedrich Schinkel kaum erinnern. Der Tod des Bruders rückt ihn, obwohl er der Ältere war, auf einen anderen Platz in der Familienhierarchie. Bisher hat Friedrich Wilhelm neben dem Wohltäter Valentin Rose die Stelle des höchsten männlichen Familienmitglieds und künftigen Oberhaupts eingenommen. Jetzt ist es Karl Friedrich, dem sie einst zufallen wird. Ob er will oder nicht, ändert diese Situation seine Zukunftspläne.

Es ist nicht der Tod des Bruders allein, auf den Karl Friedrich Schinkel so selbstbewußt und konsequent reagiert, wie es sonst nicht seine Art ist. Aber es hat mit der Tatsache zu tun, daß er sich als künftiges Familienoberhaupt ansieht und als solches umplanen muß. Was er braucht, ist eine Tätigkeit, die seiner musischen Begabung entspricht und ihm zugleich als Brotberuf dienen kann.

Sowohl Mutter als auch Vormund sind dagegen; es kommt, so steht zu vermuten, zu erbitterten Szenen im Predigerwitwenhaus. Schinkel bleibt bei seinem Entschluß. Er will vorzeitig von der Schule abgehen und beim Sohn des Stadtbaurats Gilly die Architektur studieren. Den Stadtbaurat Gilly, einen soliden, bei Hofe hochangesehenen Mann, hätte man sich ja noch gefallen lassen. Aber Friedrich, dessen Sohn? Obwohl wegen seines künstlerischen Talents viel bewundert, gilt der als hochfahrender Schwarmgeist. Schinkel tritt, zum erstenmal, unbeugsam auf. Er hat es eben zum Sekundaner gebracht und weiß endlich, was er kann und will.

Das Abschlußzeugnis Ostern 1798 läßt keinerlei Bedauern erkennen. »Karl Friedrich Schinkel aus Ruppin«, heißt es darin, »empfahl sich durch ein gesetztes bescheidenes Betragen und bewies in vielen Lectionen lobenswerthen Fleiß. Er hat sich der Baukunst gewidmet, wo ihm seine Geschicklichkeit im Zeichnen sehr zu Statten kommen wird.«

Neben dem Tod seines Bruders ist noch etwas Entscheidendes eingetreten, das ihm den Weg weist, ein Erlebnis musischer Art. Schinkel hat eine Zeichnung gesehen, genaugenommen ein Aquarell, das ihm vor Augen geführt hat, was er im Grunde seines Herzens anstrebt. Stärker als alle sonstigen Kunsteindrücke macht ihm dieses klar, daß es etwas Schöpferisches gibt, das für Schönheit und Würde steht. Ihm hat er sich fortan verschrieben, ein endgültiger Entschluß.

3. Wie man Berliner wird

Aus der Neuruppiner Provinzpflanze ist erstaunlich schnell ein junger Berliner geworden. Die Stadt kommt ihm entgegen; er genießt sie schon als Gymnasiast, obwohl oder weil man sie damals nicht unbedingt als eine Großstadt bezeichnen kann. Sie hat mittlerweile 180 000 Einwohner, Ende des 18. Jahrhunderts eine stattliche Zahl, in der aber die Soldaten und Offiziere der umfangreichen hauptstädtischen Garnison mit enthalten sind.

Die Residenzstadt macht auf den ersten Blick eher einen kleinstädtischen Eindruck. Sonntags hört man noch die Glocken der Kirchen läuten, zu denen sich die Berliner, die als einfallsreich und arbeitsam gelten, in Scharen drängen. Eine protestantisch fromme Stadt.

Hinter den Kulissen freilich sieht das anders aus. Das Militär gibt den Ton an, nicht unbedingt den besten. Denn unter dem leichtlebigen König, von den Berlinern »der dicke Willem« genannt, haben sich auch Militär und Stadt das leichtere Leben angewöhnt. Seinen Truppen hat Friedrich Wilhelm nicht weniger als 54 Freudenhäuser eingerichtet, die ebenso einheimischen Bürgern und Fremden offentstehen. Zu schweigen von den behördlich auf preußische Weise kontrollierten Nutten, die, als Kennzeichen eine rote Schleife auf der linken Schulter tragend, selbst Schloßplatz und die Prachtstraße Unter den Linden bevölkern. Eine Großstadt ist Berlin noch nicht, aber, neben seinen bürgerlichen Stadtteilen, immerhin ein Sündenbabel.

Gewiß, da gibt es die haupt- und durchaus schon großstädtische Geschäfts- und Bummelstraße Unter den Linden. An ihr oder in unmittelbarer Nähe liegt alles, was in Berlin, das von keinem Geringeren als Friedrich Nicolai vor kurzem den ersten Reiseführer erhalten hat, sehenswert ist: Schloß, Zeughaus, Hedwigskirche, Stadtbibliothek, die beiden Akademien der Künste und der Wissenschaft gemeinsam im ersten Stock des königlichen Marstalls, Schauspielhaus, Singakademie, Weinstuben und Cafés. Nicht zu vergessen jenes ebenfalls erst unlängst fertiggestellte Bauwerk, das die schöne Straße abschließt oder mit dem sie beginnt, das Brandenburger Tor. Es kündet, ein Friedenstor, vom König geschaffen als Öffnung einer Stadtmauer, die einen Großteil Berlins umzogen hat, eine neue Zeit an und einen neuen Geschmack. Den Propyläen in Athen nachempfunden, scheint es auf weitere Bauten im klassischen, klassizistischen Stil nur zu warten.

Ansonsten bieten die Straßen der preußischen Hauptstadt nicht viel. Die meisten sind noch nicht einmal gepflastert. Im Sommer bläst einem der Wind den Sand ins Gesicht, im Herbst und Winter versinken Gehsteig und Fahrbahn im knöcheltiefen Morast. Ein paar Öllaternen beleuchten nachts zumindest einige Straßen notdürftig, während der Großteil der Stadt weiterhin dunkel bleibt. Wer nach Sonnenuntergang ausgeht, braucht eine Laterne, möglichst mit einem gemieteten Lohndiener, der ihn sicher nach Hause geleitet.

Im Grunde genommen ist dieses Berlin nicht *eine* homogene Stadt, es gibt deren mehrere: sie sind ineinander verschachtelt wie die berühmten Puppen in der Puppe. Obwohl sie eine um die andere ineinander übergehen, bleiben sie nach Stand, Klasse und Stadtteil voneinander weitgehend getrennt.

Neben diesem dörflichen Berlin, gegen das die wiederaufgebaute Stadt Neuruppin luxuriös modern wirkt, gibt es noch ein fleißiges, sauberes, einigermaßen wohlhabendes, bürgerlichbraves, mitunter vielleicht etwas spießiges Berlin, das man an den gepflegten Vorgärten sowie am wohlorganisierten Handel und Wandel erkennt, das Herz der Hauptstadt. Einen krassen Gegensatz dazu bildet jenes Amüsierviertel mit den vielen Kneipen und roten Lampen, in dem die Fremden ausgenommen werden, der Sündenpfuhl, als der Berlin weithin in deutschen Landen verschrien ist. Darüber hinaus gibt es natürlich das höfische Berlin, streng exklusiv, eine Welt für sich, und jene kasernierte Stadt, die das Militär, Offiziere, Unteroffiziere und Mannschaften, bewohnt. Das Ganze wirkt – und ist – reichlich zusammengewürfelt; es ergibt insgesamt kein eindeutiges Gesicht. Groß und bedeutend mag diese Stadt in jenen Tagen kaum sein. Aber langweilig ist sie nicht.

Man kann verstehen, daß der junge Neuruppiner, wann immer er dazu Gelegenheit hat, die Berliner Straßen neugierig durchstreift. Inwieweit ihn sein Bruder auf derartigen Streifzügen begleitet hat, wissen wir nicht. Karl Friedrich Schinkel fühlt sich jedenfalls bald heimisch. Wie er über seine Jugend nie das Geringste geäußert hat, so verliert er auch kein Wort über sein Berlinertum. Er wird Berliner geworden sein wie jeder, der sich eines Tages einer Stadt zugehörig fühlt: Man wacht morgens auf und möchte nicht mehr woanders sein.

Es hat dies bei Schinkel freilich mit einem Berlin zu tun, das wir bislang nur gestreift haben. Es beginnt sich eben abzuzeichnen, obwohl es seine Schatten schon länger vorausgeworfen hat, ein weiteres, ein anderes Berlin: eine Stadt des Geistes und der Kultur.

Angeregt von dem Elan der Aufklärung, ebenso wie dem Geld, das der spendable König ausgibt – meist sehr viel mehr, als er besitzt –, regen sich plötzlich wieder altehrwürdige Institutionen. Sie zeigen sich in neuem Gewand und beschäftigen sich mit dem, was Leute wie Nicolai oder Gedike, etwas hochtrabend »die Erziehung des Menschengeschlechts« nennen. So erteilt die Akademie der Künste Berliner Handwerkern ästhetischen Unterricht. Berlin wird zu einem Zentrum des Kunsthandwerks.

Die Akademie der Wissenschaften veranstaltet regelmäßig öffentliche Vorträge, die alle möglichen Wissensgebiete betreffen und jedermann offenstehen. Berlin schafft sich – eine Universität hat man noch nicht – eine Frühform der Volkshochschule. Die Singakademie, die in ihre Arbeit auch Laien einbezieht, bietet ein musikalisches Programm, wie es sonst kaum bei Hofe geboten wird. Und in den Salons, die meist von emanzipierten Frauen, vielen jüdischer Herkunft, geleitet werden, duldet man bald in Gesprächen und Diskussionen kein Tabu mehr. Ein großer Nachholeifer der bisher benachteiligten Stände hat eingesetzt. Ist die deutsche Klassik der Zeit noch in Weimar und Jena beheimatet, so wird Berlin an der kommenden Gegenbewegung, der Romantik, einen durchaus schöpferischen Anteil nehmen.

Es ist dieses Berlin, in dem Schinkel eine aquarellierte Zeichnung sieht und durch sie fast schlafwandlerisch zu seiner Berufung und seinem Lehrer findet. Genaugenommen findet er sogar zwei Lehrer, einen älteren, väterlichen, erfahrenen, und einen nahezu gleichaltrigen, genialisch begabten Freund. Ein Glücksfall, wie ihn das Sprichwort nur dem Tüchtigen auf Dauer zugesteht.

Die Zeichnung sieht Schinkel in der Akademie der Künste Unter den Linden. Sie veranstaltet seit einiger Zeit alle ein bis zwei Jahre öffentliche Kunstausstellungen, die einzigen, die in Berlin stattfinden. Neben Malerei und Bildhauerarbeiten werden auch Architekturzeichnungen, Kunstgewerbe und sogar Entwürfe für die Industrie (wir würden es heute »Design« nennen) vorgestellt.

In der Ausstellung des Jahres 1797 werden unter anderem die Ergebnisse eines Wettbewerbs für ein Denkmal Friedrichs des Großen gezeigt. Das Blatt, das den Sechzehnjährigen fasziniert, geradezu umwirft und »den zündenden Funken der Kunst in seine Seele« wirft, wie es Waagen ausdrückt, ist anderthalb Meter lang und stammt von Friedrich Gilly, dem Sohn des derzeitigen Berliner Oberbaurats und Inhabers einer bescheidenen, aber populären Bauschule, David Gilly. Der Vater ist ein erfahrener Architekt für alles Bauliche, der Sohn, obwohl nur wenige Jahre älter als Karl Friedrich Schinkel, gilt als kommendes Genie der Baukunst und wird bereits viel beschäftigt.

Er ist tatsächlich ein vorzüglicher Zeichner, und als erster lernt der junge Schinkel von ihm, wie wichtig ein genauer und plausibler Vorentwurf sein kann. Denn es ist seine Zeichenkunst, die Friedrich Gilly in diesem Wettbewerb einen Vorsprung sogar vor sehr erfahrenen und älteren Beteiligten gibt, Bildhauern und Architekten wie Langhans, Schadow, seinen ersten beiden Lehrern, oder Hirt und Gentz.

Mit einem Denkmal für ihren größten König haben sich die Preußen schon zu Lebzeiten Friedrichs II. schwergetan und auf die Zeit nach seinem Tode vertraut. Unter seinem Nachfolger, dem erst dreiunddreißigjährigen Friedrich Wilhelm II., ist es indes zunehmend schwieriger geworden, denn Geschmack und Stil haben sich, fast über Nacht, gewandelt. Auf das schmuckreiche und pompöse Rokoko, wie es Friedrich liebte und Friedrich Wilhelm ebenfalls am liebsten mag, ist, theoretisch vorbereitet von Kunstphilosophen wie Johann Joachim Winckelmann und praktisch von der antirokokesken Architektur der Französischen Revolution, der strenge, an das klassische Griechenland anknüpfende Neoklassizismus gefolgt.

Seither liegen Berlins Fachleute miteinander im erbitterten Streit um die Frage, ob man die Gestalt des großen Königs im Gewand seiner Zeit oder doch besser in dem »der Alten« abbilden solle. In einer schon vorher von der Akademie veranstalteten Ausschreibung hat der schlaue Schadow den Alten Fritzen gleich doppelt eingekleidet – einmal in die friderizianische Uniform und einmal in die Toga – dargestellt.

Das Brandenburger Tor von Langhans und Heinrich Gentz' Münze am Werderschen Markt haben in Berlin schon die ersten klassizistischen Stadtzeichen gesetzt. Gillys Denkmalentwurf hingegen ist so etwas wie ein Traum in klassizistischem Stil, eine gewaltige Anlage modernisierter Antike. Durch schwarze Obelisken führt der Weg den Besucher auf düstere ägyptische Grabkammern zu und von dort über breite und steile, alle vier Seiten umlaufende Stufen in die Höhe. Auf dem braunen Sockel ruht ein gewaltiger dorischer Tempel, halb Festung, halb Monument, hoch über der Stadtlandschaft und von überall her sichtbar. Je höher man steigt, desto heller gestaltet sich der Bau.

Der Tempel hat die Ausmaße des Parthenon in Athen, und das abschließende, wieder von schwarzen Obelisken eingerahmte Tor ist höher und größer als das Brandenburger Tor. Der Sarkophag Friedrichs des Großen befindet sich im Sockelgeschoß, eine Statue des Königs hoch oben im Tempel. Zeitgenossen und Nachfahren sind übereinstimmend der Meinung, daß Gillys Entwurf der einem Nationalheros würdigste ist. »Das Denkmal wirkt abwehrend und einladend zugleich«, findet Jutta von Simson. Auf dem Leipziger Platz, wie von Gilly geplant, errichtet, hätte der Entwurf, so Oswald Hederer, der Münchner Bauhistoriker, »dem europäischen Städtebau eine Anlage seltener Idealität geschenkt«.

Aber der gewaltige Entwurf bleibt Projekt. So sehr Gillys Konzept Künstler, König, Bürgerschaft, Adel und Militär beeindruckt, eine Aussicht auf Realisierung besteht von vornherein nicht – Gilly hat, wie fast immer, über alle Realitäten hinweg geplant. Das Ganze würde weitaus mehr kosten, als die königliche Schatulle hergibt. Chodowiecki möchte den Plan trotzdem gern anpacken – er ist eine der mutigsten Persönlichkeiten der preußischen Kunstgeschichte. Seit jeher tritt der große Kupferstecher und Illustrator, ein früher Demokrat, für Mehrheitsentscheidung und Mitbestimmung der Künstlerschaft in musischen Fragen ein. Der König aber, der Chodowiecki nach langer Zurücksetzung eben erst zum Akademiepräsidenten ernannt hat, hört nicht auf ihn. Statt dessen erklärt er den bescheideneren und preiswerteren Entwurf von Langhans zum Sieger im Wettbewerb.

Doch auch diesem bleibt die Verwirklichung versagt, denn der König stirbt noch im November des gleichen Jahres 1797.

Eine Anlage seltener Idealität ist Berlin nicht beschieden. Dafür beschert Gillys Entwurf dem Staat einen Baumeister, der es in Zukunft versteht, preußisches Schönheitsverlangen und preußische Sparsamkeit auf einen Nenner zu bringen.

Der junge Schinkel kopiert in seiner Begeisterung Gillys Entwurf gleich mehrere Male. Dank vieler Übung hat er sich zu einem geschickten Kopierer entwickelt. An eigene Entwürfe traut er sich vorerst nicht heran.

In seiner Zeit am Grauen Kloster muß ein Blatt entstanden sein, das griechische Ruinen zeigt, für die keine Vorlage bekannt ist. Aber selbst wenn es sich um eine eigenständige Komposition handelt, stellt es eher eine Ausnahme dar. Noch wagt der junge Mann sich nicht weit vor im Bereich der Kunst und Architektur. Wo er sich jedoch heimisch fühlt, da triumphiert er selbst über moderne Augen. Bis in unsere Tage ist zweifelhaft, ob eine allgemein als »vorbereitende Skizze« des Friedrich-Denkmals angesehene Zeichnung von Gilly stammt oder nicht doch nachträglich von Schinkel gezeichnet worden ist. In ihrem sorgfältigen und genau geführten, nie aber pedantischen Strich wirken beide bald ununterscheidbar.

Einmal in Zugzwang geraten, muß Schinkel sogar seine angeborene Schüchternheit überwunden haben, die noch dem berühmten Künstler zu schaffen machen wird. »Die Verehrung des jugendlich begeisterten Gemüts (...) war so groß«, schreibt Waagen, »daß er ihn wie ein höheres Wesen betrachtete und sich ihm fast nicht ohne Zittern nähern konnte.«

Er muß sich Gilly, wenn vielleicht auch zitternd, noch während der Akademieausstellung genähert haben. Wenig später nennt der Bildhauer Johann Gottfried Schadow den jungen Schinkel »Gillys Eleven« und fügt hinzu, dieser könne »als eine Naturwiederholung seines Meisters« betrachtet werden.

Ein prophetisches Wort.

4. Die Naturwiederholung

Nimmt man den Begriff Naturwiederholung wörtlich, könnte er in vorliegendem Fall nicht absurder wirken. Es gibt kaum größere Gegensätze als Friedrich Gilly und Karl Friedrich Schinkel. Auf der einen Seite der selbstbewußte, frühreife und schon erfolgverwöhnte Baumeistersohn, auf der anderen der gehemmte (noch dazu schlechte) Schüler vom Lande, der, wenn er erregt ist, leicht ins Stottern gerät. Ein kleines Wunder, daß sich der Jungstar und sein nur fünf Jahre jüngerer kleiner Bewunderer auf Anhieb verstehen und Gefallen aneinander finden. Es dauert nicht lange, und aus dem Meister-Eleven-Verhältnis ist eine enge persönliche Freundschaft geworden.

Das Lehrverhältnis währt freilich nur kurz. Gewiß zum großen Kummer des »Eleven« entschwindet Friedrich Gilly schon im April 1798 wieder seinem Gesichtskreis, als sich der junge Baumeister mit einem Stipendium auf eine anderthalbjährige Studienreise durch Deutschland, Frankreich und England begibt.

Kann sein, daß es Schinkel nun »mit der ihm eigenen Zähigkeit« gelang, wie Mario Zadow in der bislang umfangreichsten aller Schinkel-Biographien schreibt, »Gillys einflußreichen Vater (...) für sich zu gewinnen«. Genausogut kann damit aber das Eingreifen jenes Justizkommissarius Nöldichen aus Neuruppin in Zusammenhang stehen. Der offizielle Vormund des erst Siebzehnjährigen versucht, ihm das Studium der Architektur kurzerhand zu verbieten oder auszureden. Dem Bauen verheißt er bei derart unsicheren Zeitläuften keine große Zukunft, womit er sogar, wie sich herausstellen wird, recht behält. Schinkel solle sich statt dessen lieber aufs Brauen (von Branntwein oder, noch besser, Bier) verlegen, wie es Ruppiner Sitte sei. Ein wohlgemeinter Ratschlag, der selbstredend auf taube Ohren stößt. Aber wahrscheinlich kann Nöldichen gegen eine Ausbildung beim Berliner Stadtbaumeister höchstpersönlich keine plausiblen Einwände erheben. Und David Gilly scheint vom jungen Schinkel nicht weniger angetan als sein Sohn. Jedenfalls nimmt er ihn »zum üblichen Honorar« in seiner Lehranstalt auf. Ihm imponiert der Enthusiasmus des jungen Mannes. Ähnlich hat er selbst, schon mit dreizehn Jahren, angefangen, wie es damals üblich war: nicht auf einer Schule oder Akademie, sondern in der unmittelbaren Praxis bei einem Baumeister.

Schulen fürs Bauen gibt es erst wenige. In Berlin bildet hauptsächlich die vom ersten Preußenkönig gegründete Akademie der Künste die zukünftigen Architekten aus – freilich nur solche für Feudalbauten vom Palais bis zum Marstall. Gilly selbst ist als Lehrer ungemein aktiv und setzt sich für eine gute theoretische und praktische Ausbildung auf dem architektonischen Sektor ein. Nach nur drei Jahren hat er seine Bauschule wieder schließen müssen, führt sie aber mit Schülern wie Schinkel weiter, bis sie – im Jahr nach Schinkels Eintritt – von der neu gegründeten Bauakademie übernommen wird.

Der junge Neuruppiner hat doppeltes Glück: er gerät an einen vorzüglichen Pädagogen und erhält anschließend eine erste exakte, von Fachleuten geleitete Gesamtausbildung an einem Fachinstitut. Gilly, sein erster Lehrer, ist damals fünfzig, seit 1788 Berliner Oberbaurat, und besitzt Kenntnisse in allen Zweigen des Bauwesens. Lieblingsschüler wohnen bei ihm in einer Art Internat; Schinkel, der noch eine Weile bei der Mutter wohnen bleibt, zieht dann doch um. Zeitweilig bewohnt ein Mitschüler namens Leo Klenze das Nebenzimmer. Er wird später München ein neues Gesicht geben, wie Schinkel das Berliner Stadtbild prägen wird. An beidem hat ihr Lehrer Gilly einigen Anteil.

Im Gegensatz zu seinem Sohn besitzt bei David Gilly, einem pommerschen Dickschädel, die Praxis Vorrang vor der Theorie, rangieren Zweckmäßigkeit und Dauerhaftigkeit vor ästhetischem Glanz. Den Ehrgeiz, ein Idealkunstwerk zu errichten, kennt er nicht. Er hat Schlösser und ganze Dörfer gebaut, desgleichen Brücken, Kanäle und Schweineställe – alles so bescheiden, aber auch so sauber und schön wie möglich. In den neunziger Jahren baut er für den preußischen Kronprinzen, den späteren König Friedrich Wilhelm III., und dessen schöne Frau Luise Dorf und Schloß Paretz um, das Schinkel, der das königliche Paar damals wohl kennenlernt, später als Vorbild für seinen eigenen Umbau von Dorf und Schloß Quilitz nimmt. Der neue Lehrherr des jungen Anfängers ist ein Mann sparsamer Schlichtheit. Zu Preußen paßt er fast besser als sein phantasiereicher Sohn, auf den er sehr stolz ist.

Zuviel Phantasie ist David Gillys Fehler nicht. Bei ihm bleibt alles im Normalmaß. Bauherren können sich hundertprozentig darauf verlassen, daß Gilly mit dem geringsten Aufwand auskommt. Keine Kompromisse duldet er hingegen, was die Statik und ein gewisses Maß an Schönheit oder doch wenigstens Ansehnlichkeit angeht. Das von ihm umgestaltete Paretz besitzt noch heute jenen Charme, den nur die Einfachheit ausstrahlt.

Als Architekt ist sich David Gilly für nichts zu fein. Bezeichnenderweise lehrt er, der Mitbegründer der Berliner Bauakademie, das Fach Schleusen-, Hafen-, Brücken- und Wegebaukunst. Erfahrung darin hat er in den neun Jahren seiner Frühzeit in Pommern sammeln können. Seitdem weiß er, woran es den Baumeistern hauptsächlich mangelt: an Wissen und Erfahrung. So gibt der Dreimalfleißige nebenher die einzige Zeitschrift für Architektur in Preußen heraus. Sie trägt den etwas betulichen Titel *Sammlung nützlicher Aufsätze und Nachrichten, die Baukunst betreffend.*

Ein solider Könner. Aber auch einer, der ein jugendliches Gemüt wie das Schinkels mitreißen kann? Statt in die Ideenwerkstatt eines Genies ist er in das Baubüro eines perfekten Handwerkers und Beamten geraten.

Das hat freilich noch niemandem geschadet, nicht einmal dem Genie. Während sein Idealfreund Friedrich Gilly seine Studienreise durch Europa absolviert, dürfte Schinkel das für sein Metier praktische Können erworben haben. Ähnliches gilt für die Theorie, so zum Beispiel die Perspektive, ein Stiefkind der Architekten jener Zeit, wie man an ihren Zeichnungen ablesen kann. Perspektive gehört zu David Gillys Steckenpferden, und da ist der Zeichner Schinkel in seinem Element. Diese Übung wird ihm auch auf einem anderen Gebiet zugute kommen, in dem er lange Jahre hindurch arbeiten und Geld verdienen muß, der Malerei. Somit kann Friedrich Gillys Abwesenheit durchaus ein weiterer Glücksfall für Schinkels Ausbildung gewesen sein.

Der nimmt das endlose Kopieren architektonischer Grundrisse und Ansichten ohne Murren in Kauf – ein williger und fleißiger Schüler, wie alle seine Lehrer, sogar die enttäuschten des Grauen Klosters, bestätigt haben.

Es sind überhaupt die praktischen Könner, die handwerklich Erfahrenen, denen Schinkel in diesen anderthalb Jahren über den Weg läuft. So profitiert er von einem weiteren Lehrer der Bauschule und später der Bauakademie, der schon Friedrich Gilly ausgebildet hat, von Johann Albert Eytelwein. Ebenfalls Pommer, ist dieser nach erfolgreicher Tätigkeit als Deichinspektor des Militärs in Küstrin im Range eines Leutnants nach Berlin gekommen – auch so ein Praktikus, eher Ingenieur als Architekt, Fachmann für Mechanik, Hydraulik und Maschinenlehre sowie für alles, was das Bauen am Wasser angeht.

Schinkel lernt vieles von ihm, was er bald brauchen wird, mehr noch: Der ehemalige Deichinspektor, der ihm wohl will, wird Karriere machen. Man ernennt ihn 1809 zum Oberlandesbaumeister und 1816 Oberlandesbaudirektor. In beiden Eigenschaften wird er Schinkels direkter Vorgesetzter sein, und seinen ehemaligen Schüler innerhalb der Beamtenschaft erheblich fördern, bis dieser 1830 Eytelweins Nachfolge antritt. Es sind erste und frühe Verbindungen, die Schinkel weniger anknüpft, als daß sie ihm zufallen. Mit Eytelwein versteht er sich von vornherein, weil dieser sich in ästhetischen Fragen für nicht kompetent hält und diese kurzerhand Schinkel zur Lösung überläßt.

Der erlernt sein Metier zwar anders, als er es sich vorgestellt hat, aber dafür gründlich und von der Pieke auf. Als Friedrich Gilly endlich nach Berlin heimkehrt, zieht Vater David sich sofort wieder zurück und überläßt die weitere Ausbildung des jungen Eleven dem Sohn. Schinkel wird anscheinend erst jetzt offiziell zum »Lehrling« ernannt, ganz genau sind wir darüber nicht orientiert. Waagen behauptet sogar, Schinkel sei erst nach Friedrich Gillys Rückkehr vom Grauen Kloster abgegangen. Hier liegt ein Irrtum vor – oder eine bewußte Korrektur des Oberbaudirektors Schinkel, seinen am Anfang wenig glanzvollen Lebenslauf betreffend.

Das Vertrauensverhältnis zwischen Friedrich Gilly und ihm scheint sich sofort wiederhergestellt zu haben. Ob sie sich doch, wie man vermutet hat, schon von früher kennen? Gilly war zeitweilig am Wiederaufbau Neuruppins beteiligt – dennoch ist es unwahrscheinlich, daß es zu einer Begegnung zwischen einem Baulehrling und einem Schulkind gekommen ist.

Für Schinkel beginnt jetzt zweifellos der interessanteste Teil seiner Lehrzeit, ganz wie erhofft, bei dem bewunderten Vorbild. Ihre temperamentvollen theoretischen Debatten entzünden sich vor allem an den Zeichnungen und Skizzen französischer Revolutionsarchitektur, die Gilly an Ort und Stelle hergestellt hat. Von dieser Bauweise sind beide tief beeindruckt, was sich in beider Werk sichtbar niederschlagen wird.

Das alte Abendland beginnt, sich entscheidend zu verändern, auch wenn man in der preußischen Hauptstadt bisher wenig davon bemerkt haben mag. Als die Pariser die Bastille stürmten, bauten die Berliner friedlich am Brandenburger Tor. Als man sich in einen Koalitionskrieg mit den revolutionären Franzosen verwickelte, den man weder gewinnen noch verlieren konnte, überraschte der dicke Willem Untertanen und Bündnispartner mit einem einseitigen plötzlichen Friedensschluß zu Basel, eine freudige Überraschung für die einen, eine bittere Pille für die anderen. Ein zweiter Koalitionskrieg war allerdings in Sicht, lag aber wohl noch in einiger Ferne. Es dürfte Gilly und Schinkel ohnehin weniger um politische und soziale Problematik gegangen sein, als um den Niederschlag der historischen Wandlungen in Kunst, Philosophie, Ästhetik und, nicht zuletzt, im Bauen.

Die Wandlung in der Architektur hat ja schon Gillys Grabmalsentwurf durch seine überraschende Resonanz und Breitenwirkung deutlich gemacht. Dem Klassizismus, der Anlehnung an die Hochkultur der Antike, strenggenommen: der Vergangenheit, gehört die Zukunft. Der Aufklärung, die ihr Teil zu der Wandlung beigetragen hat, wird die Romantik folgen. Eine Zeit des Umbruchs.

Gilly hat sich in einigen Hauptstädten kleinerer Staaten umgetan, in Dessau, Weimar und Kassel, vor allem aber in jenen europäischen Metropolen, die dem Zeitgeist am nächsten oder am weitesten voraus sind, London und Paris. Sein besonderes Studium galt den Theatergebäuden, weshalb er auf dem Rückweg auch Bayreuth, Wien und Prag besuchte, denn Gilly hoffte, in Berlin das projektierte neue Schauspielhaus bauen zu dürfen. In Weimar muß er, wenn die überlieferten Daten stimmen, an Goethes neunundvierzigstem Geburtstag teilgenommen haben. Während Gilly, ein mitreißender Erzähler, von seinen Reiseabenteuern berichtet und über die zeichnerische Arbeit etwa in den frühklassizistischen Schlössern, die Erdmannsdorff in Anhalt erbaut hat, oder vom Sitzungssaal der 500 in Paris, kopiert Schinkel fleißig die mitgebrachten Zeichnungen, viele sogar mehrere Male. Von einer Reihe dieser Arbeiten sind nur Schinkels Kopien erhalten geblieben.

Friedrich Wilhelm von Erdmannsdorff, einer der Lehrer Friedrich Gillys, interessiert die beiden, weil er ein Frühklassizist aus der Generation von Gillys Vater ist, zwölf Jahre älter als dieser. Und der Sitzungssaal der 500 hat Palladios Theater in Vicenza zum Vorbild – er macht auf Schinkel, der mit Vorliebe das Revolutionär-Kubische abzeichnet, einen genauso modern-fortschrittlichen Eindruck wie die zeitgenössischen Skizzen aus Paris, von denen Gilly ganze Stöße mitgebracht hat.

Aber schon der Kunsthistoriker August Grisebach hat davor gewarnt, das revolutionäre Element als Triebkraft bei Schinkel zu überschätzen. »Am Ende des 18. Jahrhunderts«, lesen wir in seiner 1924 erschienenen Biographie, »als Schinkels künstlerische Tätigkeit begann, war der Kampf gegen Barock und Rokoko, den die ältere Generation ausgefochten hatte, längst entschieden. Der Klassizismus hatte sich zu bestimmtem Ausdruck entwickelt, hatte überzeugt und beherrschte die allgemeine Anschauung.« Und er fügte hinzu: »Der junge Schinkel hatte sich also nicht für einen noch umstrittenen Stil einzusetzen, was seiner Natur, der jeder revolutionäre Zug fehlte, auch wenig gemäß gewesen wäre. Daß ihm jedoch die Kunst nicht in einem Zustand akademischer Sättigung entgegentrat, lag an seinem Lehrer Friedrich Gilly. Der stellte ihm das Ziel der gegenwärtigen Bestrebungen mit dem lebendigen Feuer seiner Persönlichkeit vor Augen, als sei es noch einmal zu erobern.«

Wenn man bedenkt, daß der Fortschritt oder das Fortschreiten der Kunst damals noch nicht ihr späteres Tempo erreicht hatte, so ist doppelt erstaunlich, daß Gilly seinem Schüler-Freund nicht nur den Klassizismus und die französische Revolutionsarchitektur nahebringt, sondern schon auf die Romantik vorgreift, die sich mit ihren mittelalterlichen Vorbildern erst von fern abzeichnet. Über Berlin und Preußen hinaus ist Friedrich Gilly wenig später durch Kupferstiche nach Zeichnungen von der Marienburg bekannt geworden. So war er es wohl auch, der den Restaurator und Neogotiker in Schinkel angeregt hat.

Da entwerfen die beiden zum Beispiel utopische Stadtlandschaften mit öffentlichen Gebäuden, Obelisken und abgewandelten kubischen Gliederungen – wir stellen uns vor: enthusiastisch der eine, verbissen der andere – bis tief in die Nacht. Man muß das allerdings vor einem Alltag sehen, der sowohl Gilly als auch Schinkel einiges abverlangt. Gilly muß sich in jene praktische Arbeit stürzen, die während seiner Abwesenheit liegengeblieben ist – die Bauherren waren damals offensichtlich geduldiger als heute. Dennoch hat er auf Reisen sogar am Friedrichs-Denkmal weiterlaboriert und für die neue »Münze« von Gentz einen Relief-Fries zum Thema »Das Hervorbringen der Metalle« entworfen, in dem antike Mythologie und revolutionäres Pathos erstaunlich glatt ineinander übergehen. Schadows Atelier wird das riesige Kunstwerk in Sandstein meißeln.

Schinkel hilft in allem kräftig mit, zeichnet ins reine oder beaufsichtigt die Bauarbeiten, etwa am Wöllnerschen Landhaus im Tiergarten, dessen Vorbild ihm bekannt vorgekommen sein müßte. Was dem Geheimrat Wöllner da hingestellt wird, gleicht jenem Schlößchen Bagatelle der Marie Antoinette in Neuilly bei Paris, das Gilly dort mehrfach gezeichnet und das ihm Schinkel in allen Einzelheiten von den Blättern abkopiert hat.

Über eine reine Lehrer-Schüler-Beziehung ist das Vertrauensverhältnis der beiden jungen Baumeister längst hinausgewachsen. Jünglingsfreundschaften sind in den Tagen der Frühromantik geradezu Mode, gilt doch die Freundschaft den jungen Intellektuellen der Zeit fast mehr als die Liebe. Das Wort Seelenverwandtschaft hat in unseren Tagen einen altmodischen Klang und wird allenfalls noch halb ironisch verwendet. Um 1800 wird Seelenverwandtschaft oder -freundschaft zum zentralen Begriff, hat aber nichts oder nur wenig mit Homoerotik zu tun. Ihre Emphase und Gemütserregung erwächst aus jugendlichem Überschwang.

Jünglingsfreundschaften tragen damals – wie in der Antike jene zwischen Castor und Pollux – einen ganz anderen Zündstoff in sich. Sie haben kämpferischen, also politischen Charakter. Wie das klassische Zwillingspaar gegen die Latiner (auf seiten der Römer) gekämpft hatte, geht der Kampf der Schwärmer an der Wende zum 19. Jahrhundert gegen die großen und kleinen Tyrannen auf den unzähligen Thronen. Die Jugend reagert auf geistige und politische Impulse des amerikanischen Unabhängigkeitskrieges und der nachfolgenden Französischen Revolution. Das ist aufständisch und riecht nach Landesverrat. Man liest Hölderlins *Hyperion* und begeistert sich für Freiheitskämpfe, die nicht unbedingt im eigenen Land ausgetragen werden müssen.

Gilly und Schinkel sind keine Rebellen, sondern im Grunde unpolitische junge Fachleute, die das neue Gedankengut fast ausschließlich auf ihr Spezialgebiet beziehen. Friedrich Gilly, eben siebenundzwanzig, ist im Grunde bereits fest der Hierarchie seines Landes, Preußen, verhaftet – als behördlicher Bauinspektor und Betreiber eines eigenen Entwurfbüros, das dem seines Vaters im Ansehen nicht nachsteht.

Das neue Schauspielhaus wird er ebenso wenig realisieren wie das Friedrichs-Denkmal. 1797 folgt, siebenundzwanzigjährig, Friedrich Wilhelm III. seinem Vater auf den Thron. Der wird, im Gegensatz zu Friedrich Wilhelm II. ein äußerst sparsamer Monarch, aufwendige Pläne als umzumutbar für die preußischen Kassen betrachten und sich unter einem Denkmal für Friedrich den Großen eine einfache Säule mit Porträtskulptur vorstellen. Das Schauspielhaus streicht er fürs erste ganz – Gillys junger Freund und Schüler wird es ihm dermaleinst bauen.

Immerhin trifft Friedrich Wilhelm III., der noch heute so gern in Geschichtswerken als amusisch verschrien wird, eine wichtige Entscheidung: gleich im ersten Jahr seiner Regierung macht er aus der einfachen Bauschule eine staatliche Bauakademie. Beide Gillys und Eytelwein bleiben dem Institut als Professoren erhalten, und unter 95 Eleven, die sich am 1. Oktober zum ersten Semester einfinden, ist auch Schinkel. Er wird bei der ersten Preisverleihung des Instituts im folgenden Jahr an der Spitze der 18 besten Studenten stehen.

Zunächst hält das Jahr 1800 für ihn zwei Schicksalsschläge bereit. Am 8. März stirbt die Mutter. Sie ist nur einundfünfzig Jahre alt geworden.

Fast schlimmer noch der zweite Verlust. Am 5. August stirbt

– achtundzwanzigjährig – Friedrich Gilly in Karlsbad an Tuberkulose. Bevor er im Sommer nach Karlsbad reiste, hat er in Vorahnung seines Todes Schinkel die Weiterführung der von ihm begonnenen Arbeiten übertragen.

Beide Todesfälle verändern Schinkels Leben.

In der Familie ist er fortan das formale Oberhaupt. Und in Preußen, bei König und Adel, genauso wie bei den Berliner Bürgern, gilt er in Zukunft als Friedrich Gillys legitimer Nachfolger, eine Art Kronprinz der Architektur in Preußen. Grisebach sieht es positiv, denn »die ersten selbstständigen Aufträge, mit denen der kaum Zwanzigjährige zumeist vom märkischen Adel in den nächsten Jahren betraut wurde, wird er dem Ansehen zu verdanken haben, das ein Mitarbeiter Friedrich Gillys genoß«.

Man kann die Übertragung der Nachfolge, die Gillys Testament für den jungen Schinkel bedeutet haben muß, auch als eine Belastung sehen. In beiden Fällen rückt er gleichsam ohne Vorbereitung aus dem zweiten Glied ins erste. Kein Neunzehnjähriger, der sich einer derartigen Doppelaufgabe gewachsen fühlen könnte. Schon gar nicht einer, der sich so definitiv verantwortlich für alles fühlt, was er tut.

Wie hat es Schadow ausgedrückt? Schinkel sei Friedrich Gillys Naturwiederholung. Eine Naturwiederholung, stellt man sich vor, ist unauflösbar, eine schicksalhafte Vorbestimmung. Ihr kann er nicht entrinnen – und will es wohl nicht einmal.

Schinkel selbst an David Gilly: »Wenn das Geringste in mir aufkeimt und einigen Fortgang findet, so habe ich diese Vorteile allein dem lehrreichen Umgang mit ihm zuzuschreiben, für jedes Glück, das mir bis jetzt in meiner Laufbahn begegnete, und das in Zukunft meiner vielleicht noch wartet, fiel mir von ihm her der erste Samen.« Aber etwas erschrocken entzieht sich der junge Mann zunächst der Verantwortung und begibt sich auf die Spuren des verstorbenen Freundes, der in ihm nicht nur die Liebe zur Architektur geweckt hat, sondern auch Reiselust und Fernweh. Schinkel flieht ins Land seiner Sehnsucht, nach Italien.

5. Nach Italien

Die Pflicht geht allerdings vor. Flucht ist einem Preußen wie Schinkel nicht erlaubt; es sei denn, er hinterläßt alles in bester Ordnung.

Vor allem zwei Dinge müssen erledigt werden. Zum einen die Lehre, die noch nicht abgeschlossen ist. Und dann die Aufgaben, die er von Gilly übernommen hat. So besucht Schinkel einstweilen weiter die Kurse und Seminare der Bauakademie.

Eine merkwürdige Situation: Unter den 95 Schülern des Instituts ist einer, den der aussichtsreichste und kommende Baumeister Preußens dem gesamten prominenten Lehrkörper vorgezogen hat.

Alle sechs Lehrer sind hochgeschätzte Koryphäen, neben David Gilly sind es Eytelwein (der erste im Direktorenamt), Gentz (der Erbauer der »Münze«, für die Friedrich Gilly den Fries entworfen hat), Langhans (Brandenburger Tor und Opernhaus), Hirt (der Theoretiker) und Becherer, der Bauzeichnen unterrichtet. Eine kleine, aber glanzvolle Riege, deren Lehranstalt rasch europäisches Ansehen gewinnt. Fast gleichberechtigt mit ihnen wird damals, wenigstens in Berlin, der stille, fast schüchterne Schüler genannt. Als seine Leistungen noch in weiter Ferne liegen, umgibt Schinkel gleichsam intern schon ein gewisser Bekanntheitsgrad.

Das mindert nicht die gegenseitige Wertschätzung. Es dürfte

das Verdienst Becherers sein, wenn Schinkel einen Teil seiner bereits karg bemessenen Freizeit an der Staffelei verbringt. Die Zeichnung und das Aquarell beherrscht er schon beinahe meisterhaft. Jetzt beginnt er, auch in Öl zu malen, was ihm, wahrscheinlich mit Becherers Hilfe, auf Anhieb zu gelingen scheint. Es entstehen zwei romantische Gemälde, eine »Waldlandschaft mit badenden Kindern« und ein »Felsgestade am Meer«. Die ihm vererbten Zeichnungen und Aquarelle aus Friedrich Gillys Sammlung wird er sein Leben lang verwahren und betreuen wie ein fachgerechter Kurator, zudem alles schlecht Erhaltene mit eigener Hand kopieren. Den größten Einsatz verlangt die Fortführung oder der Beginn von Gillys Aufträgen – er übersteigt zweifellos seinen Status als Student einer Akademie. Viele, wohl die meisten Baustellen liegen außerhalb Berlins, in der Mark. Sie machen zeitraubende Kutschenfahrten und häufige Reisen erforderlich.

Deshalb muß Schinkel irgendwann sein Kondukteur-Examen abgelegt und bestanden haben. Ein Kondukteur ist damals noch kein Eisenbahn- oder Straßenbahnschaffner, sondern eine geprüfte Fachkraft. Die Prüfung scheint allerdings nicht mit einem Abschlußzeugnis verbunden. Das braucht Schinkel auch nicht. Gillys Testament ist mehr wert als jedes noch so gute akademische Zeugnis.

Gilly bürdet seinem Freund und Eleven postum eine Menge auf. Das reicht vom Umbau eines Schlosses (in Buckow), der ihn zwei Jahre in Anspruch nimmt, bis zum kompletten Entwurf einer Fayence-Fabrik, den er zu Hause – immer noch bei David Gilly, der ihm vielleicht dabei hilft – planen und zeichnen kann. In Bärwinkel gibt es ein ländliches Wirtschaftsgebäude zu errichten und für die Familie Prittwitz in Quilitz ein ganzes dörfliches Gefüge, ähnlich den Anlagen David Gillys in Steinhöfel und Paretz. Aus diesen Aufträgen entwickeln sich neue, die dem Gilly-Nachfolger übertragen werden. Er lernt damit die alte Architektenweisheit, derzufolge man Aufträge am besten durch ausgeführte Aufträge bekommt.

Auf dem Pfingstberg nahe Potsdam baut Schinkel einen Teepavillon, den sogenannten Pomona-Tempel, der meist als seine erste eigene und völlig selbständige Arbeit bezeichnet wird. Alles in allem stellt sich heraus, daß die noch an Friedrich Gilly gerichteten Bauwünsche des märkischen Adels durchaus konventionell sind und ebenso gut, wenn nicht besser, in den Händen David Gillys aufgehoben gewesen wären. Keine avantgardistische oder auch nur außergewöhnliche Aufgabe ist dabei.

Das legt die Vermutung nahe, daß Gilly gar nicht so revolutionär war, wie er sich gab. Es »dürfe nicht übersehen werden«, so Wolfgang Bücheles vorsichtige Formulierung in seiner Biographie (1994), »daß Friedrich Gilly da radikal war, wo ein Projekt nicht über die Stufe des Entwurfs hinauskommen würde.« Gilly also ein Avantgardist auf dem Papier und ein Realist (wie sein Vater) in der Praxis? Auch Schinkel wird später mitunter so verfahren. In der Architektur bleibt der Mittelweg immer der gangbarste. Auch dies eine Erfahrung, die in jungen Jahren niemanden enthusiasmieren dürfte.

Schinkels Arbeitspensum ist von Anfang an ungeheuer. Freie Zeit scheint ihm fremd; er arbeitet immer. So entwirft er nebenher, für sich allein, ein romantisierendes Museum, und auf der Akademie-Ausstellung 1802 zeigt sich zum erstenmal eine weitere Seite seiner vielfachen Begabung, die des Bühnenbildners – das Theater bleibt seine große Leidenschaft. Der Bildhauer Schadow, der nur ungern lobt, erklärt, Schinkels Entwurf für *Iphigenie in Aulis* habe »alles bisher Dagewesene« in diesem Fach »in den Schatten gestellt«.

Warum aber entflieht ein eben Zwanzigjähriger derartigen frühen Erfolgen, um die ihn alle 94 Mitschüler beneidet haben dürften? Schon die Zeitgenossen waren auf Vermutungen angewiesen.

Wie hätte sich der weitere Werdegang des jungen Baumeisters ohne jede freiwillige Unterbrechung entwickelt, die er einer raschen und glatten Karriere vorzieht? Er hat eben erfahren, wie schwierig sich das Bauen im großen und ganzen anläßt. Da ist der unbekannte Interessent, dem er zwei Villen am Wasser für seinen eben erworbenen Bauplatz an der Spree – etwa dort, wo heute die Kongreßhalle steht – entworfen hat. Die blockhaften kubischen Baukörper erinnern vielleicht noch an die geliebte französische Revolutionsarchitektur, sie bilden mit ihren Rundbogenarkaden und der breiten Treppe zum Fluß hinunter aber eine auf wuchtige Weise schöne Einheit. Das Ganze ist eine Idee, auf die der Entwerfer – zu Recht – stolz sein kann. Statt dessen wird der liebevoll ausgeführte Entwurf wohl kurzerhand abgewiesen.

Auch der Pomona-Tempel auf dem Pfingstberg, der damals noch Judenberg heißt, ist im Grunde nichts als ein Tee- und Picknickpavillon in einem Weingarten, den sich die Tochter des Rektors der Potsdamer Staatsschulen, Samuel Gerlach, eine Frau Oesfeld, gekauft hat. Schinkel entwirft ihn als einen quadratischen Raum, dem eine von ionischen Säulen getragene Halle vorgelagert ist. Über einen Treppenturm kann man das Dach ersteigen, auf dem sich ein zeltartiger Aufbau befindet. Das hat Charme, wird aber, da Schinkel die Bauarbeiten aus Zeitmangel nicht selbst beaufsichtigen kann, von einem Potsdamer Architekten völlig verdorben. Das Bauwerk, »Schinkels erstes«, das nur teilweise erhalten blieb, ist von ihm nicht in die Liste seiner Bauten aufgenommen worden.

Eine weitere Erfahrung, die vor und nach ihm nicht wenige Architekten mit ihm teilen: Man delegiere möglichst nichts einem Kollegen. Sie wird er sein Leben lang beherzigen und nur bei eigenen Schülern manchmal eine Ausnahme machen. Schinkel ist jemand, der schnell Erfahrungen sammelt und sie oft mit allzu großer Konsequenz verarbeitet. Negative Erfahrungen verfestigen sich bei ihm leicht zu fixen Ideen.

Aber selbst gute Erfahrungen gehen fast immer mit Enttäuschungen einher. Gillys Testament wie auch das eigene Renomee haben Schinkel bislang wenig mehr als relativ belanglose Aufgaben eingebracht; und größere Entwürfe sind nicht zur Ausführung gelangt. Das, was er in Wirklichkeit bauen möchte, wird er auf diese Weise sicher nicht erreichen, denn Bauherren findet er einstweilen nur beim Kleinadel, und der gilt, zumindest in der Mark, als völlig amusisch.

Ob er ahnt, daß sein Ziel der Hof sein muß und die Karriere dazu über den Beamtenstatus führt? Manches deutet darauf hin, denn er hat schon gewisse Anläufe genommen, wenn auch bislang ohne sichtbaren Erfolg. Das heißt, mit dem Beamtentum liebäugelt er vorerst wohl nicht, das bleibt ihm, wenn überhaupt, nur ein Notbehelf. Mit dem Hochadel hat er jedoch erste Erfahrungen gesammelt.

Ein solcher Weg führt in Berlin vor allem über das Palais Radziwill. Dort pflegt man einen Salon, den einzigen bislang, in dem Adel und Bürgertum verkehren. Bei dem letzteren gewinnt Schinkel Zugang. Als Pianist könnte er ohne weiteres professionell auftreten; seine Lieblingskomponisten sind Gluck, Haydn und Mozart. Mit seinem Freund Dolz gibt er Proben seines Könnens in dem Palais, das sich Fürst Anton Radziwill in unmittelbarer Nähe des Stadtschlosses gekauft hat.

Der musikbesessene Radziwill ist selbst schon als Komponist hervorgetreten – seine Bühnenmusik zu *Faust* ist lange an deutschen Theatern gespielt worden. Von polnischem Adel, aber preußisch gesinnt, hat er die Prinzessin Luise Friederike von Preußen geheiratet, eine Kusine des jetzigen Königs. Die Heirat gilt als nicht ganz standesgemäß, aber das läßt sich wie stets mit viel Geld ausgleichen. Und viel Geld besitzt Radziwill, der etliche Güter in Polen und Litauen sein eigen nennt und als unschätzbar reich gilt.

Auf den Soireen lernt Schinkel einige einflußreiche Leute kennen, die später zu seinen Gönnern gehören werden. Unter ihnen befinden sich der Minister Graf Haugwitz und der spätere Staatsminister, nach heutigen Maßstäben etwa Ministerpräsident, Fürst Hardenberg. Hardenberg wird für seine staatsmännischen Verdienste einst das Gut Quilitz zum Geschenk erhalten, das Schinkel eben – ein Auftrag aus dem Gilly-Erbe – umgebaut hat, und das in Neu-Hardenberg umbenannt werden wird. Haugwitz' erster Auftrag fällt allerdings wenig spektakulär aus: Er bestellt für seinen Garten ein Gewächshaus, das merkwürdigerweise mit Malereien geschmückt sein soll. Schinkel liefert einen Entwurf, der ihm gleich einen weiteren Auftrag einträgt. Der Architekt Genelli wünscht etwas Ähnliches – Treibhäuser mit Malereien geraten anscheinend in Mode – für einen Grafen in Kurland. Auch diese Bestellung wird sofort und zur vollen Zufriedenheit erledigt.

Eine wirkliche Förderung findet der charmante junge Mann in der Mutter des polnischen Fürsten. Sie besitzt in Polen ein berühmtes Gut, das sie »Arkadia« genannt hat und zu dem einer der frühesten Landschaftsgärten im englischen Stil auf dem Kontinent gehört (was den anspruchsvollen Namen rechtfertigt). Sie empfiehlt die junge Begabung Freunden und Bekannten, wovon noch der gereifte Baumeister Schinkel profitieren wird.

Frauen spielen eine entscheidende Rolle in seinem Werdegang. Mag Schinkel auch kein schöner Mann sein, selbst in seiner Jugend nicht, so verfügt er doch über Wichtigeres als Schönheit, nämlich Charme. Ein geborener *homme à femmes*, versteht er es, Frauenherzen höher schlagen zu lassen, wie Waagen, der ihn gekannt hat, ausdrücklich in seiner Biographie betont. So sei er ganz besonders gern zum Schloßumbau nach Hopfen-Buckow gefahren, wo »sein lebhafter Schönheitssinn (...) einen recht eigentlichen Augentrost« erhielt, weil »gerade zu jener Zeit eine nicht kleine Zahl schöner Mädchen aufgeblühet war«. Und in die Frau eines weiteren Gönners, des Barons Eckhardtstein, scheint er ernsthaft verliebt gewesen zu sein; er hat noch später deren »seltene Schönheit« gerühmt. Will man dem Grafen und späteren Fürsten Pückler-Muskau trauen, so handelte es sich bei Schinkels nicht gerade wenigen Liebschaften keineswegs immer um platonische. Pückler wußte gewöhnlich, wovon er sprach.

Es sind meist adlige Männer, die ihm die notwendigen Honorare zahlen: Im Fall des Barons Eckhardtstein immerhin 200 Taler, die Schinkel jährlich für Entwürfe von Topfmalereimustern zufließen – der Baron unterhält eine Steingutfabrik. Das Weiterreichen, das seit jeher für Architekten wichtig ist, besorgen in der Regel wohl die Frauen.

Wer dem kunstliebenden Grafen, ab 1806 sogar Fürsten, Heinrich XLIII. von Reuß-Schleiz-Köstritz geraten hat, den Nachfolger und Erben Friedrich Gillys aus Berlin an seinen Hof zu rufen, ist unbekannt. Der Name des Landesfürsten klingt wie eine Parodie, aber man lebt nun einmal im Zeitalter der Klein- und Kleinststaaterei. Bei den reußischen Landen handelt es sich sogar gleich um zwei Grafschaften beziehungsweise Fürstentümer. So klein sie sein mögen, genießen sie doch durch die Persönlichkeit ihrer Herrscher einiges Ansehen, wenngleich die Verwechslungsgefahr groß ist, weil jeder Thronfolger den Namen Heinrich tragen muß. Unser schon 43. Graf oder Fürst Heinrich gehört der jüngeren Linie an, dem Zweig Gera und Greiz, im Gegensatz zur älteren, die den Zweig Obergreiz bildet. Reuß existierte als Doppelland übrigens bis zum Zusammenbruch des Deutschen Reiches nach dem Ersten Weltkrieg 1919.

Schinkel fährt also nach Köstritz an der Weißen Elster, ins schönste Thüringen, und versetzt Heinrich XLIII. in nicht geringes Erstaunen. Der hat sich einen gesetzten Herrn vorgestellt, und es erscheint ein zwanzigjähriger Milchbart, der gut und gern sein Sohn sein könnte.

Dieser Scherz muß tatsächlich irgendwann gefallen sein, denn in Zukunft bezeichnet sich der Fürst in Briefen mitunter als Nennvater Schinkels und dieser sich als dessen Sohn. Schinkel wird ihn in Zukunft auf Reisen häufig aufsuchen und ihm lange, informative Briefe schreiben – der Herrscher über die Reußen und der preußische Architektenanfänger freunden sich an.

Was bei Schinkel stets heißt: für ein Leben. Freundschaften sind Schinkels Stärke, die man auch als seine Schwäche bezeichnen kann. Er freundet sich nicht eben leicht an, aber wenn, dann kann man auf ihn bauen. Da geht viel Zeit drauf für ausgedehnte Korrespondenz, Reiseumwege und laufende Kontakte, die auch der später Überbeschäftigte nur ungern abreißen läßt. Mag der junge Schinkel in Herzensangelegenheiten ein wenig schwankend erscheinen, als Freund ist er eine treue Seele.

Den Entwurf zum Umbau von Schloß Köstritz hat Fürst Heinrich trotzdem nicht ausgeführt. Noch ganz im Stil Gillys gehalten, wirkt er reichlich düster. Die schwere Architektur ist allerdings klar gegliedert, und eine wohlproportionierte Säulenvorhalle sowie die harmonische Anordnung der Rundbogenfenster in der Fassade zeigen schon Spuren einer leichten Hand, für die Schinkel später viel gerühmt werden wird. Wie schon in Buckow bestand wohl die Hauptschwierigkeit des Entwurfs in der Einbeziehung älterer Bauteile, die erhalten bleiben sollten

Die erste Reise nach Köstritz nutzt Schinkel zu einem traurig-sentimentalen Abstecher nach Karlsbad. Am 3. Juli 1801 steht er am Grab seines genau vor elf Monaten verstorbenen Freundes. Er nimmt insgeheim Abschied von seiner Jugend und tut es nach Art des toten Freundes, indem er den Grabstein »auf dem Gottesacker St. Andrea am heil. Lande« mehrfach skizziert. Den Stein hat wohl Heinrich Gentz errichtet. Der Text dürfte von seinem Bruder, Friedrich Gentz, dem Schriftsteller und Publizisten, stammen.

Hier ruht
vom Vaterlande und zahlreichen
Freunden getrennt
Ein Liebling des Himmels
und der Menschen
Ein Künstler der edelsten Art
in welchem die Fülle des Genies
mit der Reinigkeit des ächten
Geschmacks
und in der immer reizenden
Harmonie
einer schönen gebildeten Seele
die Kunst mit dem Leben sich
verschlang.

Schinkel bleibt noch eine volle Woche in Karlsbad. Den Skizzenblock führt er immer mit sich, vor allem die Landschaft mit einer auffallenden Vorliebe für Bäume zeichnend. Bäume sind und bleiben seine zeichnerische und malerische Vorliebe. Kaum ein Gebäude, das er später planen wird, ohne Bäume, kein Bild, das er malt, kein Litho, kein Stich.

Der Besuch in Köstritz deutet eine Wende an. Schinkel hat etwas Abstand gewonnen vom gesellschaftlichen und geschäftlichen Trubel in Berlin, der immer aufgeregten Stadt – Zeit zur ersten selbstkritischen Analyse. Wahrscheinlich warnt ihn eine Art Instinkt davor, sich jetzt schon voll und ganz in die Arbeit und den Konkurrenzkampf zu stürzen.

Auch sind die äußeren Verhältnisse schlechter geworden. Am politischen Horizont ziehen für das bisher friedliche Preußen Gewitterwolken auf, die nicht nur den freundlichen Heinrich von Reuß dazu veranlassen, kostspielige Umbaupläne hintanzustellen. Man traut – zu Recht – dem Frieden nicht mehr ganz.

Friedrich Wilhelm III., ein überzeugter Pazifist und vielleicht der einzige, der als solcher den preußischen Königsthron je bestiegen hat, steuert konsequent das Staatsschiff gegen den Sturm, hat damit aber wenig Erfolg. Wäre nicht seine bildschöne Königin Luise, die Popularitätskurve des ebenso rechtschaffenen wie ungeschickten Königs würde noch tiefer sinken. »Friedrich Wilhelm«, urteilt Sebastian Haffner, »erkannte nicht, daß Neutralität ihren Charakter ändert, wenn sich die umgebenden Machtverhältnisse ändern«. Der aufrechte Neutrale wird sich folglich bald im Krieg mit aller Welt befinden.

Wie Haffner hat schon Goethe geurteilt: »Zwar brannte die Welt an allen Ecken und Enden. Europa hatte eine andere Gestalt angenommen, zu Lande und zur See gingen Städte und Flotten zu Trümmern, aber das mittlere, das nördliche Deutschland genoß noch eines gewissen fieberhaften Friedens, in welchem wir uns einer problematischen Unsicherheit hingaben.« Haffner, über 150 Jahre später: »Goethe traute dem preußischen Frieden nicht. Er war ein realistischerer Staatsmann als Friedrich Wilhelm III.«

Obgleich sich Schinkel nicht für Politik interessiert, die Ungunst der Verhältnisse spürt er wohl. Ein künftiger Krieg würde zwangsläufig seinen beruflichen Werdegang erschweren, wenn nicht unmöglich machen. So beschließt er, die Ungunst der Verhältnisse zu seinen Gunsten zu wenden. Er fährt heim nach Berlin, um der Stadt den Rücken zu kehren und eine lange Bildungsreise anzutreten, die Flucht und Notwendigkeit zugleich ist. In den nächsten Jahren wird er in Italien an den »Zeugnissen der Alten« seinen Geschmack und seine Anschauungen überprüfen und erweitern.

Eine Flucht vor der Verantwortung, den Gefahren der Alltagsroutine, nicht zuletzt vor dem drohenden Krieg, bleibt es trotzdem. So sieht es jedenfalls die Familie und leistet heftigen Widerstand, wobei sich die beiden jüngeren Schwestern hinter ihren Vetter Valentin Rose, den Apotheker, stecken. Rose ist nach dem Tod des alten Nöldichen offiziell das geworden, was er der Familie seiner Tante im Grunde immer war, der Vormund.

Es geht vor allem um eine kleine Erbschaft, die Karl Friedrich anscheinend von seiner Mutter zugefallen ist. Das Verhältnis zu ihr war zwar getrübt, sie hat dem Sohn nie die Berufswahl verziehen, aber Schinkel braucht dieses Geld, um seine Studienreise zu finanzieren. Natürlich würde die Erbschaft allein dafür nicht reichen, kämen nicht die von ihm in drei Jahren von den Auftragshonoraren ersparten Gelder hinzu. Schinkel will bedingungslos sein »ganzes Vermögen«, wie er es nennt, einsetzen. Da er aber noch nicht volljährig ist, muß Vetter Valentin Rose zustimmen.

Nun ist Rose ohnehin der Meinung, Karl Friedrich habe von den Erlösen seiner Entwürfe zu wenig an die Familie abgeführt und wirft ihm »extreme Undankbarkeit« vor. Die Schwestern machen ihm heftige Vorwürfe, weil er sein Vaterland, das bald jeden wehrpflichtigen Mann brauchen könne, schnöde im Stich lassen wolle – es entwickelt sich ein handfester Familienzwist, in dem Schinkel obsiegt.

Dies hauptsächlich deshalb, weil Rose, der fünf Jahre später, 1807, stirbt, ganz so tyrannisch nicht gewesen sein kann, wie Schinkel ihn hingestellt hat. Er fügt den Ersparnissen seines Mündels am Ende sogar noch »einige hundert Taler Pupillengelder« hinzu, worunter man »Beihilfegelder für einen Pflegebefohlenen« (laut Duden) verstehen darf. Es wird sich um jenes Kapital gehandelt haben, das Rose vorsorglich für jedes Kind zur Ausbildung oder, je nachdem, Aussteuer zurückgelegt hat.

Es kann auch sein, daß der rechtschaffene und wohlhabende Zimmermeister Steinmeyer beim Schwanenapotheker ein gutes Wort für Schinkel eingelegt hat. Mit dessen Sohn Gottfried hat Karl Friedrich Schinkel auf der Bauakademie studiert. Die beiden sind ungefähr gleichaltrig und auf jugendliche Weise miteinander befreundet.

Die letzte architektonische Arbeit, die Schinkel vor Antritt seiner Reise vollendet, ist eine neue Fassade für das Haus Friedrichstraße 103, das Steinmeyer gehört. Übrigens eine stadtbekannte Adresse, weil dort Prinz Louis Ferdinand wohnt, ein Neffe Friedrichs des Großen und Bruder der Luise Radziwill. Er hat sich während der Koalitionskriege vor dem Basler Frieden mehrfach im Feld ausgezeichnet, seine Kompositionen werden von keinem Geringeren als Ludwig van Beethoven geschätzt, und er ist, etwas exzentrisch, wie Stars zu sein pflegen, der Liebling der Berliner Gesellschaft, hauptsächlich des weiblichen Teils derselben. 1806 wird er bei Jena die preußische Vorhut kommandieren und bei Saalstedt fallen.

»Die Verhältnisse dieses Hauses«, so Waagen, »sind schön, die architektonischen Glieder einfach, aber von tüchtigem Charakter«. Er verweist vor allem auf »die stattliche Tür mit dem schönen, von zwei mit Akanthuslaub geschmückten Kragsteinen getragenen Sturz«. Das klingt nicht enthusisastisch, doch auch nicht so farblos düster wie die Köstritzer Versuche. Mit einer einfachen, aber freundlichen Hausfassade verabschiedet sich der angehende Baumeister zunächst von der Stadt, die ihm ihre bedeutendsten Bauten verdanken wird. Jetzt heißt sein Ziel Italien. Schinkel wird nicht ungern eine immer noch grollende Schwesternschar, einen skeptischen Vormund, kopfschüttelnde Freunde und desolate innen- wie außenpolitische Verhältnisse hinter sich zurückgelassen haben. Der Aufbruch erfolgt am 1. Mai 1803.

Sein Reisegenosse ist Gottfried Steinmeyer.

6. Die Grand Tour

Die beiden jungen Leute unternehmen das, was man damals noch die *grand tour* nennt. Es ist dies eine Sitte, die sich seit dem 17. Jahrhundert im wohlhabenden England eingebürgert hat. Seither schicken Familien, die es sich leisten können, ihre jungen Männer, ehe sie nach ihrer Ausbildung ins tätige Leben treten, auf eine ausgedehnte Bildungsreise.

Die »große Reise« führt stereotyp über Belgien und Holland den Rhein aufwärts in die Schweiz, von wo sie über den Gotthard-Paß weiter nach Italien geht, um im tiefsten Süden, Sizilien, fast schon Afrika, zu enden. Aristokraten reisen in Begleitung seriöser Wissenschaftler, in jedem Fall nimmt man einen mehr oder weniger gelehrten Tutoren mit; ein Unternehmen, das sich notgedrungen über einige Jahre hinzieht, denn den Tourismus, eine vorwiegend britische Initiative, gibt es überhaupt erst auf dieser Nord-Süd-Route auf dem europäischen Kontinent. Wenig betuchte junge Leute brechen mitunter allein und per pedes auf, legen die ganze weite Strecke zu Fuß zurück.

Schinkel und Steinmeyer wählen einen Mittelweg: Sie verfügen nicht über Reichtümer, wie viele der jungen Engländer auf solcher Route, sind aber mit einigen Geldmitteln ausgerüstet. Außerdem sind sie geistig präpariert, wie es der Engländer Dr. Samuel Johnson gefordert hat. »Wer die Schätze Indiens heimtragen will«, hat er gesagt, »muß die Schätze Indiens mit sich führen.« Er fügte hinzu: »Das gilt auch für das Reisen. Nur wer sich mit Kenntnissen auf eine Reise macht, kehrt mit Erkenntnissen zurück.«

Den Ausspruch Johnsons, der auf einem alten spanischen Sprichwort beruht, beherzigen die jungen Preußen durchaus, obwohl sie ihn wahrscheinlich nicht kannten. Kenntnisse, die Antike und ihre Baukunst betreffend, führen Steinmeyer und Schinkel genügend mit sich. Sie stammen aus David Gillys berühmter Bibliothek und Kupferstichsammlung. Kein Wunder, daß die Grand Tour die wohlpräparierten Scholaren von einer Begeisterung in die andere stürzt: Theoretisches Wissen und praktische Anschauung sind zwei sehr verschiedene Dinge. Für Schinkel besteht das erstaunlichste Erlebnis in einer Überraschung, die eigentlich keine sein dürfte. Es ist weniger die Tatsache, daß er ionische, bisher nur aus der Grafikmappe bekannte Tempel nun im Original sehen und sie pedantisch, wie er mitunter ist, genau ausmessen kann, als vielmehr die Erkenntnis, daß es nach dem Altertum durchaus andere Baustile gegeben hat, die ihm jetzt auf einmal, Hand aufs Herz, ebenso gut, wenn nicht besser gefallen als die antiken.

In seinen Briefen von dieser Reise wird jedenfalls häufiger vom Faszinosum mittelalterlicher Baukunst die Rede sein als von römischen oder griechischen Relikten. Vor allem zu Anfang skizziert Schinkel in Prag, Wien und Mailand vorwiegend Gotisches, auch wenn es ihn in Venedig eher abstößt und er die Paläste am Canal Grande, vor allem den »abenteuerlichen Dogenpalast« abschätzig als »sarazenisch« abtut.

Schinkel skizziert, wo er geht und steht, und das nicht nur auf dieser Reise. Sowenig wie vor dem jungen Mann ist später vor dem Erwachsenen, der in seinem Beruf aufgeht, ein Stück Papier sicher: weder die Speisekarte noch die Serviette, oft genug auch das Tischtuch. Sein Zeichenstift versucht, jeden architektonischen oder künstlerischen Gedanken augenblicklich festzuhalten, und sei es auf der Manschette seines Oberhemds.

Am häufigsten zeichnet er auf der großen Reise nicht etwa

Gebäude, sondern Landschaften. Meist skizziert er sie vor Ort, um sie abends im jeweiligen Quartier sorgfältig zu vollenden, eine Arbeit, die ihn häufig Stunden gekostet haben muß. Akribisch ausgeführt und mit Aquarellfarben laviert, sehen sie aus, als seien sie nicht unterwegs entstanden, sondern im heimischen Atelier. Dabei beherrscht er, wie sein Skizzenbuch beweist, das zeichnerische Kürzel mit der gleichen intuitiven Treffsicherheit.

Sparsamer ist er im Schreiben, auch dies eine bleibende Eigenschaft, die sich im Alter noch verstärken wird. Nur auf Reisen wird er zum Erzähler. Das Wort, das er führt, bleibt im allgemeinen kunstlos und wird ohne literarischen Ehrgeiz vorgebracht. Und wo nicht, wirkt es gewollt und gekünstelt.

Daß die Reisetagebücher eine Ausnahme machen, war schon Hans Mackowsky klar, dem wir ihre unretuschierte Überlieferung verdanken. Er hat den später »revidierten« Texten »aufgrund der Originale die weniger glatte, aber ursprüngliche Schreibart« wiederhergestellt. »Eigentlich schreiblustig«, so Mackowsky 1921, »war er nur auf seinen Reisen, die Höhepunkte seines Daseins darstellen. Aber auch da stahl er sich die Zeit ab, um das Gesehene in sich zu verarbeiten. Seine Reisebriefe und Reisetagebücher, gegenseitig sich ergänzend, sind Rechenschaftsberichte, in der Jugend redseliger, in reiferen Jahren knapper. Gerade in ihrer schriftstellerischen Unabsichtlichkeit wirken sie mit der ganzen Frische einer Improvisation. Mit fliegender Feder sind die Urschriften hingewühlt...«

Den ersten Brief, am 28. Juli 1803, schreibt Schinkel seinem Vormund Valentin Rose wahrscheinlich nicht, um ihm ausführlich über Dresden und seine »herrlichen Umgebungen« und »unendlichen Schätze«, über Prag mit dem »schönen gothischen Dom« sowie Wien zu berichten, wo er zu seinem Erstaunen in der Oper *Palmyra* einen »Helden im Heerzug auf einem wirklichen Kameel über das Theater ziehn« sieht, sondern um dem »Werthesten Herrn Cousin« die Leviten zu lesen. Er würde, schreibt Schinkel am Anfang des Briefes, »auch ohne die gütige Erlaubniß« pflichtgemäß über die Reise berichten, selbst wenn

»Sie das Gefühl der Dankbarkeit nur in geringem Maß bei mir voraussetzen«. Am Ende heißt es: »Überaus gern erführe ich etwas von Ihnen und Ihrer lieben Familie; Herr Steinmeyer, der seinem Sohn oft schreibt, kann mir auf Ihre gütige Nachricht davon berichten.«

Kaum wieder hat sich Schinkel später eine derartige schriftliche Blöße gegeben. Manche Zeitgenossen lassen durchblicken, er sei jähzornig und von leicht aufbrausendem Temperament. Daß er auch ironisch und unbequem sein konnte, zeigt sich hier deutlich. Spätere Untergebene finden in ihm einen nicht immer ganz einfachen Vorgesetzten.

Er dominiert, weniger aus bewußtem Kalkül als aus natürlicher Überlegenheit, schon jetzt. Steinmeyer, der alles mitmacht, was Schinkel will, hat anscheinend nicht viel zu sagen. Vetter Valentin gegenüber wird er angeführt, wenn es um Wechsel, die nicht rechtzeitig eingetroffen sind, oder um mangelnde Post aus Berlin oder Krentzlin geht. Der familiäre Vergleich mit den Steinmeyers fällt stets zuungunsten der Familie Rose-Schinkel aus.

Sein Mitschüler und Kollege kommt in Schinkels Tagebuch kaum vor. Erzählt wird – »Es war Mitternacht, als ich in die Barke stieg...« – durchweg in der Einzahl. Steinmeyer, wenig anspruchsvoll und offensichtlich ohne eigene Reisewünsche, scheint eher Schinkels Schatten als sein Gefährte. Er ist somit der erste in einer langen Kette zum Teil sehr hochgestellter Persönlichkeiten, die sich später Schinkel bedingungslos unterordnen. Obwohl er immer wieder als freundlich geschildert wird, muß er doch etwas Respektforderndes an sich gehabt haben. Von Jugend an scheint ein gewisses Charisma von ihm auszugehen.

Das hindert nicht eine lebenslange Freundschaft mit Steinmeyer, fördert sie wohl eher. Steinmeyer wird, um vorzugreifen, später Berliner Baurat, ob mit oder ohne Schinkels Hilfe steht dahin. Auf sein handwerkliches Können wird Schinkel immer wieder zurückgreifen. Steinmeyer hat nicht nur an der Bauakademie studiert, er ist auch Zimmermeister. So wird er dermaleinst Schinkel einen Ausstellungspavillon zimmern, und die beiden werden zusammen auf Rügen ein Jagdschloß bauen, Granitz, berühmt durch Schinkels ungewöhnlich voluminösen Turm.

Von Italien ist der junge Mann, wie sich denken läßt, bald wie berauscht. Eines der ersten südlichen Erlebnisse ist die Kutschenfahrt über das Gebirge nach Triest, von wo Schinkel wiederum berichtet, als sei Steinmeyer nicht vorhanden: »Es war Mitternacht, als ich die Thore erreichte; so lange hatte der Wagen auf dem beschwerlichen Wege durch die Weinberge von den Höhen des Gebirges bis in die Tiefe der Stadt zugebracht. Das nächtliche Leben Italiens, erzeugt durch die Hitze des Tages, stellte sich in seinem ganzen Umfang dar. Alles ist in voller Bewegung; an allen Ecken sieht man erleuchtete Trinkhallen, Nationen aller Welt zeigen sich, welche der Handel zusammengeführt. Alles jubelt beim Wein, unbehinderte Freiheit herrscht. Durch die ganze Stadt schreit das Geräusch lärmender Freude, Zanks und rauher Schiffsmannschaft. Das Theater ist erst um Mitternacht beendigt; die Promenade wird dann besucht. Die Lebhaftigkeit der südlichen Nationen zeigt sich bei jeder Handlung und ist dem Teutschen neu und frappant...«

Was ihn allerdings stört und als Teutschen am meisten frappiert, ist die Unordnung, auf die man südlich der Alpen trifft, und der Schmutz. So in Venedig: »Die engen Gassen, in denen oft mit Mühe einer dem anderen ausbeugt, gepfropft mit Boutiken aller Art, die in den unteren Geschossen der Häuser größtentheils schmutzig untereinanderstehen, die Menge der Bettler von der ekelhaftesten Art, die Gebrechen und Schäden, die man nur mit Abscheu betrachten kann, (...) machen einen überaus widrigen Eindruck. Von dem engen Raum dieses schmutzigen Schauspiels trat ich plötzlich in den weiten, von der ganzen Welt gepriesenen Markusplatz.«

Dem gesteht er immerhin »Größe, Schönheit und Pracht« zu, aber das sind alles Dinge, die dem Ästheten Schinkel nicht als vorrangig erscheinen und die den Realisten keineswegs dazu verführen, über die negative Seite, die dieses Italien für ihn hat, hinwegzusehen. Ein denkbar kritischer Beobachter entdeckt ein Land, das ihn, wie die verwirrende »sarazenische«, gotische, mittelalterliche Architektur, zugleich anzieht und abstößt.

So nimmt er Bologna, Florenz und Siena in Augenschein, moniert die Geschäftstüchtigkeit der Kutscher, auf deren Wagen sie angewiesen sind und mit denen sie bei ungenügenden Italienischkenntnissen die Fahrpreise aushandeln müssen, wobei sie prompt übers Ohr gehauen werden. Dennoch verkennt er nicht die »unendlichen Schönheiten« von Florenz oder den »prächtigen sarazenischen Dom« von Siena, fällt aber sein individuelles Urteil. Der künftige Stadtbaumeister, für den der Dom zu Siena »eine sonderbar bunte Wirkung« hat, ist zum Beispiel um so begeisterter vom »vortrefflichen Marktplatz« dieser Stadt, »an dessen einer Seite das Rathaus mit zwei Thürmen dominiert«.

Visuelle Eindrücke vergißt Schinkel nie. Noch nach Jahren kann er Personen, denen er einmal begegnet ist, *en face* und im Profil nachzeichnen, als säßen sie ihm gegenüber. Erinnerungen an Italien tauchen auch in seinen Bauten immer wieder auf. Siebenunddreißig Jahre später wird er in Zittau in der Lausitz einen vom Rathaus beherrschten Marktplatz bauen, auf dem schon eine Kirche mit zwei Türmen von ihm steht. Das Rathaus bekommt allerdings nur einen.

Weitere Mißstände, die er in Briefen und in seinem Tagebuch bitter geißelt, betreffen etwa das Trinkgeld, das jeder Kutscher, jeder Kellner, jeder Bedienstete erwartet, eine in Preußen geradezu an Bestechung grenzende Unsitte. Oder die Diener, die sich als Reiseführer aufdrängen und eines Tages plötzlich mit einem Teil des Gepäcks verschwunden sind. Sowie, vor allem, das Fieber, das Schinkel und Steinmeyer kurz vor Rom übermannt, wo die Sümpfe noch nicht kultiviert worden sind, und der hilflose Reisende von ganzen Schwärmen feindlicher Insekten überfallen wird.

Die beiden preußischen Grand-Touristen scheinen nicht allzu frohgemut der Stadt ihrer Sehnsucht entgegenzuziehen, »aber plötzlich«, wie es in einem Brief an Rose heißt, »fährt wie ein Blitzstrahl der Anblick des ersten Tempels der Welt, des Doms von Sanct Peter, der hinter den Hügeln zuerst sich zeigt, in das Herz, und dann breitet sich in der reichsten Ebene nach und nach auf seinen 7 Hügeln das weite *Rom* mit seinen unzähligen Schätzen unter dem Staunenden aus. Tausendmal versuchte man auszusprechen, was der Geist auf diesem Fleck empfand, und häufte fruchtlos leere Töne. Es ist weise zu schweigen, denn über das Erhabenste klingt *jedes* Wort gemein.«

Rom überwältigt Schinkel, und er hat ganz recht, wenn er den Eindruck durchaus nicht auf einen flüchtigen Augenblick der Überraschung konzentrieren möchte. Rom bleibt ihm ein dauerhafter Eindruck, eine beängstigende Sehnsucht, ein neues Arkadien. Das letzte Wort, das er auf dem Sterbebett sprechen wird, ist der Name dieser Stadt.

Der erste Einzug in sie mag kümmerlich genug ausgefallen sein. Man findet zwar eine beneidenswert schöne Adresse auf dem damals schon dicht besiedelten Monte Pincio, hoch über Rom und direkt neben der Spanischen Treppe, die hinunter ins Herz der Stadt führt. Dem Grafen Heinrich XLIII. von Reuß-Schleiz-Köstritz schreibt er treffend, er habe sich gleichsam »unter den höchsten Werken der Kunst« häuslich niedergelassen. Im selben Brief versäumt er allerdings nicht, seinen Nennvater daran zu erinnern, daß er, Schinkel, ihm noch die Vollendung eines neuen Schloßentwurfs für Köstritz schulde: »Es ist mein erster großer Wunsch, den Rest in Rom zu vollenden.«

Daraus wird nichts. »Fieberkrank«, lesen wir in einem anderen Brief, wahrscheinlich an einen Neuruppiner Schulfreund, »kam ich in Rom an, durchrann in den ersten drei Tagen mit großer Anstrengung alles Sehenswürdige; aber dann abgespannt und ermattet lag ich lange danieder«. Die Ursachen sind ihm erstaunlich klar: »Das Schöne und das Unangenehme, durch tausend neue Kleinigkeiten vermehrt, taumelte in meinem Geiste durcheinander und versetzte mich in einen Zustand gänzlicher Untauglichkeit zu irgend etwas Vernünftigem.«

Die Genesung erfolgt auf einer Reise in die Berge, den Apennin und auf den Gran Sasso, wo Schinkel seltsamerweise »wieder einmal teutsche kräftige Luft« geatmet haben will. In Wirklichkeit heißt sein Heilmittel Rom. Hier blüht er auf. Hier wird der alt Geborene, von der teutschen Künstlerschaft mit offenen Armen aufgenommen, endlich einmal jung. Rom kräftigt nicht nur seinen Leib, fast mehr noch seine Seele.

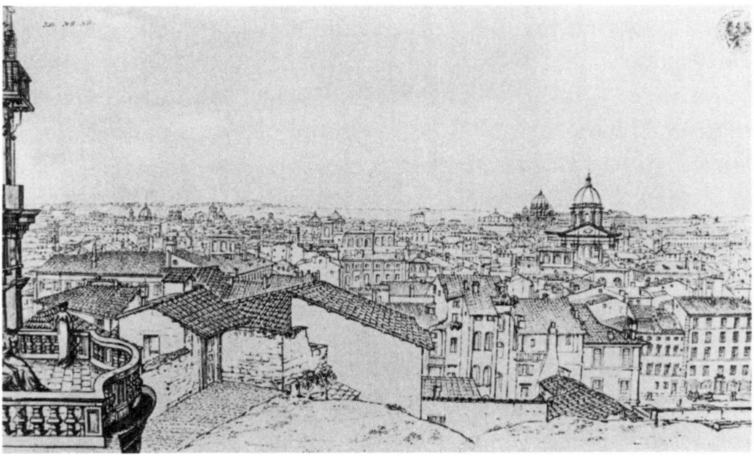

Ansicht von Rom aus Schinkels Wohnung auf dem Pincio. Federzeichnung, 1803

Seit einem Jahr residiert dort gar nicht weit von Schinkels Adresse Via Piazza Trinità dei Monte entfernt, Wilhelm von Humboldt in der Villa di Malta, einem lauschigen, etwas versteckt liegenden Palais. Er ist Preußens offizieller Resident, das heißt: Geschäftsträger, halb Konsul und halb Gesandter beim Päpstlichen Stuhl, der – dritte – Vertreter des protestantischen Preußen beim römisch-katholischen Papst. Die Beziehungen zwischen den beiden religiös diametral entgegengesetzten Partnern sind erst vor dreißig Jahren aufgenommen und zunächst von einem katholischen Geistlichen mit der linken Hand und dann dem Hofrat Uhden wahrgenommen worden.

Humboldt, Bildungswissenschaftler, Philosoph, Gelehrter, ist auf diesem Posten eigentlich fehl am Platze. Er hat ihn auch nur nach einer erheblichen Gehaltserhöhung angenommen, um einmal mit seiner Familie einige Jahre in Italien zubringen zu können. Viel zu tun gibt es für ihn nicht, obwohl er, da ohne Sekretär oder sonstige Gehilfen, alle Paß- und Visumsangelegenheiten höchstselbst erledigen muß. Der preußische König hat den Papst nur als Oberhaupt des Kirchenstaates anerkannt, als eine weltliche Instanz, nicht als geistliches Oberhaupt. Da bedarf es eines besonderen Geschicks und großen Taktgefühls auf dem diplomatischen Parkett; beides besitzt Humboldt. Für ein paar Jahre wird er das heimliche Oberhaupt der deutschen Kolonie in Rom.

In seinem gastfreien Haus verkehren nicht nur die deutschen Ansässigen und Durchreisenden, auch die Prominenz oder Jugend anderer europäischer Nationen ist willkommen. Zu schweigen von Italienern, die den sechsunddreißigjährigen Gelehrten, der seine diplomatischen Sporen in Paris verdient hat, bald zu schätzen wissen. Die Villa di Malta wird zum heimlichen Zentrum des römischen Kultur- und Geisteslebens. »Er vereinigte mit deutscher Gelehrsamkeit italienische Liberalität«, formuliert es sein Zeitgenosse Gustav Schlesier.

Unter den Stammgästen bei den Humboldts sind der dänische Bildhauer Bertel Thorvaldsen und der Landschafter Joseph Anton Koch aus Tirol wohl die berühmtesten. Der Ruhm des fünfunddreißigjährigen Thorvaldsen, der seit fünf Jahren in Rom lebt, übertrifft beinahe den Michelangelos. Zum inneren Zirkel gehören ferner Angelika Kauffmann, die Freundin Goethes, die Maler Gottlieb Schick und Johann Christian Reinhart, der Maler und Dichter Karl Gotthard Graß und der Kupferstecher Friedrich Wilhelm Gmelin.

Auch Schinkel gehört bald in diesen Kreis, wobei dahingestellt sein mag, ob nicht die charmante Frau Karoline eine ähnlich große, wenn nicht noch größere Anziehungskraft auf ihn ausübt als der Hausherr. Später, in Berlin, gelten Schinkel und Humboldt als befreundet und sind es wohl auch. Da hat sich der Altersunterschied mittlerweile ebenso abgeschliffen wie der Rangunterschied. Das Verhältnis zwischen beiden wird zu Anfang wohl allein von Sympathie bestimmt.

Aus ihr wird freilich bald eine Freundschaft. Die Stadt verbindet stärker, als es gewöhnlich andere klassische oder moderne Städte tun. Man fühlt sich, Schinkels Worten zufolge, von ihr »wie in einen Mantel« eingehüllt. Trifft man sich später wieder, begrüßen sich »zeitweilige Römer« wie Angehörige der gleichen Loge. Wer einmal Römer war, bleibt es, der Stadt durch ein geheimes Band oder bloße Sehnsucht (nach der dort verbrachten Jugend) verbunden. Alt-Römer geraten ins Schwärmen, sobald von Römischem die Rede ist, und sei es noch so banal.

Schinkel verfällt dem Einfluß Roms augenblicklich, und er bleibt von dieser Stadt sein Leben lang gebannt. Sobald er in Rom ist, scheint er wie ausgewechselt, frei und ungezwungen, ein anderer Mensch. Kaum verläßt er es, und sei es nur um ein paar Meilen, meldet sich wieder der Kritiker mit den zusammengekniffenen Augen, da urteilt er bitterer und unverbindlicher. Seiner Arbeit wird das nur zu gut bekommen. In seinem Gemüt sehnt er sich nach einem Rom, das es in dieser allumfassenden metaphysischen Gestalt wohl nie gegeben hat, eine kulturgeschichtliche Fata Morgana.

Dabei läßt sich Schinkels Leben in seiner Traumstadt am Tiber durchaus nicht paradiesisch an. Im Gegenteil, alles »wurde von Tag zu Tag nur schwieriger«, schreibt Fontane in den *Wanderungen*, »das Geld blieb aus«, und wenn es ankam, war es bald von Steinmeyer und ihm ausgegeben. Die beiden werden sich im Kreis der Maler und ihrer Gesellen durch die kümmerlichen Zeiten durchgepumpt haben, wie es unter jungen Leuten seit jeher üblich ist. Auch das gehört später zur gern erzählten Anekdote aus besonnter Vergangenheit. Denn allen Urbilden zum Trotz schreibt Schinkel einem Freund: »... schrecklich ist der Gedanke, weit von diesem Lande zu sein«.

Der Brief ist nach der Rückkehr von einer Reise geschrieben, die die beiden Berliner weiter nach Süden geführt hat. Die Wechsel müssen trotz allem pünktlich und reichlich eingegangen sein, denn Steinmeyer und er brechen von Rom auf und nehmen Logis in Neapel. An Valentin Rose (vielleicht um den ungeliebten Vetter neidisch zu machen): »Wäre es nur möglich, Sie auf einer [sic] Stunde den Anblick aus meiner Wohnung genießen zu lassen. Die Loge vor dem Zimmer ragt weit hinaus ins Meer, daß, wenn es stürmt, ich hier ein kaltes Bad genieße; ist warmer Sonnenschein, so giebt es ein vorgestrecktes Dach, von kleinen Säulchen unterstützt, mir süße Kühlung, und ich blicke ins weite Meer, an dessen Küste links Vesuv den Feuerschlund erhebt, indessen harmlos ihn am Fuß die Orte Portici, Resina, weißen Pünktchen gleich, umziehn. (...) Rechts lehnt am Vorgebirg die Stadt und streckt einen Damm und ein Castell ins Meer.«

Den Mai und Juni 1804 verbringen sie auf Sizilien. Begleitet werden Schinkel und Steinmeyer von zwei römischen Freunden, dem Dichter Graß und dem Maler Philipp Joseph Rehfues, »um durch gegenseitige Mitteilung so viel Nutzen als Vergnügen zu haben«. Eine abenteuerliche Reise von Anfang an, denn wegen dessen überhöhter Forderung verzichtet der Kapitän des Segelschiffs von Neapel nach Messina auf den Lotsen und erreicht bei aufkommendem Sturm erst nach viermaligem Versuch die Hafeneinfahrt. Es mangelt den vier deutschen Frühtouristen auch wieder an Geld. Sie mieten sich zwar eine Anzahl von Maultieren, können sich aber dann den in diesem Teil der Welt notwendigen Schutz einer Militärpatrouille nicht mehr leisten. So ziehen sie, nur vom Maultiertreiber und seinen Brüdern begleitet, los.

Auf der Küstenstrecke nach Taormina begleiten sie die drei großen bedrohlichen Schiffe afrikanischer Seeräuber, glücklicherweise ohne zu landen, denn diese verschleppen, wen sie greifen können, in die Sklaverei. Sie besteigen den Aetna zu Fuß, ohne die Reittiere, ein sehr mühsames Unternehmen, zumal sie

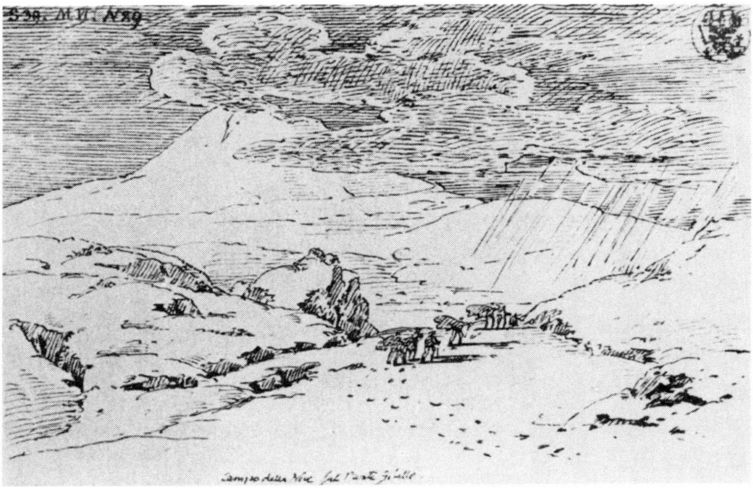

Auf dem Schneefeld des Aetna. Federzeichnung, 1804

den Krater mit Schnee bedeckt finden. Übernachtet wird in finsteren Steinhäusern oder Ställen, und je weiter sie ins Innere der Insel vorstoßen, desto unerträglicher wird die Hitze. Nur selten finden sich Tagebucheintragungen wie: »Sobald wir die Thiere verlassen hatten, eilten wir ins Cafféhaus, wo wir aus den Händen eines der schönsten Weiber Gefrorenes empfingen, welches unsere lechzenden Zungen erquickte.«

Vor Catania sichten sie wieder die Schiffe der »Barbaresken«, kein sehr anheimelnder Anblick, und mehrmals stoßen sie auf jene Straßenräuber, die die Gegend so unsicher machen. Einmal müssen sie reglos über eine halbe Stunde in einem hohen Kornfeld verborgen liegen. Schinkel ficht das nicht an. Er läßt keinen Tempel, kein Amphitheater, kein antikes Relikt aus, woran es auf Sizilien nicht mangelt; ungerührt von Räuberbanden und Sonnenstrahlen skizziert er die Ruinen und die Landschaft, und es gelingt ihm, am Abend daraus seine großen aquarellierten Blätter zu machen. Sogar an eine Publikation im fernen Berlin denkt er bereits, also an seine zukünftige Karriere, denn unter dem Eindruck der anstrengenden Tour schreibt er von Neapel aus an den Berliner Buchhändler und Verleger Johann Friedrich Unger einen Brief, in dem er ihm ein Projekt in der Art des David Gilly vorschlägt, nur statt in klassizistischem in entgegengesetztem, »sarazenischem« Gewand.

Die Relikte aus griechischer und römischer Zeit, so Schinkel, seien wohlbekannt und außerdem habe sich herausgestellt, daß »unstreitig mit Bramante der beste Styl der Architektur aufhörte«. Statt dessen gäbe es eine »Menge Anlagen aus früher Mittelalterzeit, selbst aus der der Sarazenen [Mauren], woran Sicilien vorzüglich reich ist«. Diese habe er an Ort und Stelle studiert, skizziert und schlage vor, sie in »akkurat gezeichneten Blättern« zu publizieren. Der gelernte Klassizist bekennt, daß er ausgerechnet in einem entgegengesetzten Baustil »das wahre Gepräge philosophischen Kunstsinns und Charakterfülle« sieht. Das ist keine Lüge, auch nicht, wenn er bald darauf das Gegenteil behauptet. Er hat beide Stile schätzengelernt, den antiken und den mittelalterlichen, und er wird sie beide anwenden. Ein Zeitalter der Mannigfaltigkeit bricht an: Die Architekturgeschichte wird wenig später zu einer Art Steinbruch, an dem sich jedermann bedienen kann. Schinkel wird – ein Ergebnis der Italienreise – der erste sein, der dieser Ära angehört, und der letzte, der – auch dies bringt er aus dem Süden mit nach Hause – im alten Sinne baut, wenn auch in zwei Stilen.

Auf sein Angebot erhält er von Unger eine ausweichende Antwort. Der Verleger ist wenig später gestorben. Die in Italien und auf Sizilien gesammelten und skizzierten Architekturstudien hat Schinkel zwei Jahre später, 1806, jetzt wieder ganz Klassizist, in Busslers *Verzierungen des Altertums* unterbringen können.

Mit ihrer Maultierkarawane erreichen die vier Deutschen die antiken Tempel bei Agrigent und Segesta und stoßen bis in den äußersten Westen der Insel, zu den Weinorten Marsala und Trapani vor, ehe sie umkehren. Anfang Juli 1804 ist man wieder in Neapel und noch im selben Monat zurück in Rom.

Dort fühlt sich Schinkel inzwischen ganz zu Hause, aber da das Geld allmählich (oder rasch) zu Ende geht, bewirbt er sich bei einem frühen Gönner, dem preußischen Staatsminister Graf Haugwitz, um ein Stipendium, das es ihm erlauben würde, noch eine Weile im Land zu bleiben. Obwohl er, wie er einem Nachsatz anvertraut, nicht einmal glaubt, eine Antwort des Staatsmannes zu erhalten, trifft eines Tages ein Wechsel über sechzig Zechinen ein.

Zechinen sind venezianische Dukaten, seit Jahrhunderten geprägt, ein internationales Zahlungsmittel. Mit sechzig dieser soliden Gold- oder Silbermünzen kommt man im damals teuren Italien nicht weit. Um so weniger als Steinmeyer und Schinkel sich auf den Weg nach Paris machen, das den Abschluß ihrer Grand Tour bilden soll. Ein wenig dürfte diese Aussicht den Abschiedsschmerz gemildert haben. Schinkel erklimmt die Kuppel von Sankt Peter, von wo er, wie es in einem Brief an Rose heißt, »der weiten Stadt mit allen ihren Schätzen, unter denen ich ein glückliches Jahr umhergewandelt war, das letzte Lebewohl sagte«.

Den Brief erhält der ungeliebte Vetter und Vormund, weil die sechzig Zechinen allzu schnell dahingeschmolzen sind. Die beiden haben Pech gehabt. Auf einer Barke sind sie von Livorno aus in Genua eingetroffen, gehen an Land, verbringen die Nacht in einer Herberge und erfahren, als sie am anderen Morgen das Gepäck vom Schiff holen wollen, dieses sei in Quarantäne. In Livorno, heißt es, sei das Gelbfieber ausgebrochen.

»Wir hatten«, klagt Schinkel, »nicht ein Hemd, nicht ein anderes Kleid, um zu wechseln, und mußten, da man uns von einem halben Tag zum andern auf die Freilassung der Barke vertröstete, in dem Schmutz der Reise umhergehen.« Als dieser Zustand andauert, sehen sie sich genötigt, neue Kleider und vor allem neues Unterzeug zu erwerben. So muß Rose um weitere 200 Taler Vorschuß zur Erbschaft gebeten werden, und wieder hat Schinkel Glück. Vetter Valentin schickt – sogar in französischen Francs – mehr als erbeten. Es kann weitergehen, über

Mailand, Florenz, Turin gelangen sie in die fanzösische Hauptstadt, in der Schinkel und Steinmeyer in einen Tumult geraten, »wovon ein Gleiches die Welt nur eins aus früherer Geschichte kannte«. Napoleon Bonaparte läßt sich am 2. Dezember 1804 von Papst Pius VII. zum Kaiser der Franzosen krönen, wobei er sich bezeichnenderweise die Krone selbst aufs Haupt setzt.

Schinkels Berichte von der Seine fallen demgemäß enttäuschend aus – man merkt ihnen an, daß ihm die Stadt nicht so entgegenkommt wie Rom. Wichtig für ihn dürfte gewesen sein, daß ihm Paris ermöglicht, noch fern der Heimat ein Fazit aus der Reise zu ziehen. Niedergelegt hat er es in einem Brief an seinen alten Lehrherren, David Gilly. Er lobt vor allem die handwerkliche »Sorgfalt und [den] Fleiß«, verbunden »mit einem unverdrängbaren Gesetz der Wahrheit«, die er in den Domen von Mailand, Florenz, Pisa, Siena, Orvieto und anderswo gefunden hat. Er moniert die Größe der Theater in Neapel und Mailand: »... man sollte meiner Meinung nach nie so große Theater bauen. Auch wenn die Theorie des Schalls hinlänglich aufs Reine gebracht wäre, was bis jetzt noch nicht geschehn ist, halte ich's für unmöglich, einen so großen Raum durch eine bloße Form für die vollkommen gute Aufführung einer Musik geschickt zu machen.«

Dem allen dürfte ein nüchterner Fachmann wie Gilly durchaus zustimmen. Aber eingestreut in Schinkels Text finden sich für einen Klassizisten einige geistige Tretminen, wenn etwa die Kunst des »Quaderbaus« der italienischen Bauhandwerker gepriesen, aber im gleichen Atemzug zum Ausdruck gebracht wird, daß diese nicht im Altertum, sondern im Mittelalter ausgebildet und vervollkommnet wurde. Sogar der stilistische Wirrwarr Venedigs erhält einen Lobpreis, sicherlich unter dem Gesichtspunkt einer unterdrückten Kritik an der Antike. Ein vortrefflicher, vorsichtiger, mit bewundernswerter Diplomatie abgefaßter Essay, den der Geheime Oberbaurat in Berlin doch wohl mit hochgezogenen Augenbrauen gelesen haben dürfte.

Im März 1805 kehren Schinkel und Steinmeyer nach Berlin

zurück. Die Grand Tour ist beendet. Für Schinkel hat sie ihren Zweck im Sinne Dr. Johnsons wie im Lehrbuch erfüllt: Mit Kenntnissen historischer Art ist er abgefahren, mit Erkenntnissen, die Arbeit seiner Zukunft betreffend, heimgekehrt.

David Gilly hat den Brief seines Schülers nicht übelgenommen. Er ist liberal eingestellt und denkt vorwiegend praktisch. Man könnte sich vorstellen, daß er Schinkel mit Worten wie »Na, endlich, da sind Sie ja wieder« begrüßt hat, denn er schickt den weitgereisten Gesellen sogleich weiter nach Posen. Dort wird er beim Bau eines Schlosses tätig, das Gilly für das Rittergut Owinsk entworfen hat. Nach dem prallen Erlebnis Italien nun die kargere Landschaft an der Warthe. Der Alltag hat ihn wieder.

7. Der Maler

Als aufsichtshabender Architekt bewährt Schinkel sich durchaus in Owinsk, wo vorher Gilly selbst nach dem Rechten gesehen hat. Jetzt tragen zwei seiner Schüler die Verantwortung. Der andere ist Louis Friedrich Catel, der die Außenwände betreut. Schinkel soll sich hauptsächlich dem Innenausbau und der Inneneinrichtung gewidmet haben. Die Treskows, Eigentümer von Owinsk, zeigen sich zufrieden.

Es bleibt dies für eine Weile Schinkels letzter größerer Auftrag. Zwar bemüht er sich um weitere, aber die liegen nicht mehr auf der Straße. Das neutrale Preußen ist unter Friedrich Wilhelm III., der sich gern als Friedenskönig gesehen hätte, ins Schleudern geraten. Bis zum Eintritt in den Napoleonischen Krieg und die fast völlige Vernichtung des preußischen Heers, die ihm auf dem Fuße folgt, sind es zwar noch eineinhalb Jahre. Aber Kriege werfen ihre Schatten voraus. Es gibt weder private noch staatliche Bauaufträge.

Dadurch lockert sich wohl die Beziehung zu David Gilly. Und wenn es auch nicht zum offenen Bruch kommt, so zieht Schinkel doch um in die Breite Straße zum Seidenfabrikanten Gabain, wo er sich ein Zimmer als Atelier einrichtet. Er weicht der Ungunst der Zeiten mit seiner zweiten Begabung aus: In den nächsten Jahren wird er mehr Maler als Baumeister sein. Wie immer konzentriert er sich auf eine Aufgabe, noch dazu eine ihm aufgezwungene, mit ganzer Kraft. Er malt nicht nur Gemälde, sondern entwirft ganze Panoramen, fertigt Buchillustrationen und arbeitet als Bühnenbildner.

Mit allen diesen Betätigungen bleibt er der Architektur nahe. Kaum ein Bild, ein Panorama, eine Zeichnung ohne ein Gebäude, das meist sogar den Mittelpunkt der jeweiligen Komposition einnimmt. Den Berlinern imponiert solche Vielfältigkeit. Schinkels Name findet in den Gazetten des öfteren lobend Erwähnung. Nur Achim von Arnim mäkelt: »Er ist fleißig, aber leider noch immer zu viel für den Gropius und ähnlichen Dreck.«

Was ein Panorama ist, wie man es sich genau vorzustellen hat, ist merkwürdigerweise nirgends überliefert. Dabei handelte es sich um eine Attraktion, die sich – wie später das Kino – international durchgesetzt hat. Von den Schinkelschen Panoramen ist mit Ausnahme einiger vorläufiger Skizzen nichts erhalten geblieben, und Augenzeugen bleiben seltsam unpräzise. Panoramen oder Dioramen werden als »Guckkasten von Riesengröße« geschildert. Joseph von Eichendorff beschreibt seinen Besuch im Etablissement des Schaustellers Gropius in Berlin, aus Kostengründen »bloß parterre«, mit folgender Aufzählung »Die einsame Ansicht des morgenrothen Aetnas (im tiefen Vordergrund die öde Ruine) mit Waldhorns Echo. Das innere der alten Domkirche zu Mantua (die unzählige Menge von Menschenfiguren unten durch Fernglas ganz täuschend). Kreuzeserleuchtung in der Peterskirche etc.«

Es könnte sich um Schinkel-Werke gehandelt haben. Eichendorff und seine Begleiter, darunter Brentano, sind so begeistert, daß sie einige Vorstellungen nacheinander besuchen. Die Schaubilder dürften mehrere Meter lang gewesen sein. Künstliche Beleuchtung wird Effekte von Bewegung hervorgerufen haben, die durch Hintergrundmusik – eventuell gemischte Chöre – untermalt und verstärkt wurden. So oder ähnlich werden die englischen Arbeiten des Malers de Loutherbourg beschrieben, des Erfinders dieses künstlerischen Unterhaltungsgenres.

Der Dekorationsmaler, Kunsthändler und Schausteller Wilhelm Ernst Gropius, ein Vorfahr des späteren Bauhausgründers, soll mit seinen Söhnen Carl Wilhelm und Ferdinand höchst persönlich, zusammen natürlich mit Schinkel, an den ersten von Schinkel entworfenen Riesen-Guckkastenbildern gearbeitet haben. Schauplatz der Sensation war zunächst eine von Gottfried Steinmeyer, dem Italien-Begleiter, gezimmerte Bretterbude neben der Hedwigskirche und später, nach den ersten Publikumserfolgen, eine feste Adresse in der Französischen Straße.

Wo die riesigen Bilder mit den vielen Seiten-Soffitten gemalt wurden, ist unbekannt. Eine Eingabe Schinkels an den König, der sich damals im Königsberger Exil aufhielt, ihm zu diesem Zweck den altehrwürdigen Weißen Saal im Berliner Schloß zur Verfügung zu stellen, wurde abschlägig beschieden. Dabei muß das Königspaar großes Interesse an dieser Form des lebenden Bildes gehabt haben, denn schon am Tag nach ihrer Rückkehr aus dem ostpreußischen Exil haben Friedrich Wilhelm und Luise die großstädtische Sehenswürdigkeit besucht und genossen.

»Dreck«, wie Arnim meint, gute Unterhaltung romantischer Art, wie Eichendorff durchblicken läßt? Auf jeden Fall ein populäres Genre, das unter Umständen auch großen Geistern gefallen kann. Besonders gelobt worden ist der dreißig Meter lange und fünf Meter hohe Prospekt von Palermo, das einzige Rundbild, das Schinkel entworfen hat. Es umgab das Publikum von allen Seiten, und Gropius mußte es mehrfach wieder aus dem Arsenal hervorholen. Sogar nach Schinkels Tod ist es noch einmal gezeigt worden.

Aber Schinkel beläßt es beileibe nicht bei Landschaften, die er erst unlängst gesehen und skizziert hat, obwohl er sich zunächst darauf konzentriert, auf »Markusplatz in Venedig«, »Dom zu Mailand«, »Ausbruch des Vesuvs«, »Erleuchtung der Kuppel von St. Peter in Rom« (alles Weihnachten 1808). Er verfertigt aber auch einen »Hafen von Kapstadt«, wo Schinkel nicht gewesen ist und nie hinkommen wird, sowie ein »Schweizertal am Fuße des Montblancs«. Im nächsten Jahr folgen unter anderem

»Der schiefe Turm zu Pisa« und die »Engelsbrücke in Rom«. Mehr und mehr tritt zur reinen Landschaft dann das aktuelle Bild, so etwa der »Brand Moskaus« noch im gleichen Jahr 1812, in dem das Unheil geschieht. Nicht einmal eine »Völkerschlacht bei Leipzig« fehlt und, Schinkels letztes Panoramabild, »Die Insel Helena«, Napoleons Verbannungsort. Eine lange Folge von Wandbildern: Man müßte sie gesehen haben, wollte man Achim von Arnims Urteil zustimmen oder ablehnen.

Mag das Ganze eher zum Jahrmarkt als zum Museum tendiert haben, so hat es Schinkel nicht nur jahrelang ernährt, sondern ihm wohl auch zu seiner Frau verholfen. Die Familie Gropius ist es, die einer Stettiner Kaufmannsfamilie namens Tilebein Schinkel als Architekten empfiehlt. Er soll ihnen das Wohn- und Geschäftshaus umbauen und obendrein gleich in der Nähe von Stettin ein Landhäuschen errichten. Auf der Reise nach Pommern lernt er seine spätere Frau, Susanne Berger, kennen. Das ist 1806, mitten in der preußischen Katastrophe. An eine Heirat ist zunächst nicht zu denken, um so weniger, als Susannes Vater schuldlos vor dem Ruin steht. Die von Napoleon verhängte Kontinentalsperre hat ihn wie viele Stettiner Kaufleute von einem Tag auf den anderen zum armen Mann gemacht. Auf dem Handel mit England hat das Aufkommen der meisten Ostseehäfen beruht. Erst im August 1809 findet die Hochzeit statt. Das junge Paar nimmt Wohnung am Alexanderplatz.

In dieser Zeit ein gewagter Entschluß. Schinkel ist achtundzwanzig, in Berlin ein stadtbekannter Mann, der immer noch als der Erbe Gillys angesehen wird. Aber die Verhältnisse sind nach wie vor wenig rosig. Ein Mann ohne festes Einkommen (so kann man es auch sehen) heiratet die Tochter eines Bankrotteurs, während das Land, vom Feind besetzt, unter den hohen Abgaben leidet. Wer soll da Bilder kaufen, wie Schinkel sie malt, sorgfältig, bei den Bäumen Blatt um Blatt, und die Architektur wie mit dem Winkelmaß gezogen, eine Gotik mit Romantik, aber zugleich kühlem Verstand?

Aus den ersten Jahren nach seiner Rückkehr aus Italien sind

ganz wenige Bilder erhalten. Sie sind geprägt von der heroischen Landschaft, wie sie Joseph Anton Koch in Italien entdeckt hat. Schinkel, häufiger Gast in Kochs Atelier im nahen Olevano, bewundert den kauzigen Tiroler, der einen »urdeutschen Klassizismus« vertritt.

Aber im Grunde paßt dieser nicht zu ihm. Schinkel sieht die Landschaft weicher, gefühlsbetonter, auch idealer. Und die aus ihr aufragenden gotischen Dome verkörpern ein Bauideal, in dem Architektenträume mitschwingen, die, wie Schinkel fürchten muß, unverwirklicht bleiben. Eichendorff liegt näher als Homer. Und die Frage, ob der Maler Schinkel von Caspar David Friedrich, dem Größten der deutschen Romantiker, beeinflußt war, erübrigt sich. Schinkel muß Friedrichs Bilder, von denen einige in den Ausstellungen der Akademie der Künste zu sehen waren, gekannt haben. Was seinen Bildern fehlt, was er ihnen auch wahrscheinlich gar nicht einverleiben will, ist jene malerische Unbedingtheit, die aus jedem Bild Caspar David Friedrichs spricht. Sein hohes handwerkliches Können und sein kühler Kunstsinn haben Schinkels Gemälden trotzdem – oder eben deshalb – einen festen Platz in der deutschen Romantik gesichert.

Bedeutender als der Maler aber ist wohl der Zeichner. Da sitzt er einmal nicht, was Fontane moniert, »immer auf dem hohen Kothurn«, sondern wirkt volksliedartig. Eines seiner schönsten Blätter prangte einst in vielen preußischen Heimen an der Wand. Es zeigt einen gotischen Dom in einem Wald, wobei das Blätterwerk eines gewaltigen Baumes das Gebäude fast ganz verdeckt. Nur die Turmspitze und ein Teil des Portals bleiben sichtbar. Man verstand das allgemein als eine Allegorie auf den Zustand des besiegten und unterworfenen Landes. Das alte Preußen war verschwunden, aber es würde nicht lange verborgen bleiben: eines Tages werden die Blätter fallen und den Blick auf den Dom wieder freigeben, der die alte Zeit verkörpert, als Preußen noch heil war. Zugleich wird der Sehnsucht nach Frieden und Idyllik Ausdruck gegeben: Eine alte Frau durchschreitet, ein Kind an der Hand, den Friedhof im Vordergrund, auf den ebenfalls der schwere Schatten des Baumes fällt – eine zweite, menschliche Allegorie auf den Wechsel der Generationen.

Das streift, wenn nicht den Kitsch, so doch einen gewissen Trivialgeschmack der Zeit. Trotzdem behält die Lithographie ihren eigenen Charme, zu dem mitunter ein Hauch Trivialität gehört.

Die Kunstgeschichte verzeichnet das Blatt meist trocken als »Architekturphantasie mit gotischem Dom«. Schinkel selbst faßt den Titel poetischer und packt ihn dadurch kräftiger beim Schopf: »Versuch, die liebliche sehnsuchtsvolle Wehmuth auszudrücken, welche das Herz beim Klange des Gottesdienstes, aus der Kirche herschallend, erfüllt.«

Sein Verleger – ganz sicher ein Mann von Geschmack – wollte ihm diese Beschreibung ausreden, aber Schinkel ließ nicht lokker. Am Ende verstand er vom instinktiven Geschmack der Masse mehr als dieser. Der Erfolg gab ihm recht. Sein Titel sprach die Leute an, was zur Popularität des Drucks und nicht zuletzt zu seinem Verkaufserfolg beitrug. Das Blatt, mag sich Schinkel gesagt haben, wurde durch den Begleittext weder besser noch schlechter. Er gehört zwar nicht zu den Künstlern, die um der Verkäuflichkeit ihrer Kunst willen Zugeständnisse machen, wohl aber zu denen, die sich recht gut verkaufen können. Dem Maler und Zeichner fällt das sogar besonders leicht, bringt er doch in diesem Metier das größte aller Kunststücke fertig, nämlich gerade das Tiefe und Schwere federleicht erscheinen zu lassen.

Kein Künstler für spekulative Kollegen oder gar für Intellektuelle. Eher einer, der sich darüber freut, wenn das von ihm Geschaffene tatsächlich gebraucht wird. Gebrauchskunst liegt ihm näher als alles andere. Dabei hält man ihn in seiner Zeit für elitär und nicht zuletzt für etwas arrogant. Und ausgerechnet ihm, der so glänzend im Team etwa der Familie Gropius arbeiten kann, fällt das Delegieren schwer, ist ihm fast unmöglich. Ein Mann voller Widersprüche.

Als Praktiker, der keinen Unterschied zwischen »hoher« und Gebrauchskunst macht, gibt er gern auch kollegiale Hilfestellung. Der Hamburger Romantiker Philipp Otto Runge hat dem märkischen Dichter Achim von Arnim ein Titelblatt für seinen Roman *Die Kronenwächter* entworfen. Runge stirbt überraschend mit dreiunddreißig Jahren, und Arnim ist nicht glücklich mit dem Entwurf. Man mag es pietätlos nennen, wenn Schinkel nun den Entwurf des toten Kollegen verbessert. Er selbst hätte im umgekehrten Fall vermutlich nichts dagegen gehabt. Der Eingriff Schinkels ist später angezweifelt worden. Doch wie dem auch sei: Die Handlungsweise paßt zu ihm wie eine gut erfundene Anekdote.

Man darf allerdings nicht vergessen, daß die mageren Jahre den jungen Familienvater, dem im September 1810 die erste Tochter Marie Susanne Eleonore geboren wird, dazu zwingen, durch Ausschöpfen aller seiner Fähigkeiten Geld zu verdienen. In satten Zeiten hätte er wahrscheinlich weniger verbissen Arbeitsmöglichkeiten gesucht, sondern sich mehr oder weniger auf den Architektenberuf beschränkt.

Halb aus unerbittlicher Notwendigkeit, ganz sicher aber aus Interesse an allem, was die bildenden Künste und das Theater angehen, wird er auf allen Gebieten, auf denen es ihm möglich ist, tätig. Seine Panoramen werden im übrigen sowohl von den Malern als auch den Kritikern durchaus ernst genommen und als künstlerische Ereignisse gewürdigt. Da sie hauptsächlich zur Weihnachtszeit stattfinden, haftet ihnen zudem einige Festlichkeit an, sie werden keinesfalls als reine Schaustellerei gewertet.

Da schreibt der Maler Franz Ludwig Catel 1808 – wie in den *Berliner Nachrichten* vom 29. Dezember zu lesen – nach den ersten, offensichtlich besonders gut gelungenen künstlerischen Beleuchtungseffekten, daß »bei dem bezaubernden Anblick dieser Vorstellungen (...) einem jeden Kunstkenner der heimlich fromme Wunsch abgedrungen [wird], daß doch unsere Bühnen bald ein Beispiel dieser Art der theatralischen Darstellung nachahmen und diese Vorzüge den Dekorationen des Theaters aneignen möchten.«

Schinkel hat zwischen 1807 und 1815 an die fünfzig Schaubilder hergestellt. Dann gibt er mutmaßlich aus zwei Gründen auf. Einmal, weil er so etwas wie einen Berufswandel vollzogen hat, und zweitens, weil ihn das Metier wohl zu langweilen beginnt.

In den schlimmen Kriegsjahren hat Schinkel schon mehrfach Briefe an den Direktor des Nationaltheaters am Gendarmenmarkt, August Wilhelm Iffland, geschrieben, in denen er um eine Anstellung als Dekorationsmaler bittet. Er kann sich dabei nicht nur auf Catel berufen, sondern auch auf eine Rezension in der *Vossischen Zeitung*, die – etwas abschätztig »Tante Voss« genannt – als die seriöseste Gazette im Lande gilt. Dort konnte man über ihn im Dezember 1812 lesen: »Der Wunsch aller Künstler ist, daß dieser vortreffliche Künstler ein weites Feld zu bearbeiten hätte, nämlich die Scenen eines Theaters. Es ist kein Zweifel, daß ein Theater, bei welchem derselbe die Malerei zu besorgen hätte, alle andere an Zauberwerken dieser Art übertreffen würde. Seine Imagination ist unerschöpflich...«

Schinkel selbst nennt in einem Brief an Iffland als Grund seines Gesuchs »die von Jugend auf in mir vorhandene Neigung für Baukunst und Landschaftsmalerei« und verweist darauf, daß er bereits Beispiele erfolgreicher Theatermalerei aufzuweisen habe. Auch läßt er den Herrn Intendanten durch die Blume wissen, daß er einflußreiche Freunde hat und schon »besonders bei Hofe der Wunsch geäußert ward, unser Nationaltheater in dieser Hinsicht von mir bearbeitet zu sehen«.

Aber obwohl er – aufgrund des erwähnten Berufswechsels – einen weiteren Trumpf ausspielen kann, nämlich: »Meine Arbeit würde unentgeltlich dabei sein«, geht Iffland nicht darauf ein. Ihm, dem Vollblutkomödianten, kommt es auf die Kulissen nicht an. Zudem steht im Augenblick Preußens Kriegsglück (oder Unglück) wieder einmal auf Messers Schneide: König und Königin befinden sich in Breslau, die Franzosen sind im Anmarsch auf Berlin. Doch weiß Iffland durchaus, wen er da abweist. So tröstet er Schinkel mit einem für diesen wertvollen Geschenk: einem kostenlosen Jahresabonnement im Parkett des Theaters.

Schinkel macht reichlichen Gebrauch davon, womöglich reichlicheren, als Iffland lieb ist. Denn er sieht sich nicht nur jede Inszenierung an, sondern nimmt auch alle Ecken und Winkel im Theatergebäude in Augenschein. Sogar die Bühne scheint er ausgemessen zu haben. Das Ergebnis seiner Musterung legt er im Herbst des nächsten Jahres in Form einer Denkschrift zur Verbesserung des von Langhans erbauten Nationaltheaters vor. Die nötigen Sachkenntnisse hat er sich ja auf der Italienreise und in den Gesprächen mit Friedrich und David Gilly erworben.

Bühnenbildner wird er freilich erst nach dem Tod August Wilhelm Ifflands. Dessen Nachfolger und mehr als das, Generaldirektor der Königlichen Schauspiele, ist Karl Friedrich Graf von Brühl. In Berlin kennt man den theaterbesessenen Adligen allerdings eher als Kammerherrn am preußischen Hofe, zuletzt bei der frühverstorbenen Königin Luise. Theatererfahrung kann man ihm trotzdem nicht absprechen, hat er doch in der Jugend bei Goethe in Weimar auf der Bühne gestanden. Der Olympier, wie man den Dichter nicht nur in deutschen Landen gern apostrophiert, begrüßt die Ernennung dann auch mit Beifall, sieht aber als alter Praktiker voraus, daß er es nicht leicht haben wird; »ein unangenehmes Geschäft« nennt er das Theater und fügt hinzu: »... es ist aber nicht undankbar, weil zuletzt das Gute und Rechte wie von selbst entspringt.«

Goethe behält wieder einmal recht, Brühls feste Hand, die königlichen Rückhalt genießt, weckt bei Sängern und Schauspielern schnell Widerstand. Es gelingt ihm nur mühsam, durch Engagement auswärtiger Kräfte den Hausfrieden einigermaßen wiederherzustellen.

Für Schinkel ist er der rechte Mann. Die beiden kennen sich, wahrscheinlich aus dem Kreis um Radziwill, überdies eint sie eine ähnliche Vorstellung vom Theater. Schinkel möchte die Bühne von allzu viel bemalter Pappe befreien. Er strebt ein symbolstarkes Hintergrundbild an, das den Blick nicht ablenkt, sondern den Zuschauer atmosphärisch auf den Inhalt einstimmt. Brühl wiederum will das Kostüm auf der Bühne revolutionieren. Ihn stören die anachronistischen Schnitzer der Kostümbildner – Cäsar mit einer barocken Allongeperücke ist ihm ein Greuel.

Die beiden haben Glück mit ihrer ersten Zusammenarbeit, die gleich deren Höhepunkt bildet: Mozarts *Zauberflöte*. Schinkel kann sich viel Zeit, nämlich ein volles Jahr, für seine Entwürfe nehmen. Er entwirft zwölf verschiedene Bilder, die übrigens Gropius und sein Team – sicherlich unter eifersüchtiger Aufsicht ihres Schöpfers – ausführen. Sie zählen noch heute zu den berühmtesten Bühnenbildern der deutschen Theatergeschichte. Der Palast der Königin der Nacht mit den regelmäßigen Sternreihungen wird Schinkel immer wieder nachgemacht.

Das öffentliche Echo ist überwältigend. Die zwölf Aufführungen sind überfüllt. Die Leute reißen sich um Karten – was dem König gefällt, der die Bühne aus seiner Privatschatulle finanziert und von Brühl, dem häufig und nicht ganz zu Unrecht Verschwendung vorgeworfen wird, nicht gerade verwöhnt wird.

Die Presse überschlägt sich geradezu in Lobeshymnen; sie hat ja auch lange genug Schinkel, den Dioramenschöpfer, als Bühnenbildner propagiert. Der Ausstattung wird fast mehr Raum gewidmet als Musik und Gesang. Die *Vossische Zeitung* lobt die »Dekorationen« und die Tatsache, daß diese und vor allem »der herrliche Palmenwald mit der Mondbeleuchtung, mit Recht den einstimmigen Beifall des vollen Hauses erhielten«.

Verschweigen wir nicht, daß die Sänger mit ihren Kostümen weniger glücklich gewesen sein müssen. Sie versuchen immer wieder, sie abzuändern oder gar andere anzuziehen, weil sie fürchten, sich lächerlich zu machen. Aber hier greift Brühl, Verfasser eines reich illustrierten *Kostümwerks*, nachhaltig durch. »Unser Schinkel«, schreibt er in einem Brief, »ist fürwahr ein wirklicher Zauberer.«

Zweiundvierzig Inszenierungen hat Schinkel im Laufe der

Jahre zwischen 1815 und 1843 entworfen, für heute noch bekannte ebenso wie für längst vergessene Dramen, Lustspiele und Opern. Einen der *Zauberflöte* vergleichbaren Erfolg konnten nur die Bühnenbilder für die Oper *Undine* von E. T. A. Hoffmann verzeichnen. An ihnen hat Hoffmann selbst mitgewirkt, Schinkel aber in der Konzeption freie Hand gelassen. Dem Urteil des Dichters zufolge sind sie »das genialste der Art (...), die ich jemahls gesehen«. Catel fühlt sich bestätigt und findet hier den Beweis, »daß das Dekorationswesen ein unbedingt nothwendiges Eigenthum der neueren Schauspielkunst sey«.

Dem Komponisten zeigt sich das Schicksal weniger zugeneigt. Nach 15 Aufführungen folgt ein abruptes Ende. Hoffmanns Oper ist als Katastrophenstück in die Theatergeschichte eingegangen, und es mag sein, daß es, wie viele Kenner behaupten, aus Aberglauben kaum wieder aufgeführt worden ist. In der Nacht zum 29. Juli bricht ein Feuer aus und zerstört das Gebäude am Gendarmenmarkt. Fassungslos steht E. T. A. Hoffmann am Fenster seiner Wohnung, die auf das Schauspielhaus hinausgeht, und beobachtet den Untergang seiner musikalischen Hoffnungen. Die Berliner amüsieren sich über gewisse Nebenwirkungen, die lange im Gespräch bleiben. Als die Flammen die Garderoben erfassen, schießen die Perücken wie Raketen in die Luft. Am höchsten soll die des populären Komikers Unzelmann geflogen sein.

Zu Schinkels weiteren Entwürfen für das Theater gehören Bilder zu Glucks *Alceste*, die ersten, die antike Bauformen auf die Bühne bringen, zu *Don Carlos* (hier wird der Bühnenbildner in der Zeitung wegen Ideenlosigkeit verrissen), Schillers *Jungfrau von Orleans* und Webers *Oberon*. Unnötig zu sagen, daß Gemälde, Dioramen und Bühnenbilder in engem Zusammenhang stehen. Ohne die Vorarbeiten am Diorama wäre Schinkel gewiß nicht in der Lage gewesen, gleichsam auf Anhieb einen Erfolg wie mit der *Zauberflöte* zu erringen. Die Innenansicht des Zeustempels bildet, wie Mario Zadow herausgefunden hat, sowohl Teil einer Schaubildreihe von 1814 (»Die sieben Weltwunder«) als auch drei Jahre später die Vorlage einer Dekoration zur *Alceste*. »Herr Schinkel ist deshalb als Architect vorzüglich groß und ausgezeichnet, weil er sich vor Einseitigkeit bewahrt«, heißt es in Brühls *Dekorationswerk*.

Auf die Dauer muß er den Hang zur Vielseitigkeit jedoch etwas einschränken. Als Schinkel die Bühne zur *Alceste* für das Opernhaus Unter den Linden entwirft, wird gegenüber seine Neue Wache gebaut, und das abgebrannte Schauspielhaus am Gendarmenmarkt wird von keinem anderen als von ihm wiederaufgebaut. Er ist bald einer der meistbeschäftigten Baumeister Preußens.

Und er ist, ebenfalls zeitraubend, Beamter.

8. Im Staatsdienst

Wer in Schinkel nur das Genie sieht, wird ihn sich schwer als Beamten vorstellen können. Genies streben selten statt nach Ruhm nach finanzieller Sicherheit. Manchmal vielleicht auch nach Macht. Die beiden letzteren hat, zumindest nach deutscher Vorstellung, der Beamtenstatus zu bieten.

Mit der finanziellen Sicherheit ist es in Preußen nicht sehr weit her. Der redliche David Gilly, der 1805, erst siebenundfünfzigjährig, in bitterer Armut stirbt, hat es am eigenen Leib erfahren müssen. Ein ganzes Jahr hindurch ist ihm irrtümlich sein Gehalt nicht ausgezahlt worden, was erst ans Licht kommt, als er sich zu einer Bittschrift an den König aufrafft. Wohl zu preußisch, um das eigene Geld anzumahnen, bittet er um eine Pension für seine zweite Frau.

Das war noch vor dem Kriegseintritt Preußens, in friedlichen Zeiten. Nach dem verlorenen Krieg und während der französischen Besatzung ereilte ein solches Schicksal alle staatlich Angestellten. Der Staat war verarmt, und der Hof weilte weit weg im Exil, in Königsberg oder sogar Memel. Die Beamten, die nur gelegentliche Hilfszahlungen erhielten, nagten am Hungertuch, und es dauerte vier volle Jahre, bis 1810 wieder normale Verhältnisse einzogen. Anfang des 19. Jahrhunderts schien es, was den weltlichen Lohn betrifft, nicht allzu verlockend, in preußische Staatsdienste zu treten.

Als Schinkel seinen diesbezüglichen Antrag stellt, haben sich die Verhältnisse wieder etwas gebessert. Der Staat ist zwar immer noch äußerst knapp bei Kasse und leidet unter den Reparationsforderungen Napoleons, aber die Franzosen sind aus Berlin abgezogen und König und Königin aus Ostpreußen zurückgekehrt.

Übermäßig beneidenswert ist die Laufbahn, die Schinkel nun antritt, dennoch nicht. Er wird im zweiten Stock in der Oberbaudirektion in der Friedrichsstadt ein dunkles Zimmer beziehen, und sich dort 25 Jahre lang mit Anträgen, Gutachten sowie gegenteiliger Meinung der Kollegen herumschlagen müssen – für ein Jahresgehalt von 1200 Taler, ein mittleres Salär, mit dem man auskommen, aber keinesfalls große Sprünge machen kann.

Gewiß muß ein junger Ehemann, dessen Frau zum erstenmal schwanger ist, aufs Geld, also ein möglichst regelmäßiges Einkommen, sehen. Aber beim Beamten tritt hinzu, daß er, laut Amtseid, »keine Giften, Gaben, Präsente, Pensiones oder Promessen wegen seiner Amtsverrichtungen« annehmen darf. Diese Vorschrift bindet einem Künstler bei Aufträgen von außen die Hände, obwohl Schinkel hoffen kann, in der Hierarchie rasch aufzusteigen. Das brächte ihm dann einige Freiheiten mehr ein wie auch am Ende ein vielleicht sehr viel höheres Gehalt.

Beamter wird ein Mann wie Schinkel allerdings kaum des Geldes wegen. Ihm geht es eher um den anderen, gleichsam beamteten Vorteil, die Macht. Sein späteres Verhältnis zu Kollegen und Untergebenen schließt nicht aus, daß er es nicht schätzt, wenn man sich ihm in Angelegenheiten, die er für wichtig hält, widersetzt. Wo es um Ästhetisches geht, schreckt Schinkel vor striktem Befehl keineswegs zurück. Er wird kaum einen eingereichten Entwurf zur Hand nehmen, der nicht mit einer eigenhändigen Korrektur sein Amt wieder verläßt.

Aber letztlich dürfte es auch nicht die Macht sein, die ihm wichtig ist. Wirklich wichtig ist ihm – neben der Ästhetik im allgemeinen – das Bauen. Noch hat sich der Beruf eines freien Architekten nicht eingebürgert. Bestenfalls die Maler und die

Bildhauer, die an fast jedem offiziellen Bau mitarbeiten, besitzen eigene Werkstätten oder Ateliers, so Schadow, Tieck und Rauch. Ansonsten baut der Maurermeister den Stall und der Herr Baurat das Palais, die Brücke und das Schloß. Auf Geld versessen ist Schinkel gewiß nicht. Ehrgeizig ist er wohl. Aber vor allem will er bauen.

Da gibt es, wie er bald sehen wird, Widerstände im Amt, die gegen seine Absichten arbeiten werden. Doch wird immer noch das Vermächtnis des Friedrich Gilly wirksam, das ihn wie ein Adelstitel auszeichnet. Zudem hat er als populärer Gebrauchsmaler bereits einiges Ansehen außerhalb solcher Erwartung errungen. Als 1809 die Petrikirche abbrennt, legt er sofort ungefragt Entwürfe für den Wiederaufbau vor; und als die ins Kronprinzenpalais zurückgekehrte Königin Luise, ihrer altmodischen Einrichtung überdrüssig, sich des charmanten jungen Baumeisters erinnert, der die hübschen Panoramabilder zu Weihnachten malt, erhält er den Auftrag, ein moderneres Schlafzimmer mit einem Bett im Empirestil zu entwerfen.

Auch Schinkels Bewerbung um Aufnahme in den Staatsdienst läuft auf höchster Schiene. Er verhandelt mit Wilhelm von Humboldt, der seit 1809 Leiter der Sektion für Kultur und Unterricht ist, also so etwas wie preußischer Kultusminister. Er bereitet eben, einer der Reformatoren des veralteten Staatsgefüges, die Gründung der Berliner Universität vor. Dabei nutzt er seine internationalen Verbindungen, um angesehene Gelehrte aus allen deutschen Landen als Professoren zu berufen.

Humboldt denkt dabei auch an Schinkel, gesteht jedoch einem Kollegen: »Ich zweifle aber an seiner Fähigkeit zu einem Lehramt.« Dennoch bleibt jener Zusammenhalt, den man ehemaligen Deutschrömern allgemein nachsagt, wirksam. So überlegt Humboldt eine Weile, ob sich der sympathische Alleskönner auf dem Gebiet der Kunst nicht am besten an der arg darniederliegenden Akademie der Künste unterbringen ließe. Schließlich entscheidet er sich aber – glücklicherweise, muß man hinzufügen – für die Oberbaukommission, wie wir aus einem

Brief an seine Frau Karoline wissen, die sich für den guten alten Bekannten aus der Villa Malta einsetzt. Kurzum, es fällt Schinkel nicht schwer, die ersehnte Anstellung zu bekommen. Am 15. Mai 1810 wird der Neunundzwanzigjährige zum geheimen Oberbauassessor ernannt. Dadurch erhält sein Werdegang eine offizielle Wendung.

Schinkel wird, mit ganz wenigen Ausnahmen, sein architektonisches Gesamtwerk von Staats wegen errichten. So besteht gut die Hälfte seiner Beamtentätigkeit aus dem Entwerfen und Erbauen öffentlicher Gebäude und solcher der Hofhaltung der königlichen Familie. Der Rest der Zeit geht dann mit Stadtplanung, Inspektionsreisen und Erstellen von Gutachten für alle und jede Bautätigkeit in preußischen Bereichen drauf, nicht zu vergessen den Denkmalschutz. Die Bautätigkeit und die damit verbundene Begutachtung sind von Anfang an seine vorrangigen Beschäftigungsfelder, zumal die ästhetische Seite aller staatlichen Bauten in sein Ressort in der Oberbaubehörde fallen. Sein ehemaliger Lehrer und jetziger Vorgesetzter, Eytelwein, läßt ihm darin von vornherein völlig freie Hand. Er drückt sogar ein Auge zu, wenn Schinkel ungewöhnlich oft um Spesen für Kontrollfahrten einkommt. Man muß den Behörden auf dem flachen Land schon auf die Finger sehen, denn sie ignorieren aus Gründen der Sparsamkeit gern die Verbesserungsvorschriften der Berliner Behörde. Jetzt müssen sie allerdings aufpassen – es rückt ihnen der neue ästhetische Assessor persönlich auf den Leib.

Daß er dabei nicht reich wird, macht dem fleißigsten Architekten in Preußen nichts aus. In ihm steckt zumindest ein halber Puritaner mit eigenwilligen, für einen Baumeister ungewöhnlichen Anschauungen. So wird Schinkel nie in seinem Leben ein eigenes Haus besitzen und hat sich auch nie eines bauen wollen. Besitz ist für ihn eine Belastung. Seine Kindheitserfahrung, daß einem Heimatstadt, Vaterhaus und Vater in einer einzigen Katastrophe verlorengehen können, ist in ihm lebendig geblieben.

Auch eine mögliche Erhebung in den Adelsstand hat er später

von vornherein abgeblockt. Wenn es für ihn einen Adel gibt, dann einen des Geistes oder – wie es sich für einen Ästheten gehört – der Schönheit.

Man darf sich den Puritaner Schinkel nicht als einen Duckmäuser vorstellen. Bei ihm zu Hause am Alexanderplatz geht es eher fröhlich zu. Im Puritaner steckt – die Puppe in der Puppe – wiederum ein Bohemien, der Schinkel gelegentlich durchaus sein kann. Ein Spießbürger ist er nicht, wofür in den Anfangsjahren seines Beamtentums schon sein bester Freund sorgt, kein anderer als Clemens Brentano. Die beiden sind eine Weile fast unzertrennlich.

Brentano, ein Rheinländer mit italienischen Vorfahren, hat mit seinem Studienkollegen Achim von Arnim in Heidelberg die Volksliedersammlung *Des Knaben Wunderhorn* herausgegeben und führt seitdem ein unstetes Wanderleben. Melancholischen Geblüts zweifelt er, inzwischen dreiunddreißig Jahre alt, daß er zum Dichter berufen sein könnte, ist aber mitnichten ein Freund von Traurigkeit: ein Zugvogel, der Gott und die Welt kennt und sich, wo er kann, einquartiert.

Nach Berlin ist er mit Arnim und dem Germanisten und Märchensammler Wilhelm Grimm gekommen; zu dritt wohnen sie eine Weile fröhlich bei ihrem ehemaligen Kommilitonen Pistor, jetzt Postrat, in der Mauerstraße. Eines Tages lernt der betriebsame Brentano dann den, wie er ihn nennt, »herrlichen, kindlichen, ernsten, wundergeschickten Landschaftsmaler und Architecten« Karl Friedrich Schinkel kennen.

Es entwickelt sich alsbald eine enge Männerfreundschaft, in die Brentano, ein *homme à femmes*, auch Frau Susanne einbezieht. Wenn sie, wie im Sommer 1811, ihre Verwandten in Stettin besucht, ist es Brentano, der sie in langen und originellen Briefen über sein Leben mit Schinkel auf dem laufenden hält. Letzterer besucht auf Order des Königs eine Auktion in Köpenick, wohin er seinen Freund mitgenommen hat. »Da Schinkel einen königlichen Auftrag auf die Köpenicker Auktion hatte«, schreibt er ihr, »fuhr ich und Wilhelm Sonntag Nachmittag mit ihm hin in der Kutsche mit dem Kutscher, der Sie nach Stettin gebracht (...) Schinkel hatte ein sehr kurzes Bette, und als er sich in der Nacht streckte, stieß er den Fuß durch die dünne Lehmwand in die benachbarte Stube, wo Madame Levi schlief, die auch auf die Auktion wollte; da diese alte Chinoinesse [Teetrinkerin] in der Nacht aufstand, ihr Brevier zu beten, hängte sie ihren altdeutschen Kopfputz mit samt der Perücke, als sie sich wieder niederlegte, an die Beine Schinkels, die sie in der Dunkelheit für ein Köpenicker Zapfenbrett hielt, aber die Beine bewegten sich nachher und der Kopfputz fiel herunter; mit unbeschreiblicher Geduld stand Madame Levi sechsmal auf, (...) da sie aber endlich das Fleisch und Bein fühlte, überfiel sie ein solcher Schrecken, daß sie sich noch in der Nacht aufmachte und zu Fuß nach Berlin zurückging. Als Schinkel heute morgen die Beine zurückzog, befand sich ein Briefchen auf violettem Atlaspapier an das seine gebunden, worin die Bekenntnisse einer schönen Seele standen. Ich habe es aber nicht gelesen, die erschrockene Dame ist nicht weiter gekommen als bis zum Neuen Krug, wo sie sich hat taufen lassen...«

Bei dem erwähnten Begleiter Wilhelm handelt es sich um den neun Jahre jüngeren Bruder von Frau Susanne, den Schinkel in Berlin bei sich aufgenommen hat. Er wird übrigens, wann immer von ihm die Rede ist, nicht nur von der kleinen Nichte Marie, sondern auch von den Erwachsenen »Onkel Wilhelm« genannt. Er soll Kaufmann werden wie sein Schwager Kuhberg in Stettin, der Susannes Schwester Karoline geheiratet hat. Aber was wird man schon in Schinkels Haus und unter Schinkels Einfluß? »Onkel Wilhelm« wird selbstredend Architekt und bringt es sogar zum Oberbaurat. Für seinen Schwager Schinkel hat er später so manches Mal die Bauaufsicht geführt.

Mit Brentano geht Schinkel auch auf eine Dienstreise in die damals noch sächsische Lausitz zum eben fünfundzwanzigjährigen Grafen Pückler, der nach dem Tod seines Vaters die größte deutsche Standesherrschaft Muskau übernommen hat. Eine Standesherrschaft bildet so etwas wie einen Staat im Staate, ist praktisch unabhängig. Der Standesherr fungiert als alleiniges Oberhaupt. Er nimmt Steuern ein, führt aber keine ab, hat die absolute Polizeigewalt, und seine Bauern sind erbuntertänig, das heißt, sie müssen für den Standesherrn unentgeltliche Dienste leisten und dürfen, an die Scholle gebunden, weder das Land verlassen noch ohne die Zustimmung ihres Herrn den Familienstand ändern, zum Beispiel heiraten.

Das Stück Mittelalter, das derartige Standesherrschaften beinahe anarchronistisch verkörpern, ist in Preußen erst seit kurzem durch die Stein-Hardenbergschen Reformen abgeschafft; in der Lausitz hingegen gibt es noch vier solche Relikte. Eine lukrative Sache für die Standesherrn, die alsbald in ein tiefes Loch fallen, wenn demnächst das Königreich Sachsen als Strafe für das Bündnis mit Napoleon die Lausitz an Preußen abtreten muß.

Pückler tendiert ohnedies nach Preußen und in Richtung soziale Reformen. Er gilt freilich als Exzentriker und scheint für Außenstehende aus lauter Widersprüchen zu bestehen. Er ist ordensversessen und nutzt skrupellos alle Vorteile seiner adligen Herkunft, gehört aber als Schriftsteller zu den unruhigen im Lande, zum »Jungen Deutschland«. Er ist vom Herzen her Aristokrat und von Kopf liberaler Demokrat, ein Lebemann und Melancholiker, ein Casanova und fürsorglicher Ehemann: ein Charakter.

Schinkel und Brentano werden von ihm mit offenen Armen empfangen. Sie bestaunen Pücklers riesigen Besitz, den er in ein Gartenreich verwandeln möchte, wie es noch keines gibt, und Schinkel soll aus seinem vergammelten Renaissanceschloß einen Feenpalast zaubern. Tatsächlich liefert der ihm einige sehr schöne Entwürfe für eine Art Wasserschloß, die, wie immer bei Schinkel, auf dem Papier wirken, als seien sie schon ausgeführt. Leider gebricht es dem Grafen und späteren Fürsten dafür an Geld, weil er solches, sobald es in seinen Besitz gerät, mit vollen Händen aus sämtlichen Fenstern zu werfen pflegt.

Aus dem Umbau des Schlosses Muskau in ein romantisches

Wasserschloß wird also nichts. Doch Pückler hat Schinkel auf seine Weise geehrt. In seinen *Andeutungen über Landschaftsgärtnerei*, einem flott geschriebenen Lehrbuch, preist er Schinkels Universalität als Künstler und setzt der langandauernden Künstlerfreundschaft zwischen den beiden das schönste Denkmal. Der Leser unternimmt mit dem Grafen eine Rundfahrt durch die Parkanlagen, in denen wie von Geisterhand Schinkels Ideen verwirklicht erscheinen. Das Buch, 1825 geschrieben, aber erst 1834 erschienen, wird auch heute immer wieder neu aufgelegt, hauptsächlich wegen der schönen Illustrationen August Wilhelm Schirmers, die ebenfalls viele von Schinkels Entwürfen als vorhanden abbilden.

Von Muskau aus reisen Schinkel und Brentano weiter nach Böhmen, wo Brentanos Bruder Christian ein karges Gut verwaltet und damit überfordert scheint. Ihm werden selbst die Pflüge von den Äckern gestohlen. Wo auf Muskau und in Bukowna Frau Susanne geblieben ist, in einem Dorfgasthof abgestiegen oder auf einer anderen Route, wissen wir nicht. Sie ist ebenso mit von der Partie wie die kleine Marie.

Die unzähligen Dienst- und Kontrollreisen, die Schinkel unternimmt, muß man sich nicht als einsame Inspektionsfahrten vorstellen. Er wird oft von seiner Familie begleitet, von einem Freund oder sogar mehreren. Die Behörde hat dagegen anscheinend nichts einzuwenden.

Clemens Brentano bleibt drei Jahre in Böhmen. Schinkel fährt mit Frau und Tochter auf eine verspätete Hochzeitsreise ins Salzkammergut, von der er mit einigen romantischen Zeichnungen von Königs- oder Traunsee zurückkehrt. Kaum wieder zu Hause, gebiert Susanne ihr zweites Kind, wieder ein Mädchen, das nach der Mutter Susanne Marie Sophie getauft wird. Sehr einfallsreich in der Wahl weiblicher Vornamen sind die Schinkels nicht.

Im gleichen Jahr 1811 wird Schinkel als Mitglied in die Preußische Akademie berufen, gibt er ein Tafelwerk mit seinen Entwürfen zum Wiederaufbau der Petrikirche heraus und malt an zwei Schaubildern für Gropius. Zu Weihnachten werden ein »Italienischer Palast in Festbeleuchtung« und eine »Gotische Kirche in einer Seestadt« gezeigt. Das Beamtendasein läßt sich gut an: es hindert ihn, wie man sieht, nicht an einer Vielzahl von Nebentätigkeiten, ohne die er nicht leben könnte.

Die meisten sind temporärer Natur. Aber gleichsam nebenher entsteht ein bleibendes architektonisches Denkmal, wenn auch alles andere als ein Seitenwerk: jene schöne Laube aus Berliner Eisen, die auf dem Marktplatz von Gransee jene Stelle markiert, an der der Sarg der Königin Luise auf dem Trauerzug von Hohenzieritz, ihrem Sterbeort, zurück nach Berlin eine Nacht lang gestanden hat. Für Schinkel mehr als eine Beamtenpflicht. Die Frühverstorbene war eine seiner ersten Gönnerinnen und Auftraggeber.

Im nächsten Jahr, 1812 – Napoleon zieht mit seiner Grande Armée nach Rußland, von wo nur ein Bruchteil seiner Soldaten zurückkommt – entwirft Schinkel eine schlesische Kirche und einen neuen Saal für die Singakademie, begutachtet unter anderem ein schwer beschädigtes Gewächshaus im Schöneberger Botanischen Garten und ein geplantes ziviles Kasino in Potsdam. In einem Gemälde mit Landschaftsmotiven hält er die Reise mit Frau und Kind fest und kann im Etablissement des Gropius zu Weihnachten schon den Brand Moskaus nachvollziehen, mit dem erst im September Napoleons endgültiger Abstieg begonnen hat.

1813, mit König Friedrich Wilhelms Aufrufen »An mein Volk« und »An mein Kriegsheer«, rüstet sich Preußen zum Befreiungskampf, wie man damals sagt: »vom französischen Joch«. Wilhelm, im besten Soldatenalter, meldet sich sofort freiwillig, obwohl Schinkel ihm, nicht sehr patriotisch, davon abrät. Dem Schwiegervater berichtet der preußische Staatsbeamte nach Stettin: »Heute morgen ist unser Wilhelm mit wahrer Freude auf der Post nach Breslau abgegangen (...) Ich habe ihn so mit Gelde und allem nöthigem versehen, daß er sich nicht allein ganz vollständig equipiren [ausrüsten] und armiren [mit

Waffen versehen] kann und für die Reise hinreichend, sondern auch auf mehrere Monate eine Zulage hat.« Wohl auch um die eigenen Zweifel am Entschluß des jungen Schwagers zu beruhigen, fügt er hinzu: »Was er in seinen Studien etwa verliren sollte, ist bei dem Fleiße, womit er vorwärts kam, und seiner Liebe zur Sache in ein Paar Monaten nachgeholt (...) Alle seine Cameraden im Studio sind mit ihm gegangen und er trifft sie in Breslau; der Dienst in dem Jägercorps wird also sehr angenehm sein, da er nur mit gebildeten Leuten zusammen ist...«

Wieder gibt es in seinem frühen Schaffen einen Höhepunkt, diesmal auf dem Gebiet des – wie wir heute sagen würden – Designs, um den Ausdruck Kunstgewerbe zu vermeiden. Angeblich nach einem Entwurf des Königs, aber in die endgültige Form gebracht – ein Auftrag eben des Königs – von Schinkel, entsteht das Eiserne Kreuz.

Man kann von Kriegsauszeichnungen halten, was man will. Ehe die Nazis das Eiserne Kreuz diskreditierten, war der preußische Orden einer der gelungensten seiner Art, würdig und in seinen Grundzügen durchaus demokratisch. Die Bedeutung, die dieser militärischen Auszeichnung damals zukam, konnte einige Hoffnung auf eine bessere, gerechtere Zukunft wecken. War sie doch die erste, die unabhängig von Adel oder Rang jedermann verliehen werden konnte, der Mut gezeigt hatte.

Militärische Reformer, unter ihnen Gneisenau und Scharnhorst, wollten gegen den Widerstand des Altadels – und, wenn auch in geringerem Maße, des Königs – aus einem ausschließlich von Aristokraten geführten Heer ein Volksheer machen. Das Eiserne Kreuz war dafür das erste Symbol.

Friedrich Wilhelm III., ein König, der sich gerne grollend überzeugen ließ, befahl noch ein übriges. Als eine seiner ersten Maßnahmen nach gewonnenem Krieg verfügte er, die von Napoleon entführte Quadriga vom Brandenburger Tor unverzüglich zurückzubringen. In 15 Kisten auf sechs Güterwagen reiste Schadows Großplastik über den Rhein und unter dem Jubel der Bevölkerung wieder zurück ins angestammte Berlin.

Jetzt sollte auch das neue Ehrenzeichen, das Eiserne Kreuz, auf des Königs Wunsch an der Skulptur erscheinen. Es war wiederum Schinkel, der für die Siegesgöttin einen neuen Stab entwerfen mußte, wie sie ihn seither trägt, mit dem Kreuz, Eichenblättern und einem preußischen Adler, der seine Schwingen ausbreitet – ebenfalls ein Detail, das passend, aber nicht aufgesetzt wirkt.

Der Krieg ist vorbei und die Welt, wie sich herausstellen wird, insgesamt nicht besser geworden, aber die Überlebenden kehren zurück. Mit ihnen Schwager Wilhelm, der den Krieg unbeschadet überstanden hat. Schinkel hat sich zwar noch zum Kriegsdienst gemeldet, zum Landsturm, doch Berlin gar nicht erst verlassen. Wahrscheinlich weil der König sich inzwischen an ihn gewöhnt hat und Friedrich Wilhelm nichts mehr haßt, als auf vertraute Gesichter in seiner Umgebung zu verzichten. George Friedrich Berger, Schinkels Schwiegervater in Stettin, erlebt den Sieg Preußens und der Alliierten nicht mehr. Er hat sich von seinem geschäftlichen Mißgeschick ohnehin nie ganz erholt und stirbt 1812. Seine Witwe, Susanne Berger, zieht zu den Schinkels nach Berlin, deren Wohnung am Alexanderplatz nun zu klein wird, als 1813 das dritte Kind geboren wird, Karl Raphael. Schinkels einziger Sohn ist mit dem zweiten Vornamen nach dem Lieblingsmaler des Vaters benannt.

Als sozusagen letzter trifft Brentano nach dreijähiger Abwesenheit wieder in der preußischen Hauptstadt ein. Er wirkt auf seine Schwester Bettine, die seinen Freund Achim von Arnim geheiratet hat, wie der Verlorene Sohn. In Wiepersdorf, auf dem ländlichen Gut der Arnims, hält er es jedoch nicht lange aus und taucht bald in Schinkels neuem Domizil, Große Friedrichstraße 99, in einer »besseren« Gegend gelegen, auf.

Er steckt wieder voller Pläne. Das Dichten hat er allerdings weitgehend aufgegeben. Wie er früher einmal eine literarische Buchhandlung hatte aufmachen wollen, so geht er jetzt erneut in eine Lehre. Wilhelm Grimm staunt: »Der Clemens studiert unter Schinkel Architektur, um damit sein Brot zu verdienen«, womit er übrigens irrte. Brentano studiert nicht bei Schinkel, sondern im gleichen Haus, in dem sich die Oberbaubehörde befindet, bei dem Maler Johann Erdmann Hummel Zeichnen und bei weiteren Lehrern Algebra und Geometrie. Er wohnt wieder bei Pistor und schleppt Schinkel regelmäßig eine Reihe von Leuten ins Haus, was dieser nach wie vor goutiert. »Schinkel saß«, wie ein Zeitgenosse berichtet, bei derartigen Gesellschaften in seiner Wohnung »meist unbekümmert um alles, was um ihn vorging und zeichnete.«

Unermüdlich führt Schinkel seinen Zeichenstift, und das muß er auch. Der Staatskanzler Hardenberg will ein Erntebild von ihm. Der König wünscht – ebenfalls von Schinkel und keinem anderen – den Entwurf zu einem Freiheitsdom und einer Neuen Wache sowie einen Umbau der alten Akademie zu einem Museum. Brühl möchte von ihm die Oper *Ariodan* ausgestattet haben, und am Palais des Prinzen August sind Arbeiten zu vollziehen, deren Ausführung eine neue Innenausstattung verlangt.

Nur das Palais Prinz August kann er delegieren. Es wird der erste Auftrag, den »Onkel« Wilhelm, sein Schwager Berger, für ihn ausführt, der immer noch bei ihm wohnt.

Alles andere fordern die Auftraggeber oder fordert Schinkel selbst von seiner Hand. Viel Arbeit. Zum Glück winkt dazwischen eine neue Dienstreise, diesmal mit Frau und ältester Tochter an den Rhein.

9. Die Schönheit in Preußen

Schöne Männer waren es nicht, die Preußen groß gemacht haben. Sie konnten ausdrucksvoll, interessant und nicht einmal so bärbeißig aussehen, wie sie meist waren. Sie konnten hochaufgeschossen sein wie die »Langen Kerls« des kleinen, dicken Soldatenkönigs Friedrich Wilhelm I. oder winzig, kaum ein Meter fünfzig groß wie der Maler Adolf von Menzel. Sie konnten sich schlecht und unmilitärisch halten wie der Alte Fritz oder, im Gegenteil, aufrecht, als hätten sie einen Ladestock verschluckt wie der pazifistisch gesinnte Friedrich Wilhelm III. Was das Aussehen betrifft, war man im alten Preußen tolerant. Den Maßstab der Schönheit hätte niemand angelegt, nicht einmal an die Heroen des Landes.

Einen hätten die Zeitgenossen, wie aus ihren Äußerungen hervorgeht, gar zu gerne schön, groß und weithin leuchtend gesehen: Schinkel. In seiner Person kulminiert jene Sehnsucht nach Schönheit, die sich mit dem Aufstieg Preußens zur führenden Nation deutscher Sprache neben den Österreichern ausgebreitet haben muß. Sie äußert sich darin, daß Geist, Musik, Ästhetik, Kunst, Wissenschaft, Architektur eine immer größere Rolle im gesellschaftlichen Gefüge des Landes und, vor allem, der Hauptstadt Berlin zu spielen beginnen. Der anfangs eher spöttische Spitzname Spree-Athen hatte seine satirischen Widerhaken längst weitgehend eingebüßt.

Als das 19. Jahrhundert anbricht, in dem Preußens Vormachtstellung mit der Gründung eines Deutschen Reiches endgültig besiegelt werden wird, regieren – eine Art Vorahnung – zwei unpreußisch schöne Menschen das Land: Friedrich Wilhelm III., bei aller Schüchternheit und manchmal Absonderlichkeit das Bild eines Mannes, und die schöne Königin Luise, bei der sich abgebrühte Diplomaten in der Rede verheddern, wenn sie – wie meist zu spät – den Raum betritt.

Auf Schinkel, dem Erben Friedrich Gillys, ruht unausgesprochen die Hoffnung auf den endgültigen Einzug der ästhetischen Schönheit in das in dieser Hinsicht bislang eher benachteiligte Land, das eigentlich Brandenburg heißt. Aber Schinkel reicht, was die Mitgift äußerer Schönheit anlangt, an Friedrich Wilhelm und Luise nicht heran.

»Die Züge von Schinkel«, schreibt Waagen, sein Schüler und früher Biograph, »waren nicht schön, doch sprach sich in ihnen ein sehr bestimmter Charakter aus; die dunklen Augen waren von einem seelenvollen Feuer. Im Körperbau, der von etwas mehr als mittlerer Größe war, wie in den Bewegungen hatte er etwas sehr Elegantes.«

Seelenvolles Feuer und Eleganz der Bewegungen als Ersatz für die Enttäuschung, es bei dem Garanten für preußische Schönheit mit keinem Adonis zu tun zu haben? Es scheint so, denn auch Kugler, der zweite Biograph, der Schinkel noch persönlich gekannt hat, hebt in seiner Beschreibung hervor: »In seinen Bewegungen war ein Adel und ein Gleichmaß, in seinem Munde ein Lächeln, auf seiner Stirn eine Klarheit, in seinem Auge eine Tiefe und ein Feuer, daß man sich schon durch seine bloße Erscheinung zu ihm hingezogen fühlte. Größer aber noch war die Gewalt seines Wortes, wenn das, was ihn innerlich beschäftigte, unwillkürlich und unvorbereitet auf seine Lippen trat...«

Mit anderen Worten: Schinkel war mittelgroß, schmächtig – Zeitgenossen bezeichnen seine Gestalt immer wieder als »biegsam«. Sein wildgelocktes und wohl kaum zu bändigendes Haar, ursprünglich dunkelblond mit einem Stich ins Braune, hatte sich schon, als er um die Dreißig war, schlohweiß gefärbt, wofür sich die Vokabel »silbrig« durchsetzte. Viel zitiert wird ferner seine »gesunde Gesichtsfarbe«, nämlich seine bräunlich gefärbte Haut, die mit seinen ebenfalls braunen Augen korrespondierte.

Schön, wenn man so will, waren seine Hände – der Abguß seiner Linken blieb aufbewahrt: die Finger haben jene Länge, wie sie zu einem überlegenen Pianisten gehören, die Nägel sind gewölbt, was man im beginnenden Biedermeier als »aristokratisch« empfand. Die hervorstehenden Backenknochen und der breitgezogene Mund deuten auf die pommersche Herkunft der Familie aus einem slawischen Grenzland.

Dennoch sind es weniger körperliche Merkmale, die in den Aufzeichnungen von Freunden und Augenzeugen gerühmt werden, als ein ihm eigenes ästhetisches Charakteristikum, um den Maler Franz Krüger zu zitieren, der blaue Überrock und die »jederzeit weißeste Wäsche«. Tatsächlich trägt Schinkel auf fast allen Porträts, für die er selbst gesessen hat, jene weißen Hemdkragen, die, durch eine breite Binde ergänzt, aus dem – übrigens meist mit einem kleinen Orden geschmückten – blauen Überrock herausragen: gleichsam ein Bekenntnis zu absoluter Sauberkeit. Sauberkeit ging in Preußen unabdingbar mit Schönheit einher. Ohne diese war sie nicht vorhanden.

Mangels Wortgewalt war Schinkel zwar kein übermäßig guter Lehrer – Humboldt hatte es ja geahnt –, aber er besaß, vor allem in kleinem Kreis, eine Überzeugungskraft, die kaum jemandem seines Umfelds gegeben war. Er hat als einziger den verschlossenen und mißtrauischen König dazu bewegen können, den Musen gegenüber seine bessere Seite, nämlich seinen guten Willen, herauszukehren. Schinkel hat ihn, der als Geizhals verschrien war, sich aber tatsächlich ein Leben lang mit leeren Staatskassen herumschlagen mußte, an seine mäzenatischen Pflichten höchst erfolgreich erinnern können.

Dem liegt ganz gewiß so etwas wie eine psychologische Verwandtschaft zugrunde. Beide sind sie von einer nicht einfachen

Jugend geprägt, die in ihnen eine leichte Gehemmtheit anderen Menschen gegenüber zurückgelassen hat. Beide sind Zurückgesetzte, die es – ein bißchen gegen ihren Willen – bis an die Spitze verschlagen hat. So verschieden ihr Rang, so ähnlich ihr persönlicher Werdegang auf den unterschiedlichen Ebenen.

Anderen Menschen gegenüber, Freunde und enge Bekannte ausgenommen, kann sich Schinkel allerdings weniger gut verständlich machen. Bettine von Arnim, die zu Schinkel ein enges, für Frau Susanne häufig zu enges Verhältnis unterhält, berichtet ihrem Mann von Berlin (wo sie sich am Ende mit ihren Kindern angesiedelt hat) nach Wiepersdorf (wo er zurückgezogen lebt) über einen Abend mit Schinkel, Rauch, Tieck, Varnhagen und anderen nach einer Gastvorlesung des Dichters und Shakespeare-Übersetzers August Wilhelm von Schlegel: »Schlegel hat besonders Neigung, mit Schinkel zu sprechen und ihn zu überweisen, daß alles Große aus dem Indischen herrühre. Ich hörte ihm eine Weile zu, wie er mit Gemächlichkeit eine halbe Stunde über gemaltes Haar und Haarputz der Frauen sprach; grade als ob ein alter Rumpelkasten über den Damm fährt, auf dem er Angst hat einzubrechen; ungeheuer selbstgefällig, leer, matt, ich sah deutlich, wie Schinkel elend wurde ...«

Schinkel ist wohl kein Mensch, der auf dem Parkett oder bei großen Gesellschaften zu glänzen versteht. Sein Feld ist nicht die lockere Konversation, sondern die mit handfesten Argumenten vorgetragene ehrliche Überzeugung. Er glänzt nicht durch Sprachgewalt, sondern bezwingt durch die sanfte Kunst, sich ausschließlich auf Tatsachen zu beziehen.

Daß er seine Ansichten nicht schroff äußert, sondern sie elegant – auch dies ein Wort, das oft in Zusammenhang mit Schinkel fällt – verpacken kann, steht außer Frage; er zeigt es ja auch in seinen Bauten und seinen Bildern. Der knorzige Achim von Arnim, der sich auf seinem Gut Wiepersdorf vergräbt, nicht zuletzt weil, wie er fühlt, seine Dichtkunst ihn im Stich läßt, wirft ihm bisweilen »allzu grobe Verschönerung der herben

Wirklichkeit« vor. Seiner Frau Bettine schreibt er, er hielte nichts »von dem seltsamen Triebe, der so gern hinter Engelslarven wie Schinkel mit Genien die Leerheit der Lebensarchitektur verbirgt«

Mit dem Vorwurf, bei Schinkel klinge in Architektur und Malerei mitunter ein letzter Rest Rokoko an – wie bei seiner ersten Gönnerin, der Königin Luise –, verbinden seit jeher die einen, je nach Geschmack, allzu liebliche Verschleierungstechnik und die anderen etwas überaus Artistisches und Lobenswertes.

Was seinen Erfolg bei Frauen angeht, so ist es zu bedauern, daß sein Schwiegersohn fast alle Briefe nachträglich redigiert oder vernichtet hat. Der einzige, der ungeniert darüber zu schreiben wagte, ist der in galanten Eskapaden äußerst erfahrene Fürst Pückler-Muskau, der Bettine von Arnim in einem Brief die Reihenfolge ihrer Liebhaber wie folgt aufgezählt hat: »1. Goethe, 2. Schinkel, 3. Schleiermacher, 4. Rumohr, 5. Ich, 6. Carolath«, nicht ohne hinzuzufügen: »aufrichtig gesagt, steigt die Skala abwärts«.

Bettine hat diese ungalante Aufzählung nie abgestritten. Das erklärt vielleicht, warum die Freundschaft zwischen den beiden Familien am Ende in die Brüche ging. Andernfalls wäre auch unverständlich, warum Frau Susanne ihrer Freundin Bettine eine diebische Köchin empfohlen haben sollte, und das offensichtlich in voller Kenntnis der Tatsachen. »Die Schinkel hat eine Köchin 5 Jahre«, zetert die Arnim, »während dieser ganzen Zeit hat die Gelegenheit gefunden, den Pult heimlich zu öffnen und Geld herauszunehmen, und erst jetzt wurde es entdeckt, das Lächerliche ist, daß die Schinkel sie mir als Köchin rekommandierte, ohne mir ein Wort von dieser Geschichte zu sagen, er aber, der davon nichts wußte, sagte mir in seiner Frau Beisein, daß ich mich ja hüten sollte, sie zu nehmen. Sie [Frau Schinkel] kam sehr in Verlegenheit.«

Wenn es stimmt, was Pückler behauptet, er (Schinkel selbst) wohl nicht minder. Aber lassen wir das dahingestellt sein. Das

Verhalten der Frau Susanne trägt zweifelsfrei alle Merkmale der Rache einer eifersüchtigen Ehefrau.

Mag Schinkel kein schöner Mann gewesen sein – ein begehrenswerter war er ganz gewiß, was auch in Preußen seine Vor- und Nachteile gehabt haben wird.

10. Über Weimar nach Heidelberg

Daß Schinkel mit seiner Persönlichkeit die meisten Menschen sozusagen im Fluge für sich einnimmt, haben viele Zeitgenossen bestätigt. Auch daß er nur denjenigen gefällt, denen er gefallen will. Sein Geheimnis mag darin bestehen, daß er, so wird überliefert, ebenso gut zu reden wie zuzuhören versteht. Das eine ist immer gut, das andere aber oft noch besser. Am besten fährt jedoch, der beides miteinander verbinden kann.

Dazu gehört eine gewisse Erfahrung und nicht zuletzt ein bißchen Raffinesse im Umgang mit Menschen. Kennzeichnend für Schinkels natürliche Begabung in dieser Hinsicht dürfte das freundschaftliche Verhältnis zu Goethe sein, dessen Vertrauen er im Verlaufe eines einziges Tages gewinnt, obwohl Goethe ihn bis dahin gar nicht kannte. Am 10. Juli 1816 abends um sieben Uhr trifft er aus Berlin kommend in Weimar ein, und schon am nächsten Morgen fährt der Berliner Geheimrat mit dem Dichterfürsten spazieren und kann am Nachmittag des 11. Juli die kleine Residenz mit einem Empfehlungsschreiben von dessen Hand wieder verlassen. Er hat es eilig, was Goethe veranlaßt, in einem Brief an den Berliner Staatsrat Schultz von einem »leider allzu kurzen Besuch« zu sprechen.

Es gibt dazu eine Vorgeschichte und, wie sich denken läßt, eine generalstabsmäßig preußische Planung. Mit der allein das kleine Wunder freilich nicht möglich geworden wäre. Es mußten der Zufall mitspielen und das Glück, das auf die Dauer nur dem Tüchtigen hold ist. Goethe ist sechsundsechzig Jahre alt, eine Exzellenz als ehemaliger Minister und als Dichter eine Weltberühmtheit. Er wird mit Ehrungen und Besuchen verwöhnt und ist ihrer wohl mitunter überdrüssig; an ihn ist schwer heranzukommen – es sei denn, man macht es wie Schinkel.

Schon während der Einarbeitungszeit ins Amt hatte der eine Initiative ergriffen, auf die ihn David Gilly aufmerksam gemacht haben könnte: Sie gilt dem Denkmalschutz, der in Preußen wie andernorts im argen liegt. Schinkel hat seine Gutachten zur Rettung des Rathausturmes in Berlin, zur Neugestaltung des Tiergartens und für die Kirchen auf dem Gendarmenmarkt apodiktischer abgefaßt, als es bis dahin bei Gutachten amtlicher Stellen üblich war.

In einem weiteren Fall hatte er sich sogar mit einem Beschwerdebrief an den Finanzminister Bülow gewandt, der sich im Hauptquartier der Armee in Paris aufhielt. Im sogenannten Pontonhof, Unter den Linden, einem nur mäßig interessanten Gebäude, das – wenn auch fälschlich – dem Baumeister Schlüter zugeschrieben wird, ist Kriegsmaterial gelagert worden. Dabei hatte ein Unteroffizier eigenmächtig das Bauwerk verschandelt, indem er Inschriften und ein Halbrelief in Sandstein beseitigen ließ.

Auch Bülow hielt den Vorfall für so wichtig, daß er dem König Rapport erstattete, und dieser erließ, ebenfalls von Paris aus, eine Kabinettsorder, daß bei jedweder Veränderung öffentlicher Gebäude beim Staatskanzler Hardenberg um Erlaubnis nachzufragen sei.

Bei der romantischen Generation fällt der Gedanke des Denkmalschutzes auf fruchtbaren Boden. Allzulange hatte man das eigene Erbe vernachlässigt – viele der wertvollsten Gebäude sahen bereits aus wie Ruinen. Schlimm genug, daß Preußen in Kriegstagen keine neuen Bauten errichten konnte. Um so schlimmer, daß es nicht einmal möglich war, an den alten die notwendigen Reparaturen vorzunehmen.

Der neue aktive Beamte der Oberbaudirektion kommt allen wie gerufen, denn die älteren Bauräte schienen an derart neumodischen Gedanken nicht interessiert. So erinnert man sich an den Zustand der Bauten am nun (seit 1815) preußischen Rhein, die man nur als erbarmungswürdig bezeichnen kann, an den immer noch unfertigen Kölner Dom und das Angebot eines geschäftstüchtigen Kölner Sammlers von Rang, der seine Kunstwerke zu günstigen Bedingungen verkaufen möchte. Man beschließt den in dieser Richtung engagiertesten Beamten, nämlich Schinkel, auf eine mehrwöchige Inspektionsreise an den Rhein zu schikken. Vorher soll er, wie wohl Schultz vorgeschlagen hat, der den Dichter gut kennt, Goethe in Weimar besuchen, dem ein großer Einfluß auf den Sammler, einen Menschen namens Boisserée, nachgesagt wird. Dessen Name wird bald in aller Munde sein.

Boisserée gilt als schwieriger Verhandlungspartner. Zwei von Schinkels Vorgesetzten, Kultusminister Altenstein und sein Legationsrat Eichhorn, haben schon vergeblich bei ihm vorgesprochen. Jetzt versucht Schinkel sein Glück. Er ist Feuer und Flamme, denn der König plant ein Kunstmuseum, und er scheint dazu ausersehen, es bauen zu dürfen. Das wäre sein erster größerer architektonischer Wurf, dem nur eins entgegensteht: der mangelnde Kunstbesitz des preußischen Königs.

Die Sammlung Boisserée würde diesen bedauernswerten Mißstand schlagartig beheben. Eigentümer war das Brüderpaar Sulpice und Melchior, die als erste Privatleute begannen, den Altadel als Kunstsammler abzulösen. Die beiden – Eigenbrödler, aber gute Geschäftsleute – hatten anfangs viel Spott geerntet, denn sie kauften, was sonst keiner haben wollte. Als 1804 nach der Aufhebung des geistlichen Besitzes (»Reichsdeputationshauptschluß«) auch die Kunstgüter der Klöster und Kirchen verkauft und unter Wert verschleudert wurden, griffen sie zu, oft erst, wenn die Gemälde oder Plastiken zum Scheiterhaufen geschleppt wurden.

»Es war überhaupt ein seltsamer Zustand«, beschreiben sie ihre Situation, »alles, was wir von Kunstwerken sahen und hörten, erinnerte an den ungeheuren Schiffbruch, aus dem einzelne Schätze geborgen wurden; wie viel Köstliches konnte in dem Sturm untergegangen sein? Wie vieles konnten die bewegten Wellen noch an den Strand spülen?«

Die Brüder Boisserée sind keine reinen Spekulanten. Sie hatten mit Friedrich Schlegel die Pariser Kunstschätze studiert und sich die neue romantische Kunsttheorie erläutern lassen. So gelang es ihnen, im großen Ausverkauf christlicher Kunst der Vergangenheit eine, aus heutiger Sicht, geradezu atemberaubende Sammlung deutscher und niederländischer Malerei zusammenzutragen.

Den Boisserées ist zu verdanken, daß ein Großteil mittelalterlicher Kunst gerettet wurde. Sie sind andererseits versierte Weiterverkäufer, die es mit jedem Public-Relations-Manager der Moderne hätten aufnehmen können. Sie zeigen ihre erstaunliche und bald vielbewunderte Sammlung nicht in ihrer Heimatstadt Köln, wo sie die meisten Bilder erworben haben, sondern ziehen nach Heidelberg, wo ein schönes Palais am Karlsplatz den idealen Rahmen für eine Verkaufsausstellung bot. Bald pilgerten Kunstfreunde in die liebliche Neckarstadt. Nur dort sah man damals Werke von Jan van Eyck, Stefan Lochner, Lucas van Leyden, Albrecht Altdorfer und anderen alten Meistern, denen eine regelrechte Renaissance zuteil wird.

Es gelang dem Brüderpaar sogar, Goethe für ihre Sammlung zu interessieren und ihn in ihre – wenn man so sagen darf – Werbekampagne einzubeziehen. Wackenroder und Tieck, die beiden Frühromantiker, die auf einer Fußwanderung durch Franken wohl als erste die Schätze der alten Kunst entdeckt hatten, tun mit ihrem Buch von den *Herzensergießungen eines kunstliebenden Klosterbruders* ein übriges. Es wird, obwohl es Goethe mißfällt, so etwas wie ein intellektueller Bestseller.

Weimar und Heidelberg, Goethe und die Boisserées – das muß für einen ehrgeizigen jungen Mann wie Schinkel eine Aufgabe sein und ein Abenteuer. Dafür versammelt er eine Kommission um sich, die – wie auch später häufig – eher einem Familienausflug als einer Dienstreise gleichkommt. Mit von der Partie sind Frau Susanne, die kleine, knapp sechsjährige Marie, Freund Brentano und – erst vor kurzem aufgetan – Herr de Groote, ein Kölner Regierungsassessor und, wie er selber sagt, guter Freund der Boisserées, der Geschäfte halber in Berlin gewesen ist und nun schleunigst zurück nach Heidelberg will. Grootes wegen scheint man es auch so eilig gehabt und Goethe fast unhöflich wenig Zeit gelassen zu haben.

Noch am Abend, an dem die Kutsche in Weimar eintrifft, bittet Schinkel den alternden Dichterfürsten »mich Ihnen persönlich vorstellen zu dürfen«, um danach fordernd hinzuzufügen: »Morgen nachmittag gedenke ich nach Rudolstadt zu gehen und werde höchst beglückt sein, bis dahin Eure Exzellenz gesehn zu haben.«

Mag sein, daß ein Brief von Schultz, der auf Schinkels »unglaubliche Schnelligkeit im landschaftlichen Fach« hinweist, seine Schuldigkeit getan hat. Höchst beglückt verläßt Schinkel tatsächlich am nächsten Nachmittag Weimar wieder in Richtung Rudolstadt mit der Versicherung Goethes, bei Sulpice, dem Wortführer des Brüderpaars, ein hilfreiches Wort einlegen zu wollen.

Dieses geht postwendend am nächsten Tag nach Heidelberg ab. Der Herr Geheimrat Schinkel, so versichert Goethe, bringe »Bedingungen, welchen kein Mädchen widerstünde, wahrscheinlich auch die Jünglinge nicht«. Eine sibyllinische Formulierung, die den mißtrauischen Sulpice Boisserée gewiß neugierig gemacht haben dürfte.

Goethe hat nicht übertrieben. Die Bedingungen, die Schinkel bietet (oder bieten zu können glaubt), sind ungewöhnlich gut, zumal wenn man das als sparsam bekannte Preußen bedenkt. Überdies erweist sich Schinkel als geschickter Verhandlungspartner.

Hat er es bei Goethe eilig gehabt, so läßt er sich bei Sulpice Boisserée viel Zeit. Elf Tage lang gehen beide die 218 Bilder der Sammlung durch. Jedes wird einzeln in die Hand genommen, betrachtet und definiert. Was könnte Kunstenthusiasten intensiver verbinden als gründliche Fachgespräche?

»Geheimrath Schinkel ist nun schon seit acht Tagen bei uns«, schreibt Sulpice an Goethe, »ohne Rücksicht auf seine Sendung macht uns seine Bekanntschaft viel Freude. Ein Mann, der sein Fach versteht, dabei gescheidt, welterfahren und geistreich ist, muß uns gefallen.« Trotzdem bleibt er wachsam. Schinkels ersten Vorschlag: sofortiger Umzug nach Berlin und Einrichtung der Sammlung im Schlößchen Monbijou, lehnt er ab – »... macht mir keinen guten Eindruck«, vertraut er seinem Tagebuch an, »sieht mir etwas wie eine Verführung aus und Wind«.

Auch Schinkel bleibt auf der Hut. In einem Brief nach Berlin, an den Bildhauer Rauch, einen engen Freund, berichtet er: »Die Herren Boisserée (....) haben mancherlei Schwächen, und es ist bös mit ihnen zu verhandeln, sie sind verzogene Kinder, denen alles Cour gemacht...«

Immerhin kommt man zu einer Einigung, der Vorvertrag, den Schinkel und die Boisserées unterschreiben, ist von jener Großzügigkeit, die Goethe in seinem Empfehlungsbrief angedeutet hat: Die beiden Brüder erhalten 200 000 Gulden für die Sammlung (die sie nicht ein Hundertstel der Summe gekostet hat), dazu 10 000 Gulden persönlich als Rente bis zu ihrem Tode, »freies Lokal und freie Wohnung« sowie einen Fonds von 100 000 Gulden zur Pflege und Erhaltung der Kunstwerke. Darüber hinaus verpflichtet sich der preußische Staat, die Kosten für den Transport und die spätere Verwaltung zu tragen. Mehr können sich die Boisserées auch von anderen deutschen Staaten, die sich interessiert zeigen – etwa Österreich – nicht erwarten.

Zwar bedarf der Vertrag noch der Genehmigung durch die Regierung des Landes. Aber da sind die erleichterten Boisserées optimistisch: »An der Genehmigung zweifeln wir keineswegs«, verraten sie brieflich Goethe. »Schinkel ist ein zu ernsthafter, gescheidter Mann, er wird seine Vollmacht nicht überschritten haben.«

Goethe hatte ursprünglich noch im Juli nach Heidelberg kommen wollen, aber ein Mißgeschick mit dem Wagen zwang ihn umzukehren. Man hat in der Folgezeit viel gerätselt, ob seine Anwesenheit an der Sachlage und den Folgen etwas geändert hätte, zumal die Befürchtung, die Boisserée offensichtlich hegte, sich als nicht unbegründet erwies. Schinkel hat wohl mit seinem Angebot den Bogen etwas überspannt. Finanzminister Bülow lehnt den Vorvertrag kurzerhand ab und auch der König erschrickt vor derartig hohen Summen. Die Angelegenheit wird sich noch elf volle Jahre hinziehen, und schließlich, was den Verkauf nach Berlin angeht, im Sande verlaufen.

Zu guter Letzt werden die Boisserées den Kunstschatz dem Bayernkönig Ludwig I. für 360 000 Mark verkaufen; Sulpice wird bayerischer Generalkonservator und damit einer der ersten vollamtlichen Denkmalpfleger. Die Sammlung bildet noch heute den Grundstock der Münchner Alten Pinakothek. Die Boisserées hält es nicht in Bayern, das Heimweh treibt sie zurück an den Rhein, wo sich Sulpice mit der geplanten Vollendung des Kölner Doms nach den wiederentdeckten mittelalterlichen Originalrissen ein weiteres Verdienst denkmalpflegerischer Initiative erwirbt. Mit Schinkel bleibt eine freundschaftliche Verbindung erhalten – er hat dann auch für das *Domwerk* des Sulpice Boisserée den Titel entworfen.

Die Brüder, die kein Hehl daraus machen, daß sie vom Erlös der Sammlung eine »ehrenvolle und sorgenfreie Existenz« zu führen gedenken, können mit der Kaufsumme zufrieden sein. Sie entspricht rund 240 000 Gulden. Das ist mehr, als Preußen geboten hat, da der bayerische Fiskus alle anderen Kosten ebenfalls trägt.

Schinkel dürfte der Umgang mit den ambitionierten Sammlern angespornt haben, mehr für den Denkmalschutz zu tun. Er wird ihm in Zukunft viel Zeit und Kraft widmen. Ihm verdanken unter anderem die Statuen am Berliner Stadtschloß, die Marienburg (die ihm schon Friedrich Gilly ans Herz gelegt hat), die Porta Nigra zu Trier und der Bonner Münster-Kreuzgang, daß sie vor dem Abriß bewahrt blieben. In seinem Amt wird ein erster Katalog »merkwürdiger Gebäude des Landes« angelegt, eine noch lückenhafte Liste aller erhaltenswerten Bauten. Sie ist der Auftakt zu einem neuen Kunst- und Architekturverständnis.

Mario Zadow urteilt: »Gelegentlich drängte der Architekt Schinkel den Denkmalpfleger Schinkel unsanft beiseite. Der Baumeister erwog allen Ernstes den Abriß des Apothekenflügels mit den schönen Renaissancegiebeln am Berliner Stadtschloß. Er brauchte Platz für ein pompöses Denkmal Friedrichs des Großen (....), das auf dem Lustgarten errichtet werden sollte. In den Erläuterungen zu seinen ›Architektonischen Entwürfen‹ nennt er die Apotheke ein ›unansehnliches Gebäude‹, vermeidet jedoch das Wort ›Abriß‹.«

Auf oder nach der Reise an den Neckar geht Freund Brentano so gut wie verloren. Wohin er sich abgesetzt hat, ist nicht bekannt. Ein Romantiker durch und durch, und »selbst wie ein Gedicht« (ein Ausspruch Joseph von Eichendorffs), hat er sich von seinen Jugendarbeiten abgewendet, zieht ruhelos durch die Lande, konvertiert am Ende zum katholischen Glauben und widmet sich fortan ganz und gar religiöser Literatur.

»Mein Paradies war untergegangen«, bekennt Brentano seinem Freund Runge, »nur sein Firmament stand noch über mir (....) Mein Selbstgefühl glich der abgelösten Farbdecke eines im Wasser versunkenen Pastellgemäldes, welches noch kurze Zeit oben schwimmt.«

Für Schinkel ist das nichts. Protestantisch nüchtern aufgewachsen, neigt er grundsätzlich eher der Klassik zu als der Romantik. Hat den Kunstbegeisterten der Weg von Weimar ins romantische Heidelberg geführt, so zieht es ihn künftig immer wieder ins klassizistische Weimar, das von keinerlei Mystik umwabert wird.

11. Neue Wache und viel Kritik

Ganz kommt Schinkel, Sohn seiner Zeit, doch nicht um ein Stück Mystik herum.

Der Kölner Dom ist damals in aller Munde. Seit dreihundert Jahren steht er unvollendet am Rhein, ein Symbol für die deutsche Gegenwart. Sie gleicht einem Trümmerhaufen aus unzähligen großen und kleinen Vaterländern und gescheiterten Hoffnungen. Wen wundert es, wenn man insgeheim an einen Zusammenhang glaubt? Könnte es nicht sein, daß aus der Vollendung dieses Bauwerks der Ansporn zur Einigung Deutschlands erwächst? Dabei stellt der nationale Gedanke nur die eine Seite der Medaille dar. Die andere besteht in den schwarzrotgoldenen Hoffnungen auf eine gerechtere Ordnung und vielleicht sogar eine Republik. Noch ahnt niemand, daß solche Träume bereits so gut wie zerschlagen sind.

Schinkel absolviert auf seiner Rheinreise ein enormes Programm. Nach der Sammlung Boisserée besucht er noch eine stattliche Anzahl von Gemäldegalerien. Der Weg führt ihn nach Worms, Trier, Aachen, Löwen, Antwerpen, Brüssel, Amsterdam, Kleve und Düsseldorf – selbst für heutige Begriffe ein reichliches Pensum.

Daß bei den Verkaufsverhandlungen zwischen ihm und Sulpice Boisserée auch der Kölner Dom zur Sprache kommt, liegt auf der Hand: Das Thema ist Teil seines offiziellen Auftrags.

Über den Dom und die Möglichkeiten seiner Vollendung will Eichhorn ein Gutachten, denn es hat sich eine einflußreiche – wir würden heute sagen: – Lobby gebildet, die von Preußen nicht allein in dieser Hinsicht Aktivität fordert, sondern daran auch die Hoffnung auf eine deutsche Einheit knüpft. Zu ihr gehören die Könige von Bayern und Württemberg, der preußische Staatskanzler Hardenberg, die Publizisten Arndt und Görres, sowie, selbstredend, Goethe.

Pflichtbewußt macht sich Schinkel in Köln an die mühsame Inspektion des Rumpfgebäudes. Sorgfältig untersucht er Turmstumpf, Chor und das provisorisch überdachte Langhaus, die allesamt nur in halsbrecherischer Kletterei zu erreichen sind. »Der Dom in Köln«, schreibt er dem Schwager Berger, »übertrifft doch alle Vorstellung. Obgleich ich ihn genau genug gekannt habe und bei weitem nicht soviel davon fertig gefunden, als ich geglaubt, macht er eine Wirkung von Vollendung, Pracht und dennoch großer Einfachheit, sowohl von außen als innen, wie ich mir wohl nie habe denken können.« Ein bißchen besorgter klingt es in einem Bericht an Boisserée: »Die Zerstörungen an diesem herrlichen Denkmal haben mich erschreckt und es ist an allen Orten die schleunigste Hülfe nothwendig; ich habe mein möglichstes gethan, hier alles dafür zu interessiren und werde es in Berlin ebenfalls thun.«

Das geschieht. Schinkel, inzwischen zum Geheimen Oberbaurat und Mitglied der Technischen Oberbaudeputation ernannt, läßt es dabei aber nicht bewenden. Zwanzig Jahre lang wird er geduldig Eingaben machen, Entwürfe vorlegen und ganze Baupläne mit seinem Gewährsmann, dem Dombaumeister Ahlert, aufstellen. Einen einflußreichen Bundesgenossen findet er im jungen Kronprinzen, den er zeitweilig im Zeichnen und architektonischen Entwerfen unterrichtet, dem darin nicht unbegabten späteren Friedrich Wilhelm IV.

Keine leichte Aufgabe, weder in Berlin, wo sich nach dem Abflauen der Nachkriegshoffnungen Ernüchterung breitmacht, noch vor Ort. »Die Domarbeiten sind das Gefährlichste, was es giebt«, schreibt er sechs Jahre später auf einer Besichtigungsfahrt von der Baustelle an Frau Susanne, »ich selbst glaubte überall in Lebensgefahr zu sein, weil die Verwitterung so zugenommen hat, daß täglich Stücke der vielen freistehenden Theile herabstürzen.«

Noch im Jahr seiner ersten Reise an den Rhein und in die Niederlande beginnt seine alle anderen Tätigkeiten überragende Karriere, die eines Baumeisters. Als erstes entsteht die Neue Wache, eine seiner kleinsten, doch schönsten und gelungensten Bauten.

Er hatte zuvor andere, größere Planungen eingereicht, die alle abschlägig beschieden wurden. Auch dem Wachgebäude, das gebaut wird, sind mehrere Entwürfe vorausgegangen. Es spricht für Friedrich Wilhelm III., daß er nicht ruhte, bis ihm dieser einfache, aber überzeugende Entwurf vorlag – immerhin für den ersten offiziellen Bau in der preußischen Hauptstadt nach dem gewonnenen Krieg.

Bei dem Bau ging es dem König nicht vorrangig um ein ästhetisches Problem, sondern eher ein gesellschaftlich-soziologisches. Er wohnt nach wie vor im Kronprinzenpalais – einerseits, weil er ein bescheidener und sparsamer Mann ist und ihm das Stadtschloß zu aufwendig vorkommt, andererseits weil er hier mit seiner Königin Luise die schönste Zeit seines Lebens verbracht hat. Da stört ihn freilich auf die Dauer das Gegenüber.

Auf der anderen Straßenseite befindet sich, mitten Unter den Linden, ein kleines Kastanienwäldchen und eine etwas ramponierte Kanonierswache. Zwischen den Bäumen haben sich Verkäufer in bunten Buden angesiedelt. Und außerdem verschandeln die morastigen Reste des alten Festungsgrabens den Ausblick.

Schinkel, wieder meilenweit von aller Gotik-Träumerei entfernt, errichtet ein Meisterwerk klassischer Klarheit. Der Baumeister beweist damit, daß Monumentalität nichts mit großen Dimensionen zu tun hat. »Zwischen ihren großen Nachbargebäuden«, analysiert es Eric Forssman, »konnte sich die Neue

Wache nur durch eine eigene Monumentalität behaupten.« Er verweist in diesem Zusammenhang auf eine Bauanweisung, die Schinkel anscheinend vor dem Antritt seiner Dienstreise zurückgelassen hat und in der es heißt: »An dem schönsten Platze Berlins liegend und rings von Prachtgebäuden früherer Zeit umgeben, darf dieses Gebäude in keiner Weise vernachlässigt werden, vielmehr vollkommen den Charakter eines Monuments erhalten, welcher bei der, im Vergleich der Umgebung, nicht beträchtlichen Höhe des Gebäudes, vorzüglich nur durch Vollendung aller einzelnen Teile erhalten werden kann.«

Gerade in diesem Verständnis von Monumentalität liegt das Geheimnis, daß ein derart kleines Bauwerk sich gleichsam spielend gegen die imposanten Nachbarn behauptet. Ihre Monumentalität bezieht die Neue Wache durch den einfachen Portikus aus sechs dorischen Säulen, die sowohl mit dem gegenüberliegenden Opernhaus als auch mit dem Brandenburger Tor korrespondieren und die klassische Meile gleichsam abstecken. Nur die Fassaden und die vier Ecktürme sind aus Sandstein, die Seitenwände werden, wohl nicht nur aus Ersparnisgründen, als Ziegelwand belassen und geben ihm den Anstrich eines römischen *castrum*. »Um hier an die Stelle der Übertünchung auch etwas Wahres und Echtes der Konstruktion zu setzen«, erklärt der Baumeister es selbst in den *Architektonischen Entwürfen*, seinem Oeuvre-Katalog. Das klingt sehr modern und ist es auch. Schinkel hat nicht nur in seiner späteren Bauakademie einen Großteil vom Materialverständnis etwa des Bauhauses vorweggenommen.

Den Berlinern zur Freude läßt er das Kastanienwäldchen stehen. Von den Verkaufsbuden wird es befreit und die Bäume so durchforstet, daß sie wie eine Schildwache in Reih und Glied dastehen. Eine Methode, die der selbst bei gotischen Bauten ordnungsliebende Schinkel gerne anwendet, obwohl sie in solchen Fällen weniger passend erscheint als bei einem militärischen Gebäude. Dem König gefällt das so gut, daß er das Kastanienwälchen »unabänderlich zu einer öffentlichen Promenade« erklärt – was es bis heute geblieben ist.

Was Schinkel von den Gillys und anderen Kollegen wissen wird, erfährt er nun selbst: Sogar der gelungenste Neubau bringt seinem Erbauer neben Freude und berechtigtem Stolz eine Menge Ärger ein.

So weigert sich der König, das ursprünglich von ihm genehmigte Relief, das einige Krieger nebst einer Siegesgöttin darstellt, anbringen zu lassen. Entwurf und Gestaltung stammen von Henri François Brandt aus Neuchâtel, einem Freund Schinkels. Als Fachmann für Münzprägungen ausgewiesen, ist er auf seinem Gebiet sogar eine europäische Kapazität, als Bildhauer aber augenscheinlich überfordert. Rauch, ebenfalls ein guter Freund Schinkels, nennt das Relief eine »grausame Skulptur«. Dabei war er es, der Brandt in Rom kennengelernt und nach Berlin geholt hat. Schadow, der Schinkel grollt, weil – wie er in bitterem Berliner Humor witzelt – sein »Ruhm in Rauch aufgegangen« sei, wirft dem Baumeister sogar Vetternwirtschaft vor. Als er dann unter dem Giebel der Wache kleine Victorien aus Zinkguß anbringen darf, bekommt er nun selbst den Berliner Witz zu spüren. Der vergleicht die winzigen Siegesgöttinnen mit Fledermäusen, und Bettine von Arnim mit »großen schwarzen Schmeißfliegen«, was Schinkel so ärgert, daß er die Kunstwerke in der Farbe des Steins an- und damit überstreichen läßt.

Noch während die Neue Wache im Bau ist, geschieht am Gendarmenmarkt das Unglück: Am 29. Juli 1817 brennt in wenigen Stunden das von Langhans erbaute Königliche Schauspielhaus ab, dem die Berliner den Spitznamen »der Koffer« gegeben haben. Es heißt so, weil das Dach wie ein altmodischer Koffer gerundet erscheint. Sein Indendant Brühl steht vor der Aufgabe, das Gebäude wieder herzurichten, wozu der König aus Paris seine Genehmigung gibt – unter der Bedingung, daß die stehengebliebenen Grundmauern zwecks Ersparnis wiederverwendet werden. Außerdem läßt er durchblicken, daß er Langhans nicht wieder als Baumeister wünscht.

Da läge es auf der Hand, nach Schinkel zu rufen. Er ist Brühls prominentester Bühnenbildner und arbeitet im Augenblick an der Ausstattung von Schillers *Jungfrau von Orleans*, die als nächste Premiere in der direkt gegenüber der Neuen Wache gelegenen Königlichen Oper herauskommen soll. Warum Brühl Schinkel übergeht, obwohl der König ihn als Baumeister wünscht, hat er nie bekannt. Zadow mutmaßt, der Graf hätte das Gebäude am liebsten selbst entworfen. Ehrgeizig genug für eine derartige Selbstüberschätzung ist er, außerdem gehören Eifersüchteleien gegenüber erfolgreichen Mitarbeitern seit jeher zum Bühnenalltag. Nachdem der adlige Intendant die Sache über Gebühr hinausgezögert hat, muß er am Ende, nach einer empfindlichen Rüge des Königs, sich doch zu Schinkel bequemen. Jetzt sitzt dieser am längeren Hebel und läßt sich Zeit. Dreieinhalb Wochen, ungewöhnlich lange für seine Verhältnisse, braucht er für die Ausarbeitung der Pläne. Damit verstärkt sich die allseitige Verstimmung. Bei dem Neubau des Schauspielhauses setzt der Ärger schon lange vor Baubeginn ein.

Daß Schinkel inzwischen das volle Vertrauen Friedrich Wilhelms besitzt, zeigt die Tatsache, daß seine Pläne anstandslos akzeptiert werden und ihm auch die alleinige Verantwortung für den Innen- und Außenschmuck des Gebäudes übertragen wird. Dem mäkligen König ist lediglich der Gehsteig an der Kutschenauffahrt etwas zu schmal geraten, ein Umstand, der sich unschwer beheben läßt.

Gleichwohl dauert es fast ein Jahr, ehe die Grundsteinlegung begangen werden kann. Wegen der Abwesenheit sowohl des Königs als auch des Kronprinzen gerät diese zur Farce: Keiner der Geladenen, vom Prinzen Wilhelm bis herunter zum letzten Baubeamten und Maurerpolier, verzichtet unter diesen Umständen auf die ehrenvollen drei Hammerschläge, was die Zeremonie über die Maßen ausdehnt.

Auch der Bau selbst zieht sich über Gebühr in die Länge; im Jahr 1821 ist das Schauspielhaus am Gendarmenmarkt glücklich vollendet und wird Schinkels zweites Berliner Meisterstück.

Wieder entscheidet sich der Architekt für ein klassizistisches Gesicht, diesmal für ein weniger strenges als beim Wachgebäude. Bogen und Gewölbe hält man damals für »ungriechisch«, weshalb der junge Schinkel weitgehend darauf verzichtet. Hat vor gut zwanzig Jahren Friedrich Gilly ein Schauspielhaus mit lauter Rundbögen entworfen, so reihen sich bei seinem Schüler und Nachfolger die rechteckigen Fenster. Sie verleihen der kompakten Blockform eine gewisse Eleganz. Wer den Bau mit der harmonischen Mitteltreppe zum erstenmal sieht, ahnt den »besonders durchgliederten Organismus« (Grisebach) des Hauses.

Einschränkungen, zeigt sich, müssen nicht zu Einbußen führen. Sie zwingen den Architekten im Gegenteil zur Konzentration. Die erhaltenen Grundmauern bedingen einfache Formgestaltung. Die Notlösung, auf Wunsch des Königs im Bau neben einem reinen Theater auch einen zusätzlichen Konzertsaal sowie Proben- und Pausenräume unterzubringen, erheischt wiederum eine gewisse Vielfalt. Beides bringt Schinkel mit Geschick, nein, Genie, in einer idealen Mischung in Einklang.

Denselben Anforderungen muß ursprünglich auch das Innere entsprochen haben. Unzählige Besucher, Fachleute und Laien, haben das sanfte Farbenspiel der Ausstattung gepriesen. Es war ganz auf Weiß und Gold gestellt, mithin sehr hell, einzig ausgenommen die dunkelroten Draperien an den Logen – »eine seltene Verbindung von Einfachheit und Eleganz«, wie G. F. Waagen befand. Man kann Professor Grisebachs Seufzer verstehen, wenn er grollend versichert: »Den Zuschauerraum hat unter Wilhelm II. banale Prunksucht seines noblen Charakters beraubt.« Der neuen rechteckigen Fassadenstruktur entspricht innen eine zurückhaltende Farbgebung, die kaum, wie manchmal zu lesen, von der »vermeintlichen Farblosigkeit antiker Architektur« bestimmt wird, sondern von Schinkels Streben zum Gesamtkunstwerk.

Insoweit sich in Schinkels ersten Schaffensjahren etwas Endgültiges abzuzeichnen beginnt, so sind es die beiden Anfangsarbeiten, die ihm seine ersten wirklichen Erfolge eingebracht haben: der alte Berliner Dom und die Neue Wache. Sie kann man durchaus als Grenzpfähle umschreiben, die sein weiteres Werk abstecken.

Das ist nicht unbedingt mit der Spanne zwischen Gotik und Antike gleichzusetzen. »Überall ist man nur da wahrhaft lebendig, wo man Neues schafft«, heißt eine seiner Maximen. Sie wird erst später ausgesprochen, aber fast alles, was er derart grundsätzlich formuliert, beruht auf langjähriger Erfahrung und Selbstbeobachtung.

Mögen Gotik und Antike seine Vorbilder sein: Schinkel ist weder ein Eklektizist noch ein Nachahmer. Er nutzt die überkommenen Stilmittel, verändert sie und bildet aus ihnen einen eigenen, persönlichen Formenkanon. Das Alte ist nur dort recht am Platze, wo es Neues schafft.

Noch etwas zeichnet sich in frühen Jahren ab, etwas Gefährlicheres und weniger Erfreuliches. Schinkel bürdet sich zuviel auf. Vielseitig interessiert, wie er ist, fällt es ihm aber schwer, selbst nebensächliche Dinge zu delegieren – zum einen, weil ihn der Schöpfungsvorgang reizt, zum andern, weil er sich rasch im Lande einen Namen macht. Die Preußen sind geradezu versessen auf ihn: Nur was er anpackt ist modern, *en vogue* und geschmackssicher. Seine persönliche Note wird zu einer Art Markenartikel. Der König macht schon kurz nach dem Tod Luises den Anfang: Was der teuren Verstorbenen gefallen hat, erhält nachträglich überirdischen Glanz. Beide Faktoren bürden Schinkel mehr Arbeit auf, als er eigentlich bewältigen kann. Es ist ihm nicht einmal möglich, es hier und dort bei flüchtiger Skizzierung zu belassen, was zumindest im Bauamt genügen würde. Da der Oberbaurat indes einen jeden Antrag sorgfältig prüft und meist verbessert, kosten ihn selbst die eingereichten Skizzen mehr Zeit als andere eine sorgfältige Ausführung. Die seine ist immer nahezu perfekt und vollendet, zeugt von oft stundenlanger Zeichenarbeit, die meist nachts und zu Hause durchgeführt sein dürfte.

Daß er sich übernimmt, hat Schinkel früh eingesehen, es jedoch nicht verhindern können. Zwei Versuche, eine Entlastung zu erreichen, schickt er dem Minister von Bülow. Das ist der falsche Adressat: Den Antrag hätte er an sich selbst stellen müssen.

Außerdem beherrscht er, wie Fontane schreibt, »fast alle Gebiete des künstlerischen Lebens« – und das nutzt man bald in Preußen schamlos aus: »Gab es eine neue Spontinische Oper, wer anderes als Schinkel konnte die Dekorationen, gab es ein fürstliches Begräbnis, wer anderes konnte die Zeichnung zu Monument oder Grabstein entwerfen? Das ganze Kunsthandwerk – dieser wichtige Zweig modernen Lebens – ging unter seinem Einfluß einer Reform, einem mächtigen Aufschwung entgegen. Die Tischler und Holzschneider schnitzten nach Schinkelschen Mustern, Fayence und Porzellan wurden schinkelsch geformt, Tücher und Teppiche wurden schinkelsch gewebt (...), man trank aus schinkelschen Gläsern und Pokalen, man ließ seine Bilder in schinkelsche Rahmen fassen und die Grabkreuze der Toten waren schinkelschen Mustern entlehnt.«

Das ist im nachhinein formuliert, aber selbst eine keineswegs vollständige Aufzählung diverser Arbeitsleistungen Schinkels während der Bauzeit des Theaters am Gendarmenmarkt zeigt, wie wenig Fontane übertrieben hat. Dabei ist dies erst der Anfang von Schinkels umfassender Tätigkeit, des, wie es manchmal scheint, einzigen Künstlers im Staate Preußen.

Von ihm stammen Entwürfe für mindestens vier westfälische Dorfkirchen, wovon die katholische in Neheim gleich drei Gutachten und ebenso viele Entwürfe notwendig macht; er entwirft im Auftrag des Königs ein (gotisches) Denkmal für die Befreiungskriege auf dem Kreuzberg, stattet den Dom am Lustgarten innen neu aus, baut eine Kaserne, unterbreitet Vorschläge für den Umbau der Apostelkirche in Münster, das Hallesche Tor in Berlin (nicht ausgeführt), das Rathaus zu Oppeln und das Gut Quilitz des Staatskanzlers Hardenberg. Der König bestellt bei ihm eine neue Schloßbrücke, die an die Stelle der sogenannten Hundebrücke treten soll. Zu schweigen von einer neuen Innenausstattung der Berliner Marienkirche, einem Blücher im Schuppenpanzer (für ein Denkmal entworfen) und einer Ausstellung seiner jüngsten kunstgewerblichen Entwürfe in der Akademie der Künste, die ihn zum Mitglied ernannt hat. Dem Grafen Brühl stattet er acht Inszenierungen aus, darunter aufwendige Opern wie *Alceste* und *Orpheus und Eurydike* seines Lieblingskomponisten Gluck sowie zusätzlich einen *Faust*, der für die intellektuellen Spitzen Berlins aufgeführt wird. Es erscheint ferner das erste Heft seiner *Architektonischen Entwürfe*, und auch Boisserée erhält termingerecht sowohl Titelblatt als auch Gutachten über den Kölner Dom. Obwohl dies nur ein Bruchteil des täglichen Krams sein wird, den Schinkel zu erledigen hat, kann es einem schon vor den Augen flirren. Nur mit ungeheurem Fleiß und ungewöhnlicher Arbeitswut läßt sich ein derartig umfangreiches Pensum schaffen.

Man darf daran zweifeln, ob der einsetzende Ruhm, der Erfolg unter den Fachleuten und die Tatsache, daß ihn Fremde auf der Straße plötzlich ehrfürchtig grüßen, die Mühsal der Arbeit überstrahlt. Berlin ist eine Stadt der herabgezogenen Mundwinkel, in der ungern gelobt und desto lauter getadelt wird. Schinkel wird zwar der Rote Adlerorden III. Klasse zuerkannt, und er erhält vom König eine großzügige Gratifikation, zusätzlich zu seinem Gehalt: 1500 Taler, die der Baumeister für eine seit langem geplante zweite Reise nach Rom beiseite legt. Ansonsten ist das Echo auf den Theaterwiederaufbau, wie zu erwarten, mäklig.

Mag das stattliche Haus äußerlich wunderschön und in den Ausmaßen repräsentativ aussehen. Von innen finden es die Berliner enttäuschend klein geraten. Vergebens versucht Schinkel, wenigstens seine engste Umgebung davon zu überzeugen, daß das nicht seine Schuld ist – er hatte sich nach den vom König vorgegebenen Maßen zu richten. Damit dringt er natürlich nicht durch, denn der Berliner Witz ist schneller: Der pariert die Frage, warum sich der geschätzte Baumeister trotz Zurufen aus dem Publikum nach dem festlichen Akt nicht auf der Bühne gezeigt habe, mit der Antwort, Schinkel sei schon an der Treppe abgewiesen worden, weil das Theater so klein und voll besetzt gewesen sei.

Sogar Goethe, der zur Feier einen Prolog beigesteuert hat, erkundigt sich bei seinem Berliner Duzfreund Zelter, was denn da schiefgelaufen sei, und der zählt ihm in seinem Antwortbrief auf, was den Berlinern am neuen Schauspielhaus alles nicht paßt: die allgemein zu kleinen Räumlichkeiten, die Enge der Logen, die ungenügenden Garderoben für die Schauspieler und Sänger, die unbequemen Treppen herunter zum Orchester, den »reinen Stil«, den das Gebäude angeblich nicht hat, die viel zu schmalen Fenster, und am Fassadenschmuck die Greife und Pegasusse. Rechnet man noch einigen Ärger mit dem König wegen überzogener Baukosten (rund 100 000 Taler) hinzu, bleibt wenig Erfreuliches übrig.

In den klatschsüchtigen *Vertrauten Briefen über Preußens Hauptstadt* heißt es: »Das Innere des Schauspielhauses ist weniger anziehend. Die Parterrelogen mit ihren hohen Vorlehnen gleichen wenn nicht Hühnerbauern, doch den Sitzen in einem zu Stierkämpfen und Wettkämpfen eingerichteten Amphitheater. Sie sind geschmacklos.«

Ein noch stärkeres Geschütz fährt viel später der Autor und Kritiker Karl Gutzkow auf, als er, zwölf Jahre nach Schinkels Tod, in seinen Erinnerungen *Aus der Knabenzeit* behauptet, Schinkel habe durch sein »kleines, nach innen aus nichts als abscheulichem Winkelwerk bestehendes Theater den Sinn für die große Wirkung der Tragödie in Berlin untergraben«.

Mit seinen öffentlichen Bauten gewann der junge Architekt nicht nur Freunde. Schinkel wird froh gewesen sein, daß er nach der Theatereröffnung und der Einweihung des Kreuzbergdenkmals mit seinem Freund Rauch eine Dienstreise nach Dresden antreten und dann im Sommer mit der Familie nach Stettin und Rügen fahren kann. Fontane: »Nur Reisen, immer ersehnt und immer willkommen, unterbrachen von Zeit zu Zeit den Gang der Geschäfte, das Gleichmaß des Schaffens.«

Und, wie man wohl hinzufügen muß: den damit verbundenen Ärger und die Kritik.

12. Rauch und Beuth

Wie es Zitaten oft widerfährt, ist auch das eben erwähnte aus dem Zusammenhang gerissen. Bei Fontane heißt es weiter: »Freilich auch diese Reisen waren wieder Arbeit.« Denn, so erklärt er wenig später, »die Art, wie Schinkel zu reisen pflegte, gewährte ihm (...) eine große geistige Erholung, aber eine körperliche kaum. Denn er, dessen ganzes Wesen überhaupt derart auf das Geistige gerichtet war, daß er sich mit allen physischen Bedürfnissen so kurz und mäßig wie nur immer möglich abfand, hatte gerade dann am allerwenigsten ein Ohr für die Forderungen des Körpers, wenn sein Geist [wie immer auf Reisen geschah] doppelte und dreifache Nahrung empfing. So kam es, daß seine ursprünglich robuste Natur vor der Zeit zu wanken begann...«

Mit anderen Worten: Von den Reisen, die er zur Erholung antritt, profitiert nur sein Geist, für den Körper sind sie eine Anstrengung, ganz wie die Arbeit. In unserer Aufzählung seines Pflichtenkatalogs fehlt sogar noch einiges. So ernennt ihn die Akademie zum Professor, was uns (und ihm) schon beinahe eine Selbstverständlichkeit scheint. Die Ehrung ist mit weiterer Arbeit verbunden, wenn auch nicht mit einem vollständigen Lehramt.

Schinkel nimmt alles wichtig: das Kunstgewerbe nicht weniger als die Kunst, das »Lebende Bild« nicht weniger als die große

Oper. Er macht auch keinen Unterschied zwischen Theateraufführungen von Profis und solchen von Laien. Einzig auf die Qualität der eigenen Arbeit kommt es ihm an.

An allen Höfen der Zeit werden »Lebende Bilder«, auch »Tableaus« genannt, gestellt – eine beliebte Unterhaltung, in der Könige, Königinnen, Angehörige des Hochadels und ihre Kammerherren und -frauen auftreten. Nicht immer muß man dazugehören, wenn man in den Genuß solcher Darbietungen kommen möchte. Friedrich Wilhelm III. zum Beispiel, seit jeher bürgerlich gesinnt, lädt selbst verdiente Bürger ohne »von« vor dem Namen zu derartigen Gelegenheiten ins Berliner Stadtschloß. Einmal sind es nicht weniger als 3000 bis 4000 Gäste, die im Weißen Saal, sonst den Hochzeiten der Prinzen vorbehalten, bewirtet und mit einem glanzvollen Spektakel unterhalten werden. Zur Aufführung kommt »Lalla Rookh« von Thomas Moore, dem Freund Lord Byrons, der mit diesen Versgeschichten im Stile von *1001 Nacht* einen internationalen Bestseller erzielt hat. Auch in deutscher Sprache wird er zwei Jahrzehnte hindurch ständig wiederaufgelegt. Der preußische Kronprinz, sagt man, geht nicht schlafen, ohne dieses Buch unter das Kopfkissen geschoben zu haben, damit er davon träume. Die ebenso tränenselige wie ans Herz greifende Handlung gliedert sich in einzelne Geschichten, die der Dichter Feramoz der Prinzessin Lalla Rookh auf ihrer Reise nach Kaschmir erzählt, wo sie mit dem König von Buchara verheiratet werden soll. Unterwegs verlieben sich die beiden ineinander, und das Ganze droht tragisch zu enden, bis sich herausstellt, daß Dichter und König ein und dieselbe Person sind.

Die Inszenierung liegt in den Händen des Grafen Brühl, und die Mitwirkenden gehören zur höchsten Prominenz. In der Titelrolle glänzt keine Geringere als die Großfürstin Charlotte und spätere Zarin von Rußland, ebenso eine Tochter des preußischen Königs wie Prinzessin Alexandrine, die eine Nebenrolle verkörpert. Mit von der Partie sind der Kronprinz und spätere König Friedrich Wilhelm IV., der stolz in Pluderhosen und mit

Turban auftritt, neben ihm der berühmte und etwas berüchtigte Graf Pückler-Muskau, der ein Jahr später zum Fürsten erhoben wird. Man sieht Preußen meist grau, in asketischer Pflichterfüllung und Drill sich erschöpfend, und vergißt dabei, daß gerade Pflichtbewußte auf Abwechslung durch frohe Feste drängen.

Die Hauptarbeit fiel Schinkel zu. Zwar hatte man die prächtigen Kostüme nach den Stichen in der englischen Originalausgabe des Versepos geschneidert, aber Schinkel mußte für den Weißen Saal eine Bühne entwerfen und zu jedem Bild eigens eine

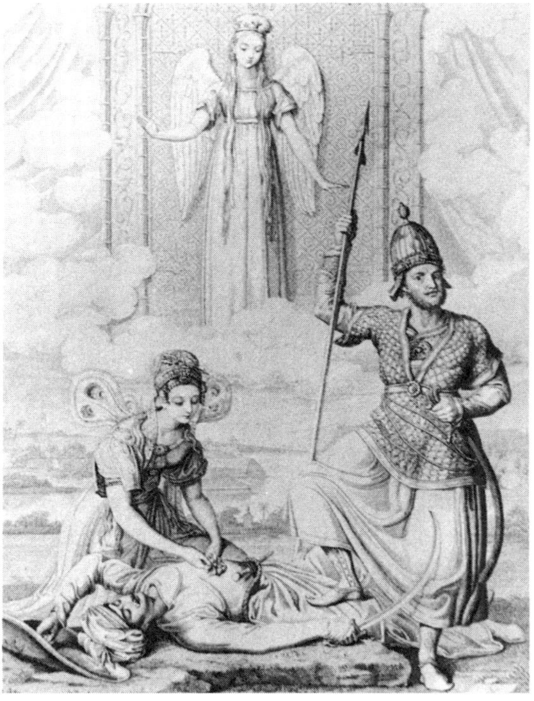

Wilhelm Hensel: Szene aus der Hofpantomime »Lalla Rookh« mit Prinzessin Elise Radziwill, Herrn v. Podewils und (am Boden liegend) Graf Pückler, 1823

Kulisse, die Gropius dann malte. Besonderes Lob erntet in einer Zeitungskritik die raffinierte Beleuchtung, die Schinkel dem darin erfahrenen Gropius verdanken dürfte. Er selbst wird vom König mit einem weiteren Auftrag bedacht: Die Königliche Porzellan-Manufaktur soll zur Erinnerung an das theatralische Ereignis eine »Lalla Rookh«-Vase herausgeben nach einem Entwurf von Schinkel. Der manchmal etwas hämische Schadow behauptet, dem Oberbaurat sei beim besten Willen nichts Passendes eingefallen. Darum habe er sich an ihn gewandt, und er habe ihm aus der Verlegenheit geholfen: die Vase gibt es jedenfalls.

Den Festzug, zu dem der Komponist und erste Paradedirigent der Musikgeschichte, Spontini, eigens einen Marsch komponiert hat, stellt Brühl zusammen – ihn führt Wilhelm an, der zweite Sohn des Königs und spätere erste deutsche Kaiser. Die *tableaux vivants* arrangiert ein knapp fünfundzwanzigjähriger Maler, dessen Leben dadurch eine einschneidende Änderung erfährt. Wilhelm Hensel, der als Leutnant die Freiheitskriege mitgemacht hat, gewinnt für sein Arrangement und den Auftrag, Porträts der Hauptmitwirkenden zu skizzieren, einen fünfjährigen Stipendiumsaufenthalt in Rom – sage keiner, die Preußen seien den Musen gegenüber nicht großzügig gewesen. Hensel wird nach seiner Rückkehr der bedeutendste Porträtdokumentarist Preußens kurz vor Erfindung der Fotografie werden. Und er wird Fanny, Felix Mendelssohn Bartholdys begabte Schwester, heiraten – eine preußische Künstlerkarriere.

In Schinkels künstlerischer Laufbahn folgt wieder ein Auftrag zum Ruhme Preußens. Der König befiehlt, endlich ein adäquates Denkmal für die Befreiungskriege vorzulegen. Dabei setzt er sich zum Ärger der Behördenkollegen Schinkels über den Dienstweg hinweg mit Schinkel direkt in Verbindung, den er schätzt, weil er fließend, aber sachbezogen redet. Friedrich Wilhelm III., selbst ein Schweiger, der im großen Kreis nur hin und wieder einige abgehackte Worte von sich zu geben pflegt, mag Leute, die ihm in der Konversation die Mühsal der Formulierung eigener Gedanken abnehmen. Da er alles andere als ein Dummkopf ist, mag er sich damit sogar eines Verstellungstricks bedienen, der ihm die Zeit zum Nachdenken verschafft. Auch liebt er vertraute Gesichter, zu dem Schinkels seit seiner Heimkehr aus Königsberg gehört. Und nicht zuletzt ist er es, der alles aus seiner Privatschatulle zahlt.

Noch unter dem Eindruck der Kölner Dombesteigung – und weil der König keinen der aufwendigen gotischen Domentwürfe wünscht, die ihm der Baumeister unterbreitet hat –, verwendet er in seinem neuen Entwurf die – allerdings veränderte – Spitzenhaube der beiden Türme am Rhein.

Man kann es als typisch ansehen, wie Schinkels Pech ihm zu einer glücklichen Hand verhilft: Er hat sich schon lange mit der Aufgabe befaßt, und nun entwickelt er aus vielerlei Plänen und einer Reihe kostspieliger Vorschläge eine bescheidene romantische Idee: statt kostbares Gestein zu verwenden, das es in Preußen sowieso nicht gibt, wählt er Gußeisen, statt hochragender Monumentalität wird das Denkmal die Höhe von 19 Metern knapp erreichen, und statt an prominenter Stelle, wie zuvor geplant, wird es auf dem in »Kreuzberg« umbenannten Templower Berg vor den Toren der Stadt errichtet werden, alles nimmt einen anderen Verlauf, als Schinkel es vorgesehen hatte.

Schinkel soll sich nur grollend den Wünschen des Königs gefügt haben. Man muß hinzusetzen, daß Friedrich Wilhelm dem Architekten eine Tempelfront gestrichen hat, die auf vier Seiten dem gußeisernen Denkmal eine Art Podium gegeben hätte. Ein Nationalheiligtum, wie es Schinkel vorschwebte, ist es gewiß nicht geworden. Aber das ist nicht von Nachteil. Die bewußte Bescheidenheit dieser Hommage an errungene Freiheit und die Opfer, die man dafür hat bringen müssen, half dem Denkmal in Zeiten, da Nationales wenig angebracht schien. Als ein Wahrzeichen eingemeindet, wurde es bei sonnenhungrigen Großstädtern im Sommer und Spaziergängern zu allen Jahreszeiten beliebt.

Was Schinkel hinterrücks trotzdem erreicht (es gelang ihm

eigentlich immer, auch erst kürzlich beim Bau am Gendarmenmarkt), ist die Beschäftigung einer Reihe von Bildhauern. Die sogenannte Berliner Schule der Bildhauerei hat durch ihn eine wahrhafte Förderung erhalten, wenn sie ihm nicht sogar ihre Entstehung verdankt.

So weist das Denkmal zwölf kapellenartige Nischen mit je zwölf Figuren auf, deren jede eine wichtige Schlacht symbolisiert. Sie stammen von Rauch, Tieck und Wichmann, die auch den Großteil der plastischen Verzierungen des Theaters geschaffen haben. Die besondere Idee dabei: Jede dieser Figuren zeigt das Porträt einer historischen Persönlichkeit. So steht in der Katzbach-Gedenknische selbstredend die Figur des siegreichen Generalfeldmarschalls von Blücher, der Prinz von Homburg verkörpert die Schlacht bei Großgörschen (die verlorenging), Belagerung und Einnahme von Paris die Königin Luise.

Der Freund der Plastik hat auch, wie man sich denken kann, einige Bildhauer zum Freund. Ein besonders enger ist Christian Daniel Rauch, der unter anderem den Luisenkopf am Kreuzberg formte. Er und Beuth, der freilich aus einem ganz anderen Berufs- und Interessenkreis kommt, ersetzen bei fortschreitendem Alter den »Erzfreund« der jüngeren Jahre Schinkels, Clemens Brentano.

Rauch, ein hochgewachsener, bis ins Greisenalter ungewöhnlich gut aussehender Mann, ist vier Jahre älter als Schinkel. Wie Schinkel stammt er aus der Provinz, aus dem hessischen Arolsen, und wie dieser verdankt er seine Karriere der unmittelbaren Förderung durch das preußische Königshaus. Bei ihm kann man das noch wörtlicher nehmen als bei Schinkel, denn Rauch ist der Sohn eines Kammerdieners und hat selbst als Lakai bei Hofe begonnen, zunächst bei Friedrich Wilhelm II. und nach dessen Tod bei der Königin Luise, die er sehr verehrt und unzählige Male modelliert hat.

Schadow will ihn zum erstenmal gesehen haben, wie er hinten auf dem Trittbrett der königlichen Kutsche in seinen (Schadows) Ateliershof einfuhr; aber für derartige Geschichten ist Schadow keine verläßliche Quelle. Jedenfalls hat Luise Rauchs Ausbildung bei Schadow bezahlt und ihn auch später mit einer Pension gefördert, als er lange Jahre in Rom lebt, im Kreis um Bildhauer wie Canova und Thorvaldsen, seinen Vorbildern. Rom dürfte ihn hauptsächlich mit Schinkel verbinden. Beide stehen sie seitdem unter den Fittichen Wilhelm von Humboldts.

Gemeinsam ist beiden auch der Entschluß, Berlin künstlerisch zu erobern. Die Freundschaft der Männer schließt bald die Familien mit ein – man lädt sich zu Verlobungs- und Jubiläumsfeiern ein, auch werden die meisten Silvesterabende zusammen verbracht und Ausflüge zum Picknick in die Berliner Umgebung unternommen.

Rauch läßt sich in Berlin gern von seiner – bildschönen – Tochter Agnes begleiten, die zu ihrem Vater allerdings ein gespaltenes Verhältnis hat. Der gilt als sehr streng und besteht darauf, daß das junge Mädchen, das sich gerne in Gesellschaft aufhält, nach »meist knapp bemessener Zeit« nach Hause kommt, um dort »Bratkartoffeln und Hammelfleisch zu essen«, des Bildhauers deftige Leib- und Magenspeise.

Agnes begleitet ihn 1824 auch zu Goethe nach Weimar. Dort hatte ihn einige Jahre zuvor Schinkel eingeführt mit einem zweiten Freund, dem Bildhauer Friedrich Tieck. Aus diesem Zusammentreffen erwuchs beinahe eine Eifersuchtsszene, denn beide wollten den Dichter modellieren und hielten zu Goethes Vergnügen den dazu notwendigen Ton bereits in ihren Händen.

Grundsätzlich verstehen sich Rauch und Tieck gut. Beide haben bei Schadow angefangen und sind wie Schinkel in Rom von Humboldt gewissermaßen für Berlin entdeckt worden. Tieck, später Direktor der Skulpturengalerie, ist ungefähr gleichaltrig mit Rauch, ein Jahr älter, und die beiden ergänzen einander vorzüglich. Rauch ist mit Leib und Seele Künstler und gibt sich als ein solcher. An seinem Hauptwerk, dem Marmorsarkophag der Königin Luise, hat er unbekümmert die ganzen Freiheitskriege hindurch in Rom und Carrara gearbeitet. Er hat sich jener Vollendungsmanie verschrieben, die damals die Bildhauerei noch vom Barock her beherrscht. Ihm gelingt sogar, was den Architekten – weder Friedrich Gilly noch Schinkel – jemals gelungen ist, nämlich ein Berliner Denkmal für Friedrich den Großen: ein Unbedingter, in der Kunst wie im Leben.

Was er nicht selbst ausführen kann oder will, überläßt er gern seinem eher handwerklich gesinnten Freund und Schüler Tieck, der zum Beispiel dem Luisen-Sarkophag einen Kandelaber beigibt. Er müsse sich immer quälen, hat Rauch bekannt, seinen Porträts »Anmut und Idealität« zu verleihen, die Tieck seinen Büsten wie von selbst einverleibe. Das mag eine freundschaftliche Übertreibung sein, daß solch ein Dreiergespann wie Schinkel, Rauch und Tieck auf ideale Weise Hand in Hand arbeiten können, hat sich eben erst am Gendarmenmarkt gezeigt. E. T. A. Hoffmann bewundert am Schauspielhaus vor allem die »Bildhauer Tieck, Rauch und Consorten«, wie er sie burschikos nennt. Besonderen Gefallen findet er an dem zwanzig Fuß hohen Apollon »aus geschlagenem Kupferblech wie die Viktoria auf dem Brandenburger Thor« sowie der »Geschichte der Niobe, in Pirnaer Sandstein gearbeitet«. Der Apoll auf dem Greiffenwagen stammt von Rauch, das Niobe-Relief von Tieck.

Die Skizzen sind freilich von Schinkels Hand. Skulpturen entwirft er immer nur umrißhaft und ist – jedenfalls bei Freunden – nicht böse, wenn die Bildhauer sie abwandeln, je mehr desto besser, wie man am plastischen Schmuck der Schloßbrücke sieht. Die an ihrer Ausschmückung beteiligten Bildhauer haben sich nicht getraut, an Schinkels Entwürfen viel zu ändern – keine Freunde wie Rauch und Tieck, die sich mit Schinkel Ruhm, Gestaltung und letztlich auch Geld brüderlich zu teilen pflegen.

Als seinen »Urfreund« hat Schinkel allerdings weder Rauch noch Tieck bezeichnet, keinen Schöngeist, sondern einen Mann ganz anderen Kalibers, einen realistischen Aktiven, nämlich Peter Christian Wilhelm Beuth, der als »Vater des preußischen Gewerbelebens« in die Geschichte eingegangen ist.

Beuth, Jahrgang 1781, ist in Kleve geboren, das seit über

hundert Jahren zu Brandenburg gehört und nun zum Königreich Preußen. Der Sohn eines Arztes stammt wie Schinkel aus der Provinz, und hat sich weniger durch Verbindungen hochgedient als durch Können. Womit sich die Ähnlichkeiten zwischen den Freunden bereits erschöpfen.

Beuth ist in erster Linie Beamter und dann erst Volkswirtschaftler, Schinkel dagegen bleibt in erster Linie Künstler und ist Beamter eigentlich aus Notbehelf. In seinem Leben hat sich alles auf ungewöhnliche Weise ergeben, über Gilly, Rom und Kunstbeziehung. Beuth ging den üblichen Weg über ein ordentlich absolviertes Studium in Halle und erste Erfahrungen im Amt in Bayreuth und Potsdam, ehe er als Obersteuerrat in die Hauptstadt berufen wird, nach Berlin.

Ein nüchterner Werdegang, wie es scheint. Sieht man von einem Zwischenspiel als Leutnant der Lützower Husaren im Freiheitskrieg ab, bleibt es auch so. Beuths Laufbahn führt durch mehrere Ministerien steil bergauf bis zum Wirklichen Geheimen Oberregierungsrat im Innenministerium, in dem er die Abteilung Handel, Gewerbe und Bauwesen leitet und damit den Gipfel des Beamtenstandes erklommen hat. Und während Schinkel gegen die Mißgunst seiner Kollegen ankämpfen muß, gehört Beuth bereits dem Staatsrat an, jenem Gremium, das dem König nach dem Tod des fast allmächtigen Staatskanzlers Hardenberg beratend zur Seite steht.

Wie haben zwei derart verschiedene Charaktere zueinander gefunden? Wir sind da auf Vermutungen angewiesen, die durchaus plausibel darauf hinauslaufen, daß wieder einmal der unermüdliche Wilhelm von Humboldt, der Geist und Macht miteinander vereinen möchte, die Hände im Spiel gehabt haben wird. Denn schon bei der Berufung Schinkels zum Bauassessor sind sowohl Humboldt als auch Beuth beteiligt. Es scheint sich um eine Freundschaft auf den ersten Blick gehandelt zu haben, die standhält, als beider Karrieren parallel in die Höhe führen.

Beuth übernimmt bald die Leitung der »Technischen Deputation für Gewerbe« und gründet in Fortsetzung der von Stein und

Hardenberg einst nach der Niederlage gegen Napoleon begonnenen Reformen den berühmten und einflußreichen »Verein zur Beförderung des Gewerbefleißes in Preußen«. Beides klingt ungemein bürokratisch und hausbacken, ist es aber nicht. Als Gewerbedeputationsleiter hat Beuth fast die Befugnisse eines Handels- und Entwicklungsministers.

Hatte man noch vor wenigen Jahren an die Stein-Hardenbergschen Reformen große Hoffnungen geknüpft, führte die reaktionäre Nachkriegsentwicklung in Europa in die entgegengesetzte Richtung. Ein liberales Preußen mit weniger ausgeprägten Klassenunterschieden und Chancen für jedermann entschwindet in die Sphäre verlorener Träume. 1819 resigniert selbst Humboldt, der Idealist der Reformbewegung, und verläßt den preußischen Staatsdienst.

Leute wie Schinkel und Beuth bilden jetzt eher die Ausnahme, liberale Geister gleichsam in der Nachhut. Sie mögen nicht zu den Rebellen zählen, die sich zunehmend lauter zu Wort melden – eine Revolution wie sie 1848 versucht werden wird, streben sie gewiß nicht an. Im Gegenteil, alt geboren, halten sie daran fest, daß man das Alte erhalten und pflegen, aber, wo nötig, reformieren und modernisieren sollte. Sie sind schließlich Beamte, die, in den höheren Graden, keineswegs immer und grundsätzlich reaktionär gesinnt sind. Beuth ist dafür ein Musterbeispiel. Als einer der ersten in Preußen erkennt er, woran das Land krankt. Gegenüber Frankreich, mehr noch England ist es rettungslos ins Hintertreffen geraten. Die Zukunft gehört der industriellen Produktion, aber Preußen ist trotz industrieller Ansätze in den östlichen Gebieten vorwiegend ein Agrarstaat geblieben.

Beuth wird es gelingen, mit kluger und populärer Politik das Land wirtschaftlich und technisch für die unvermeidliche Entwicklung zu rüsten, wie es Schinkel gelingt, die Schönheit in Preußen ein bißchen heimischer zu machen. Zwei bürgerliche Patrioten, die in ihrem Wirken zum Wohle des Landes an einem Strang ziehen. Das Wort »Urfreund«, das Schinkel auf Beuth geprägt hat, sagt eigentlich schon alles.

Bald sind es in Preußen nur mehr wenige, die wie Beuth offen für Veränderung eintreten, sie geradezu propagieren. Ein Mann vom selben Schlag ist der Geheimrat Ernst Ludwig Heim, der volkstümliche Berliner Arzt. Der inzwischen über siebzigjährige hatte als junger Mann auf abenteuerliche Weise das Straßburger Münster bis zum Kreuz auf der Turmspitze erstiegen. Dreiunddreißig Jahre später schickt ihm die Malerin Sophie Elisabeth Lautier ein Bild des Straßburger Münsters ins Haus, das sie zusammen mit einem Kollegen namens Sieg gemalt hat. Heim bemerkt dazu in seinem Tagebuch unter dem 29. April 1818: »... Überschikt mir Madame Lottier ein von ihr gefertigtes Gemählde des Münsters zu Straßburg, auf welchem ich den 23. März 1773 soweit hinauf bis ins Kreuz nicht ohne größte Lebensgefahr, bloß und allein um der Behauptung meines Freundes Muzels, daß ich dies leicht thun konnte, kein dementi zu geben, stieg. Auf diesem Gemählde hat der Geh.R. Schinkel mich en miniature auf dem Kreuz sitzend gemahlt.«

Ein Scherz unter Freunden nicht ohne ernsten Hintergrund? Der mutige einsame Preuße auf der gotischen Turmspitze, winzig klein und allein, aber stolz auf die Sache um der Sache willen.

Vielleicht sogar ein geheimes Selbstbildnis?

13. Dom und Museum

Der »alte Heim«, wie man ihn schon seit Jahrzehnten nennt, ist 1820 dreiundsiebzig Jahre alt. Er praktiziert immer noch. Seine Unermüdlichkeit gleicht der Schinkels, obwohl er nicht über dessen Durchsetzungswillen verfügt. Zum Professor oder Königlichen Leibarzt hat er es nie gebracht, wie sein Bruder ihm vorausgesagt hat: »Du bist nicht geeignet, Professor zu werden. Du hast nicht den feinen Geschmack für Literatur, die Eleganz des Stils.«

Er, der kein Blatt vor den Mund nimmt, hat es immerhin zum ersten Arzt Berlins gebracht. Den vorzüglichen Diagnostiker verschmähen auch Könige und Prinzessinnen nicht, wenn Not am Mann ist. Daß er stets auch für die kleinen Leute da ist, hat ihn populär gemacht. Sein »Morgenklinikum«, das er von sechs bis acht Uhr in der Frühe, meist noch in Nachthemd und Schlafrock abhält, steht jedem offen, der Hilfe braucht, Bedürftigen auch unentgeltlich. In seiner Praxis sind einige jüngere Ärzte fest angestellt: er selbst behandelt bis ins hohe Alter fünfzig, wenn nötig sogar bis zu achtzig Patienten am Tag. Ein Arbeitstier, fest davon überzeugt, daß ein guter Mensch mehr tun muß als seine Pflicht.

Es wird sich herausstellen, daß der Geheimrat Heim robuster ist als Geheimrat Schinkel. Der Arbeitseifer ist ihnen gemeinsam. Arbeit, hat man den Eindruck, stellt so etwas wie ihr

Narkotikum dar. Nicht Ehrgeiz treibt sie in erster Linie an, sondern Pflichtgefühl. Es geht ihnen um die Aufgabe. Kompromißlos gehen sie ihren Weg und setzen dabei Gesundheit und Leben wie selbstverständlich aufs Spiel.

Schinkel ist 1820 neununddreißig Jahre alt, als sich erste Symptome von Überarbeitung einstellen, noch hält seine Gesundheit der Belastung seiner dynamischen Lebensführung stand. Immer wieder versucht er, wenigstens im Amt kürzer zu treten. Vergeblich, denn kaum liegt ein Antrag auf seinem Schreibtisch, ist er schon dabei, ihn zu überdenken, zu verbessern, oft ganz und gar neu zu zeichnen.

Der Bau des Schauspielhauses bereitet ständig Schwierigkeiten, wenn nicht von seiten der Handwerker, dann von der des Königs. Häufig ist er jetzt auch nach Tegel unterwegs. Dort geht es um einen Renaissancebau, den der alte Gönner Wilhelm von Humboldt modernisiert haben möchte. Das Palais, damals noch vor den Toren Berlins gelegen, soll die umfangreichen Sammlungen des eben zurückgetretenen Reformers aufnehmen. Man führt nächtelange Gespräche, auf denen Schinkel den väterlichen Freund und Bauherrn von der Notwendigkeit zweier Türme überzeugt, die aus dem Palais erst ein Schloß oder, sagen wir besser: ein Schlößchen, machen.

Unendlich vieles läuft nebenher, muß durchdacht, besprochen, bearbeitet, erledigt werden. Der Entwurf für ein Grabmal Scharnhorsts in Form einer Kapelle oder eine westfälische Kirche, Gutachten für das Appellationsgericht in Köln, ein Gymnasium in Düsseldorf, das Dach des Schlüterschen Zeughauses in Berlin. Und nicht zu vergessen die malerische Seite seiner Tätigkeit, die Bühnenbilder (unter anderem zu Glucks Oper *Armide*) und die Bilder, so jenes verträumte »Schloß am Strom«, eine melancholische Erinnerung an die Freundschaft mit Clemens Brentano, der so gut wie verschollen scheint.

Das Bild, das heute im sogenannten Schinkel-Pavillon im Park des Schlosses Charlottenburg hängt, beruht auf einer Art Wette oder Wettstreit zwischen den jungen Romantikern. Es ging um die Frage, ob sich Poesie besser in der Sprache oder im Bild ausdrücken könne. Brentano brachte damals eine Erzählung zu Papier, in deren Mittelpunkt ein Jagdschloß steht. Schinkel inspirierte der Text zu einer flüchtigen Skizze eines Schlosses hoch über einem Strom, die er jetzt, nach vielen Jahren, in Öl auf Leinwand ausführt. Ein idyllisches Bild, das ein in der Mitte im Gegenlicht hoch aufragender Baum teilt. Die linke Bildhälfte wird vom Schloß und seiner Aussichtsterrasse, in deren Nähe sich ein offenbar zahmer Hirsch aufhält, bestimmt, während die

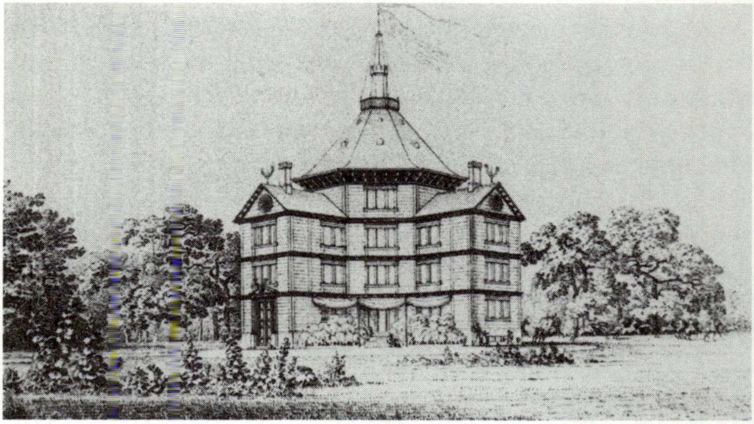

Jagdschloß Antonin bei Ostrowo. Zeichnung, 1822

rechte den Blick über den Strom in das weite Land schweifen läßt. Im Vordergrund aber, fast so klein wie der zappelige Heim auf der Turmspitze des Straßburger Münsters, sitzt ein Freundespaar im Garten. Die eine Figur dürfte Brentano sein, die andere ein – heimliches – Selbstbildnis. Eine gewisse Wehmut, wie sie aus Eichendorffs Gedichten bekannt und zu dieser Zeit modisch geworden ist, weht den Betrachter aus dem Bild an.

Ein freudiges und ein trauriges Ereignis hält das Jahr 1822 bereit: Da wird den Schinkels die jüngste Tochter Elisabeth geboren. Und im fernen Genua stirbt auf einer Dienstreise Kanzler Hardenberg, der sich, zweiundsiebzigjährig, beim Aufstieg auf den Mailänder Dom überanstrengt und eine Lungenentzündung zugezogen hat.

Fontane – ähnlich preußisch arbeitsam wie Schinkel – hat recht, wenn er von dessen Selbstüberforderung spricht (die ihm durchaus bekannt vorgekommen sein muß). Auf der anderen Seite sollte man das Glücksgefühl eines leidenschaftlich Engagierten nicht unterschätzen, der Dinge durchsetzt wie kein zweiter seiner Zeit und seiner Gilde und daraus seine Kraft schöpft. Die Fron zum Erfolg macht Schinkel, wie aus manchen Briefen hervorgeht, süchtig. Selbst wenn er es wollte – er kann es nicht lassen, die Frage der Schönheit in Preußen von allen Seiten anzupacken. Er ist ein großer Künstler, das weiß inzwischen das halbe Land (und vor allem weiß es der König), aber zugleich ein getreuer Beamter, der erste frühmorgens und der letzte spät abends im Büro.

Gewisse Eigenmächtigkeiten sollte man nicht ausschließen bei hochfliegenden Geistern: Der Herr Geheimrat kann durchaus arrogant und kurz angebunden sein, wenn ihm etwas *contre cœur* geht. Wie er in den Amtsstunden nicht auf die Stunde sieht, opfert er auch großzügig Amtszeit für Arbeiten, die ganz oder teilweise auf persönlichen Aufträgen beruhen. Das ärgert die Kollegen in der Baukommission.

Den König ärgert eher, daß dieser Hochbegabte immer größer und kostspieliger plant, als er, Friedrich Wilhelm, es für angemessen hält. Das gilt in erster Linie für die Baukosten, die regelmäßig höher ausfallen, als vorher kalkuliert, am höchsten bis dahin beim Schauspielhaus. Für einen Preußen von Geblüt ist das Kostenrisiko ein schwer zu ertragender Umstand. Damit nicht genug: Da hat Schinkel endlich ein Luther-Denkmal in Wittenberg aufstellen lassen – recht so! Schadow wurde damit beauftragt – auch keine schlechte Wahl! Aber muß der Baumeister nun dem Denkmal einen gußeisernen Aufsatz hinzufügen? Schadow, gekränkt über den Zusatz zu seiner Skulptur, will einen Ausspruch des Königs gehört haben, der in Berlin sprichwörtlich wird: »Dem muß man einen Zaum anlegen!«

Schinkel, seinerseits gekränkt durch die Anordnung des Königs, auf den vier Seiten des Sockels fünf Inschriften anzubringen – ein aller Symmetrie hohnsprechendes Verlangen –, läßt sich jedoch keinen Maulkorb umbinden. Sobald man mit ihm über die wachsenden Kosten sprechen will, befindet er sich gerade auf einer Dienstreise, öfter jedenfalls als andere Baubeamte.

Aber eines weiß der knorzige Hohenzoller genau: Er wird immer wieder auf Schinkel zurückgreifen müssen. Ein gewisses Triumphgefühl dürfte selbst bei einem Charakter wie dem Schinkels unter derartigen Umständen nicht ausgeblieben sein. Die Arbeit ist ihm Lebenselement wie einem Fisch das Wasser. Und es ist erstaunlich, wie langfristige Pläne in ihm reifen, in Skizzen zu Hause weiterkeimen, aufbewahrt und nie vergessen werden, bis sie endlich, bei günstiger Gelegenheit, ans Licht gebracht und verwirklicht werden können. Dennoch kommen nicht alle Blütenträume zur Entfaltung, vor allem die utopischen nicht, die ihm am Herzen liegen.

Was Schinkel bauen möchte, geht aus seinen frühen Zeichnungen hervor. Schon in seinen Schüler- und Ausbildungsjahren hat er einen Dom, viele Dome, unzählige Dome entworfen sowie ein Museum. Diese beiden architektonischen Aufgaben reizen ihn am meisten, mehr als der Umbau von Schlössern, der zur Zeit am häufigsten gefragt ist.

Kirchen, Dome, Kathedralen, sie fesseln seine künstlerische Phantasie. Schon um 1810 hat er – gleichzeitig mit seinem nachträglichen Entwurf für ein, wie er meint, würdigeres Mausoleum für die Königin Luise – eine gotische Kathedrale mit zwei Türmen zeichnerisch virtuos auf ein Blatt geworfen. Beide Türme wie auch die Fassade des Mittelschiffs weichen von mittelalterlichen Bauformen entschieden ab – auffällig ist die fast surrealistisch wirkende Einbeziehung von Großplastik. Selbst der blutjunge Schinkel war keineswegs ein Nachahmer hergebrachter Stilformen, zu dem ihn konservative Geister noch heute gar zu gerne stempeln möchten. Er verwendet vielmehr die bei den Gillys erlernten stilistischen Mittel durchaus eigenständig. Mag er kein Revolutionär sein, ein Neuerer ist er zweifellos, denn er formt von Anfang an Gebäude, in denen sich Schönheit und Nutzen auf zeitlose Weise paaren.

Fügen wir hier gleich ein, daß ihn auch die entgegengesetzte Seite fälschlich in Anspruch genommen hat und es weiterhin tut. Nirgendwo hat Schinkel gesagt oder geschrieben, daß der praktische Nutzen Stil und Schönheit bereits umfaßt. Ebensowenig wie er ein früher Albert Speer war, läßt er sich als ein früher Bauhäusler reklamieren. Trotzdem hat er die Moderne mit angeregt: Schinkel formuliert die Moderne im voraus auf zwei verschiedenen Ebenen.

Schon um 1800, also bereits vor den Entwürfen für das Köstritzer Schloß, hat er mehrfach einen Museumsentwurf variiert. Auffallend sind sein breiter Eingangsportikus und die steil ansteigenden Treppenstufen. Zeigen all die Dome seiner Vorstellung gotische Formen, die eigenwillig abgewandelt sind, so geschieht hier das gleiche mit dem Klassizismus. Zu griechischen oder römischen Vorbildern bestehen verblüffende Ähnlichkeiten. Aber wer die Skizzen genau ansieht, wird entdecken, daß es nirgendwo direkte Vorbilder gibt. Schinkel äfft nicht Althergebrachtes nach, er erneuert es gleichsam von innen heraus, benutzt das Vertraute, um Neues zu schaffen.

An das eine frühe Idealbild, das klassizistische, wird er anknüpfen können. An das andere, gotische, nicht.

Da liegt gleichsam in der Mitte der preußischen Hauptstadt, ganz nahe am Stadtschloß, der Werdersche Markt mit einer baufälligen alten Kirche ohne großen architektonischen Wert. Der König und mehr noch der heranwachsende Kronprinz, der an Kunst und Architektur auf beinahe gierige Weise interessiert ist, drängen auf einen Abriß des Schandflecks. König und Kronprinz sind sich einig, wer allein für den Entwurf eines Neubaus in Frage kommt: Schinkel.

Der würde gern einen stattlichen Dom zum Gedenken an die

Befreiungskriege bauen, muß sich aber mit einer großstädtischen Pfarrkirche begnügen. Die Friedrich-Werdersche Kirche nennt er bald sein »Sorgenkind«. Sie beschäftigt ihn, wie Sorgenkinder zu tun pflegen, über Jahre.

Zunächst schlägt er einen antikisierenden Säulenbau vor, der eher einem Tempel als einer Kirche gleicht. Obwohl der Entwurf städtebaulich hervorragend die durch das Brandenburger Tor und die Neue Wache gesetzten klassizistischen Akzente fortführen würde, lehnen König und Kronprinz ihn ab – der König, weil der Bau zu teuer kommen würde, der Kronprinz, weil er auf romantische Weise in die deutsche Gotik verliebt ist. Damals war nicht einmal in Gelehrtenkreise durchgedrungen, daß die Gotik unpatriotischerweise aus Frankreich stammt. Für den späteren König Friedrich Wilhelm IV. ist sie der deutsche Stil *par excellence*.

Schinkel wird jahrelang neue Entwürfe vorlegen, und selbst als 1825 die Grundmauern auf dem Werderschen Markt schon gelegt sind, gibt es noch Bedenken und Änderungen. Am Ende wählt Friedrich Wilhelm III. eine gotische Lösung, aber aus Backstein (wie er eben wieder modern wird). Nur streicht er zum Ärger Schinkels zwei der von diesem vorgesehenen vier Türme.

Vier Türme an einer Kirche mögen tatsächlich ein bißchen viel sein, und man muß Schinkels Selbstvertrauen besitzen, um einem auf Sparsamkeit bedachten Monarchen einen derartig kostspieligen Plan vorzuschlagen – dennoch ist es ein Jammer, daß dieser nicht in der vom Architekten vorgesehenen Weise verwirklicht wurde.

Der Werdersche Markt wird von einer Reihe stattlicher, drei- oder vierstöckiger Bürgerhäuser eingefaßt, darunter Verwaltungsgebäuden. Sie bilden ein Ensemble, das der architektonische Mittelpunkt, die Kirche, nicht unterbieten darf. Sie sollte aber auch die Wohn- und Arbeitsstätten, die hier dominieren, nicht allzusehr überragen.

Schinkels Entwurf vermeidet beides. Die Kirche, die aus

einem einzigen, schlank geformten Langhaus besteht, fügt sich in die bürgerlich-großstädtische Umgebung, ohne aufzutrumpfen. Nur die vier Ecktürme überragen, einer dem anderen gleichend, die Traufhöhe der Marktbebauung. Die Türme tragen übrigens keine Spitzhauben, sondern ähneln denen englischer Dorfkirchen der Gotik mit ihren krönenden Zinnen.

Ein harmonischer Gleichklang, der sich mit zwei Türmen kaum erreichen läßt. Zwei Türme bezeichnen die Vorderfront einer Fassade und sie müßten bei einem sakralen Gebäude, wie von der deutschen Gotik gewohnt, gleichsam »in den Himmel wachsen«. Für eine Kirche als Mittelpunkt einer Gemeinde dürfte Schinkels Entwurf mit den vier Türmen geradezu ideal sein.

Aber sie besitzt auch in zweitürmiger Gestalt so etwas wie Grazie, die alle wechselnden Zeitläufte und Zerstörungen überstanden hat. Heute dient sie als Schinkel-Museum und enthält Schadows schönes Doppelporträt der Königin Luise und ihrer Schwester Friederike. Schinkels Ärger über seine vom König mit zwei Strichen beeinträchtigte architektonische Idee ist nur zu verständlich. In den *Sammlungen architektonischer Entwürfe*, seinem Oeuvre-Katalog, erscheint seine Friedrich-Werdersche Kirche mit vier Türmen. Trotzdem ist das Bauwerk ein kleines Meisterwerk in sich geworden. Ist es der heimische Backstein, sind es die wohldurchdachten Proportionen? Ins »Gotische« hat sich, wie es scheint, etwas von der schönen Ordnung der Klassik gemischt – eine sozusagen geordnete Gotik.

Beim Bau des Museums will sich Schinkel auf keine Kompromisse mehr einlassen. Die Zusammenarbeit zwischen dem nüchternen König und dem leidenschaftlichen Baumeister ist nicht nur besser geworden, sondern auch selbstverständlicher. Trotzdem bleibt erstaunlich, bedenkt man den Umfang des Unternehmens und vor allem die Kosten, wie relativ reibungslos dieses Projekt über die Bühne geht. Friedrich Wilhelm hat von vornherein 700 000 Taler für ein erstes großes öffentliches Kunstmuseum in Preußens Hauptstadt zur Verfügung gestellt und diese erkleckliche Summe nach ersten Kalkulationen Schinkels um 71 300 Taler aufgestockt. Nach einigem Drängen legt er sogar noch weitere 22 000 Taler drauf für, wie Schinkel formuliert, »wichtige Verschönerungen« des Gebäudes, unter denen er, wie meist, Skulpturenschmuck vor allem der Berliner Schule versteht.

Schinkels Pläne stehen von vornherein eisern fest. Den Standort bestimmt eine städtebauliche Notwendigkeit. Der »Lustgarten«, ein weiterer Schandfleck in unmittelbarer Nähe des Schlosses, soll zur Spree hin einen besseren Abschluß erhalten als durch den Packhof, der abgerissen wird. Der prominente Berliner Platz, auf dem der Große Kurfürst einst die ersten Kartoffeln Preußens gezüchtet hat, kann unter den jetzigen Umständen nur als Exerzierplatz genutzt werden. Dank Schinkels Planung und mit ausdrücklicher Billigung des Königs rückt er wieder in den Mittelpunkt der Stadt. Dabei gibt es allerdings eine erhebliche Schwierigkeit.

Weil der Baugrund außerordentlich morastig ist, muß das Gebäude gleichsam auf Stelzen gestellt, das heißt, es müssen dicke Baumstämme – nicht weniger als 3053 – als Fundament in den weichen Boden getrieben werden. Für jeden der 15 Meter langen Stämme bedeutet das einen sieben- bis achtstündigen Arbeitsaufwand mit einer großen Ramme. Bei den märkischen Ziegeleien müssen sechs Millionen Backsteine bestellt werden, eine horrende Anzahl.

In diesem Fall schrecken den König die Ausgaben nicht. Erstens ziehen sich Vorbereitung und Bauarbeiten wieder über Jahre hin, was die Kosten etwas verteilt. Zweitens will er die in Paris und in Berlin erworbenen Gemäldesammlungen seinen Landeskindern zugänglich machen. Kunstmuseen, die jedermann offenstehen, gibt es seinerzeit in Europa nur in Paris, Lissabon und London. Friedrich Wilhelm III., den die meisten deutschen Historiker als krankhaft geizig, amusisch und ungeistig bezeichnet haben, ist der erste in deutschen Landen, der seine Schätze der Allgemeinheit, der er sie im Grunde verdankt, nicht vorenthält.

Es wird sogar eine Museums-Kommission gegründet, mit der

es Schinkel nun auch noch zu tun bekommt. Ihr gehört Professor Aloys Hirt an, ein Archäologe von internationaler Reputation, aber ein gefürchteter Kleinlichkeitskrämer. Er läßt kein gutes Haar an Schinkels Entwurf. Zum Glück schätzt der König den verdienstvollen Meckerer richtig ein, wenn auch aufgrund uralter Vorurteile. Friedrich Wilhelm hat Hirt nie verziehen, daß ihn die Gräfin Lichtenau, die Mätresse seines Vaters, nach Berlin geholt hat. Hirts Einwände – wie zu hoffen steht, nicht aus diesem Grund, sondern weil die Kommission sachverständig urteilt – werden abgeschmettert.

Schinkels Entwurf ist bei allen übrigen Mitgliedern wie beim König auf geradezu begeisterte Zustimmung gestoßen. Schließlich hat er sich seit gut zwei Jahren mit diesem Thema beschäftigt. Schon in Friedrich Gillys »Privatgesellschaft junger Architekten«, die nur von 1798 bis 1803 Bestand hatte, einer Fördergesellschaft für den Nachwuchs, hat Schinkel einen Museumsentwurf vorgelegt, den dieser dann immer wieder variiert und verschiedentlich abgewandelt hat. In jedem gruppiert er einige Ausstellungssäle, runde und eckige, um zwei Innenhöfe. Und jedesmal wird die Fassade von einem klassischen Portikus, einer von Säulen getragenen vorgebauten Halle, sowie von einer breiten – in den meisten Entwürfen – steil ansteigenden Treppe bestimmt.

Das Neue Museum – das heute als Altes Museum fungiert – ist als langgestrecktes Gebäude angelegt, durch das, wie es in einer Denkschrift Schinkels heißt, »der schöne alte Platz (...) an seiner vierten Seite würdig geschlossen wird.« Aus dem Portikus ist eine durch nicht weniger als 18 ionische Säulen gegliederte Vorderfront geworden, die dem – nach dem Zweiten Weltkrieg abgerissenen – Stadtschloß zugewandt war. Auch die beiden Innenhöfe finden sich wieder. Sie werden durch einen zweigeschossigen Kuppelsaal, eine Rotunde, getrennt, der man das Vorbild des römischen Pantheons – vielleicht ein bißchen zu sehr – anmerkt. Ende der achtziger Jahre des 20. Jahrhunderts hat der englische Architekt Stirling dasselbe Vorbild in seinem

Stuttgarter Museumsbau parodiert. Weniger bekannt blieb, woher die schönen Säulen an der Portikus-Fassade stammen, nämlich vom Apollotempel in Didyma, Kleinasien.

Der König ist Feuer und Flamme für diesen Plan, was bei ihm höchst selten vorkommt. Doch ein Schatz, wie er ihn erworben hat, verdient eine kostbare Schatulle. So amusisch, wie er gern hingestellt wird, kann Friedrich Wilhelm III. also nicht gewesen sein.

1815 hatte er, eigens für den Museumsplan, in Paris die Sammlung Giustiniani gekauft und fürs erste über die königlichen Schlösser verteilt. Dies vermutlich als Tarnung, denn es war absolut ungewöhnlich für einen Monarchen, Kunst zur Bildung des Publikums – und womöglich der Plebs – einzukaufen. Jetzt werden 73 Bilder davon wieder abgezweigt. Wichtiger allerdings ist die 1821 erworbene Privatsammlung des englischen Kaufmanns Edward Solly (der eine Zeitlang in Berlin ansässig war) – von ihr sollen nicht weniger als 677 Gemälde ihren Platz im Neuen Museum am Lustgarten finden. Sie bilden noch heute den Grundstock des Berliner Besitzes an italienischer, niederländischer und deutscher Kunst des 14. bis 16. Jahrhunderts.

Diese Sammlung ist auf ähnliche Weise erworben worden wie jene der Brüder Boisserée, die 1824 immer noch auf einen endgültigen Bescheid aus Berlin warten. Die Übernahme der Konkurrenzsammlung hat ein Amtskollege Schinkels in die Wege geleitet, der Kunstreferent im Kultusministerium, Friedrich Christoph Ludwig Schultz. Er ist nicht nur ein Freund Zelters, Laiensänger in dessen Singakademie, korrespondiert mit Goethe über die Farbenlehre und erwarb sich große Verdienste um die Gründung einer Universität in Breslau, die ihn zu ihrem Ehrendoktor ernannt hat. Im Wege stehen ihm, nach zeitgenössischem Urteil, »seine übersteigerte Empfindlichkeit und Rechthaberei«. Inwieweit er durch den Erwerb der Sammlung Solly Schinkels Pläne mit der Sammlung Boisserée vereitelt hat, wird sich nicht mehr feststellen lassen.

Am Lustgarten haben die Rammen angefangen zu wummern, die große Hitze, die im Juli 1824 herrscht, begünstigt die Arbeiten noch, die auffallend gut vorangehen. Schinkel weilt zu diesem Zeitpunkt schon nicht mehr in Berlin. Im Juni ist er, einen langgehegten Plan verwirklichend, zu seiner zweiten Italien-Reise aufgebrochen, und das in fröhlicher Herrenrunde. Dem König gegenüber rechtfertigt er sich, er wolle in Italien die dortigen Museen studieren, vielleicht daß sich dadurch Anregungen für die Inneneinrichtung des Museums in Berlin ergeben. Darum begleitet ihn auch der junge Waagen, ein Schinkel-Schüler und Kunstgelehrter, der als erster Direktor des Instituts vorgesehen ist. Man wird auf der Hinreise auch die Boisserées besuchen, und gewiß hat sich Schinkel die Anwort auf die Frage, ob es für die Sammlung beim preußischen König noch Chancen gibt, gut überlegt. Auch die beiden Kölner werden wissen, daß die Preußen soviel Geld nicht haben, um nach Lust und Laune erstklassige Kunstsammlungen kaufen zu können. Oder sie ahnen ein Doppelspiel des intriganten Referenten Schultz.

Am meisten freut sich Schinkel, wie aus seinen ersten Briefen an seine Frau und den Freund Rauch hervorgeht, auf die Neubegegnung mit dem geliebten Italien.

Ein bißchen wird es ihm diesmal vergällt.

14. Zum zweiten Mal nach Italien

Auch diesmal sieht Schinkels Reise nach Italien – Absicht oder Zufall? – wie eine Flucht aus. Das erste Mal ist er in der Krisenzeit Preußens vor den Napoleonischen Kriegen nach Süden aufgebrochen. Die jetzige Krise, wenn er sie als solche empfinden sollte, ist innerer Natur.

Wie er zur Politik des Königs und seines Kabinetts steht, ist nirgendwo überliefert. Darüber äußert sich ein preußischer Beamter im Grunde wohl nicht, auch wenn es eine Reihe von historischen Gegenbeweisen gibt. Die muffige und dennoch den Musen gegenüber nicht unfreundliche Atmosphäre hat am besten Sebastian Haffner umrissen. »In den letzten zwanzig Jahren Friedrich Wilhelms III.«, schreibt er, »erwarb sich Preußen einen schlimmen Ruf als Zensur- und Polizeistaat. Das Merkwürdige war, daß es gleichzeitig eine respektable Kulturblüte erlebte. Während Heine und Görres vor dem preußischen Zensor flohen – oder gar vor dem preußischen Haftrichter –, verschönten Schinkel und Rauch Berlin, und Mendelssohn entdeckte die Matthäuspassion. Auch das akademische Leben im Preußen des Biedermeier hatte ein Doppelgesicht. Nie besaß die Berliner Universität glänzendere Namen: Hegel und Schelling, Savigny und Ranke; zugleich verschwanden Hunderte von aufsässigen Studenten hinter Festungsmauern.«

Wie mag Schinkel, dem ein kritisches Auge nicht abgesprochen werden kann, das gesehen haben? Sollte man bei ihm nicht einige Sympathie für die Aufsässigen oder die Flüchtigen wie Heine und Görres erwarten? Kam ihm die Dienstreise zu viert am Ende doch als zeitweilige Flucht gelegen?

Zunächst läßt sich diese, Flucht oder Dienstreise, vortrefflich an. »Schönes Wetter«, konstatiert Schinkel in seinem Tagebuch, das er in größeren Abständen seiner Frau schickt. »Lustige Unterhaltung im Wagen, meistens französisch wegen Brandt.« Es geht – 29. Juni 1824 – über Halle nach Kassel. Unterwegs trifft man laut Schinkel auf gleich zwei »günstige Omen«. Zwischen Treuenbrietzen und Kroppstädt begegnet die Reisegruppe einer Kutsche, in der Rauch mit seiner schönen Tochter Agnes sitzt. Und in Wittenberg, dem Ort der ersten Übernachtung, bekommt Schinkel erstmals Schadows Luther-Denkmal mit dem von ihm entworfenen eisernen Baldachin zu Gesicht, den König Friedrich Wilhelm, Schadow zufolge, so bitter beanstandet hat. Er findet ihn »fast zu leicht gehalten«, moniert aber seinerseits an der Statue, sie sei »mit zu vielen kleinen Falten überladen (...), es könnte der Styl der Falten auch besser sein«.

Um die Begleiter vorzustellen, mit denen Schinkel nun fast ein halbes Jahr verbringen wird: es sind dies Dr. Waagen, der Medailleur Henri-François Brandt und August Kerrl, Geheimrat im Finanzministerium.

Gutav Friedrich Waagen, wie schon erwähnt, ein Schüler Schinkels, ist noch jung, keine Dreißig. Er macht seinem Lehrer auf der langen Reise die wenigsten Schwierigkeiten, bleibt bescheiden und kann durch seine kunsthistorische Beschlagenheit Schinkel wertvolle Hinweise geben, von denen dieser nicht genug bekommen kann. Brandt, fünf Jahre älter, spricht, obwohl er aus der Schweiz stammt, freilich der französischen, kaum ein Wort Deutsch und nur wenig Italienisch. Er erweist sich als Witzbold jener Art, die die Engländer als *trying to be funny* bezeichnen, und ist ungeachtet seines Kauderwelschs überaus redselig. Wir haben ihn, so etwas wie eine internationale Kapazität, schon als Bildhauer an der Neuen Wache kennengelernt. Rauch hatte ihn in Rom aufgespürt und Schinkel – »Den wünschte ich, sähen Sie in Stahl arbeiten und Medaillen schneiden« – empfohlen. Auf dessen Empfehlung hin ist er Erster Münzmedailleur der Königlichen Münze in Berlin geworden. Preußen verdankt ihm und indirekt Schinkel Europas schönste und handwerklich perfekteste Münzen. Kerrl ist der Älteste, schon an die Vierzig, dicklich und bequem, der zerstreute Professor der Reisegesellschaft, der statt in Koffern seine Habseligkeiten in einer Unzahl von kleinen Kästchen verpackt hat. Eines pflegt er ständig in der jeweiligen Herberge zu vergessen, zudem ein unpünktlicher Zeitgenosse, und Unpünktlichkeit ist etwas, das Schinkel wenig schätzt.

Er, der Oberbaurat, ist der Dienstälteste der Kommission und hält die Zügel fest in der Hand. Er bestimmt Reiseroute, Aufenthaltsdauer, Kostenverteilung und alles andere, was ihm eine Menge Ärger einträgt, denn ein halbes Jahr lang bleibt keine Herrengesellschaft ungetrübt. Die Verhandlungen sowohl mit den deutschen Droschkenkutschern als auch den italienischen Vetturini sind schwierig und erfordern einige Geduld, über die Schinkel, den schon die landesüblichen Trinkgeldsitten empören, nicht immer verfügt. Er ist der einzige, der von seinem Stipendiumsjahr her fließend Italienisch spricht, so daß er für die anderen hin und wieder Dolmetscherdienste leisten muß. Außer ihm beherrscht nur Waagen die Sprache ein bißchen auf dem kunsthistorischen Sektor, was aber nicht heißt, daß er sich das Essen selbst bestellen kann.

In die Reisefreuden mischen sich im Tagebuch bald jene Nachteile, die jede Reise ebenfalls zu bieten hat. Kerrl erscheint zum Frühstück erst, als die anderen bereits reisefertig sind. Man kann es ihm, nebenbei bemerkt, nicht verdenken, denn wer mit Schinkel reist, muß sein Frühstück gegen vier Uhr morgens einnehmen, was selbst in Preußen nicht üblich ist. Der Medaillenschneider Brandt spielt, wohl in der guten Absicht, für etwas bessere Stimmung zu sorgen, »den Bajazzo«, wie Schinkel es nennt, und erreicht damit das genaue Gegenteil. Er hat sich angewöhnt, Waagen wegen seiner steifen Höflichkeit »Sir Abate« zu nennen, Herr Abt, was dieser auf die Dauer übelnimmt. Mit Schinkel verdirbt es Brandt noch mehr, als er ihn in Bern, wo er Bescheid weiß, in ein Bad führt, in dem der Besucher beim Eintritt gefragt wird, ob er ein »Bain garni« wünsche, »das heißt mit einem Frauenzimmer«, wie Schinkel seiner Frau entrüstet erläutert.

Das Tagebuch samt einigen begleitenden Briefen schickt er ihr nicht nach Berlin, sondern nach Stettin. Dorthin hat sich Susanne mit den vier Kindern Marie, Susanne, Karl und dem kleinen Lieschen zu Schwager und Schwester Kuhberg zurückgezogen. Während der Abwesenheit des Gatten und Vaters verbringt die Familie die meiste Zeit bei dem kinderlosen Ehepaar.

Die Boisserées sind inzwischen von Heidelberg nach Stuttgart umgezogen. Zahlreiche Bilder ihrer Sammlung haben sie restaurieren lassen, was Schinkel nicht durchweg gutheißt – »man glaubt immer Glasbilder im Transparent zu sehen«. Natürlich erkundigen sich die Brüder nach dem Museumsbau in Berlin, Hauptgesprächsthema derzeit in allen kunstinteressierten Kreisen. Die Gretchenfrage, ihre eigene Sammlung betreffend, stellen sie offenbar nicht. Schinkel lobt die Aufstellung sowie Beleuchtung der Sammlung im neuen Quartier als geradezu vorbildlich. Mit derlei Schmeicheleien mogelt er sich wahrscheinlich um peinlichere Fragen herum.

Erfolgreich, wie sich herausstellt, denn Sulpice berichtet postwendend Goethe: »Die Aufstellung unserer Sammlung leuchtete unserem Freund so sehr ein, daß er nicht verhehlen konnte, er würde sie auch bei der Errichtung des Neuen Museums zum Muster nehmen.«

Enorm ist das Besichtigungspensum, das Schinkel sich selbst und seiner Gesellschaft abverlangt. Da bleibt nichts unbesichtigt, was in den Kunstgeschichten verzeichnet steht, und läge es noch so unbequem abseits. Man scheint jedoch damit zufrieden: die Aussicht, noch ein zweites Mal in die fremde Gegend zu gelangen, ist damals nicht allzu groß. Gelegenheiten müssen möglichst genutzt werden.

Im Straßburger Münster imponiert Schinkel doch einmal der dicke Spaßvogel Brandt. Der steigt »sogar höher in die kleinen Octogone [Achtecke], welche die Spitze bilden, aber die Treppen wurden zu schmal und ließen seinen Körper nicht mehr durch«. Noch freundlichere Erwähnung findet Kerrl und sein Enthusiasmus. Er findet »alles so über seine Erwartung und fiel, ohne daß wir andern daran dachten, über Hirt's Ausspruch, daß dies alles nur Barbarei sei, so entsetzlich her, daß es eine Lust war«. Hirt, man erinnert sich, hatte erst jüngst in der Berliner Museumskommission Schinkels Bauentwurf für den Lustgarten madig gemacht.

In Freiburg kommt es zu einer berühmten Szene, die Waagen noch im Alter immer wieder erzählen wird. Auf einem Spaziergang über einen abendlichen Höhenweg oberhalb des Münsters erinnert der Anblick Schinkel an ein Kathedralenbild, das er einst gemalt hat. »Die untergehende Sonne verbarg sich gerade hinter dem Thurm«, lautet Schinkels Version im Tagebuch, »und der Effekt meiner Composition des vierthürmigen Doms war vollkommen da; selbst die herausschießenden Strahlen zeigten sich.«

Dem Mailänder Dom kann Schinkel, dessen Laune sich in Italien auffallend verschlechtert, diesmal weniger abgewinnen. Hatte er das Bauwerk vor zwanzig Jahren noch David Gilly gegenüber überschwenglich gelobt: »... man mag den Dom von oben herab sehn, oder von unten herauf, die Ausführung ist gleich gepflegt, es ist kein Theil, der, weil er dem Auge gewöhnlich versteckt ist, nachlässig behandelt ist.« So liest man jetzt: »Rücksichtlich der Verhältnisse ist der Bau äußerlich weit unter den Domen zu Freiburg, Straßburg, Cöln; auch die Gliederungen und Details sind alle ungeschickter und plumper.«

Derartige Korrekturen liegen nach zwanzigjähriger Erfahrung auf der Hand. Mag die Stimmung unterwegs auch nicht so gelöst sein wie einst mit dem guten Steinmeyer als alleinigem

Reisebegleiter, so gesteht Schinkel doch ein, daß sich manches in der Zwischenzeit verbessert hat: »Im Ganzen ist Italien, was das Reisen betrifft, viel civilisirter geworden; man genießt viele Bequemlichkeit.« Das liegt wohl daran, daß man in Mailand das Muster eines Vetturino aufgetrieben hat, einen gewandten Fahrer mit offensichtlich guten Verbindungen zu den Gastwirten an den Landstraßen. Der Wagen des Droschkenkutschers verzeichnet eine ganz besondere Bequemlichkeit: er besitzt verschließbare Glasfenster, eine Neuheit, die dem Reisen auf staubigen Straßen vieles von seinem bisherigen Schrecken nimmt.

Schinkel entlohnt den Vetturino großzügig und wird ihn am Ende sogar veranlassen, die Gesellschaft zurück nach Berlin zu fahren. Auch findet er »das Clima höchst angenehm«, wenn man »die gehörige Diät hält«. Mit ihr dürfte Schinkel seinerseits den Reisegenossen mitunter sehr auf die Nerven gefallen sein, denn wie er in den Zeilen an seine Frau immer wieder darauf zurückkommt, wird er es auch mündlich im Kreis seiner Begleiter gehalten haben. Sein leibliches Credo lautet: »Man muß nicht zuviel Wasser trinken, weil es den Durst nicht löscht; eine gute Portion Caffé mit Milch und etwas Semmel des Morgens, eine Tasse Chokolade mit einem Glas Wasser zur Restauration [Erfrischung] um 11 Uhr, ein gutes Mittagsbrod mit hinlänglichem Wein um 2 oder 3 Uhr, ein Glas Eis und ein Glas Wasser am Abend; diese Diät bekommt mir ganz vortrefflich.«

Ein spartanisches Rezept, mit dem er – mit Ausnahme vielleicht Waagens – wohl kaum auf Gegenliebe gestoßen sein wird, um so weniger, als die Reise bei dem ungeheuren Pensum an Besichtigungen vor allem auch der kleinsten Museen immer anstrengender wird – und Schinkels Zügelführung immer straffer. Als man in aller Morgenfrühe zu einem ereignisreichen Tag in Genua aufbricht und zunächst einmal von einer Barke »ein höchst erfrischendes Seebad« nimmt, läßt man Kerrl ganz einfach zurück, weil »der aus Unschlüssigkeit jeden Morgen zu spät sattelfest ist«.

Mögen Klima und Diät gute Noten erhalten, so trifft das

Gegenteil auf den Grund der Reise, die Museen, zu. Da wirkt sich jene Verdrießlichkeit, in welche die keineswegs alten Herren gefallen sind, positiv aus. Je schlechter es einem geht, zu desto strengerer Kritik ist man bereit. Und um der Kritik willen sind sie am Ende unterwegs.

Schinkels Urteil über die Uffizien in Florenz, schon damals eine der angesehensten Gemäldegalerien der Welt, wird allein unter solchem Aspekt ganz verständlich. Zwar findet er die »langen Gallerien« (schon dies eine nicht eben liebenswürdige Beschreibung) »höchst imposant«, bedauert aber »die schlechte, unzweckmäßige Beleuchtung überall und daß das Local etwas zu niedrig ist, besonders für das warme Clima«. Auch seien Bilder und Bildwerke »falsch geordnet: ... hängt alles durcheinander«.

Der Beleuchtung gilt in Italien Schinkels besonderes Augenmerk. Für sein Berliner Museum hat er eine seitliche Beleuchtung der Kunstwerke vorgesehen. Sie erscheint ihm nach den bisherigen Erfahrungen »das einzig Rechte«. Denn: »Überall wo in den Museen Italiens nach diesem Prinzip beleuchtet und aufgestellt ist, hat man völlige Befriedigung, leider ist aber dies selten der Fall, in Mailand, Florenz und Neapel geht man fast wie in Kellern umher, um die schönsten Werke dürftig zu sehen.« Unzweckmäßiges Licht duldet er nur in einem Fall, der ihm beim »Clementinium«, wie man damals das Kapitolinische Museum nennt, gegeben scheint. Da »entzückt das charakteristische der Räume (...) durch die Pracht des Materials und der Kunst, die sich in ihrer Mannigfaltigkeit aufthut«. Er fügt hinzu: »Zu solcher Einrichtung gehören aber auch solche Schätze.«

Schinkel hat dies seinem Freund Rauch in einem Brief mitgeteilt. Rauch, in dessen Auftrag er in Neapel eine Gießerei besucht, ist für alle Fragen dieser Art sein Hauptgesprächspartner in Berlin. Wie Schinkel Skulpturen skizzenhaft entwirft, die Rauch dann auf seine Weise ausführt, dürfte umgekehrt der Bildhauer ebenso mit seinem Erfahrungsschatz auf den Architekten eingewirkt haben. Rauch gegenüber ist Schinkel ganz

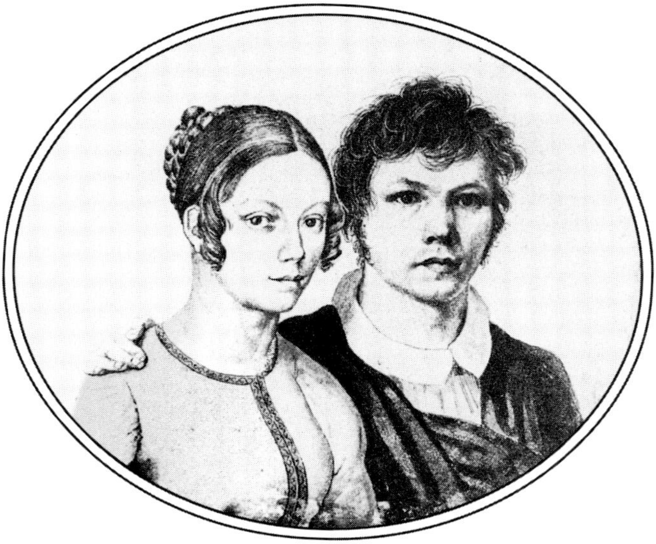

Oben: »Selbstbildnis mit Gattin«. Karl Friedrich Schinkel und seine Frau Susanne, 1815. Unten links: Karl Friedrich Schinkel. Bleistiftzeichnung von Carl Vogel von Vogelstein, 1821. Rechts: Karl Friedrich Schinkel. Gemälde von Carl Begas, Öl auf Leinwand, 1826

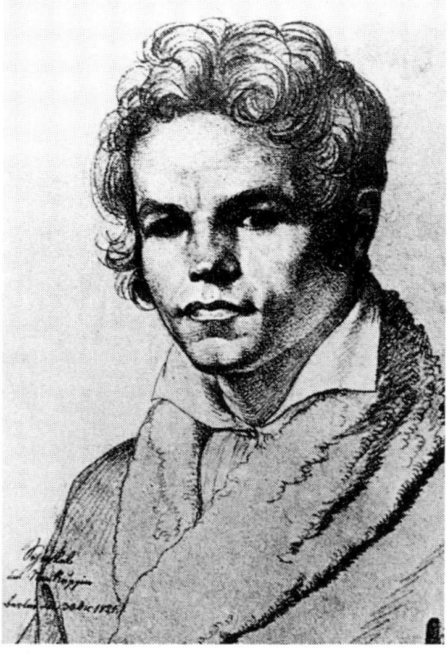

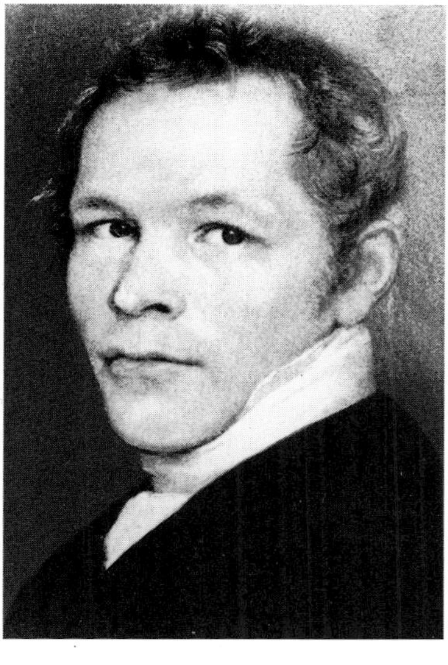

Schinkels Kinder Marie,
Susanne und Karl Raphael,
um 1820

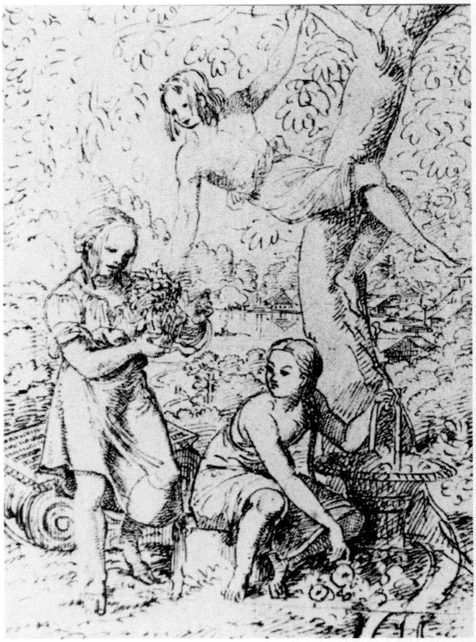

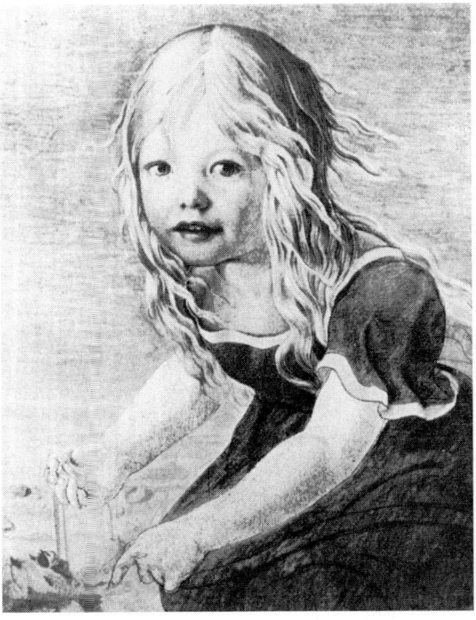

Tochter Marie. Kreide-
Zeichnung Schinkels,
1816

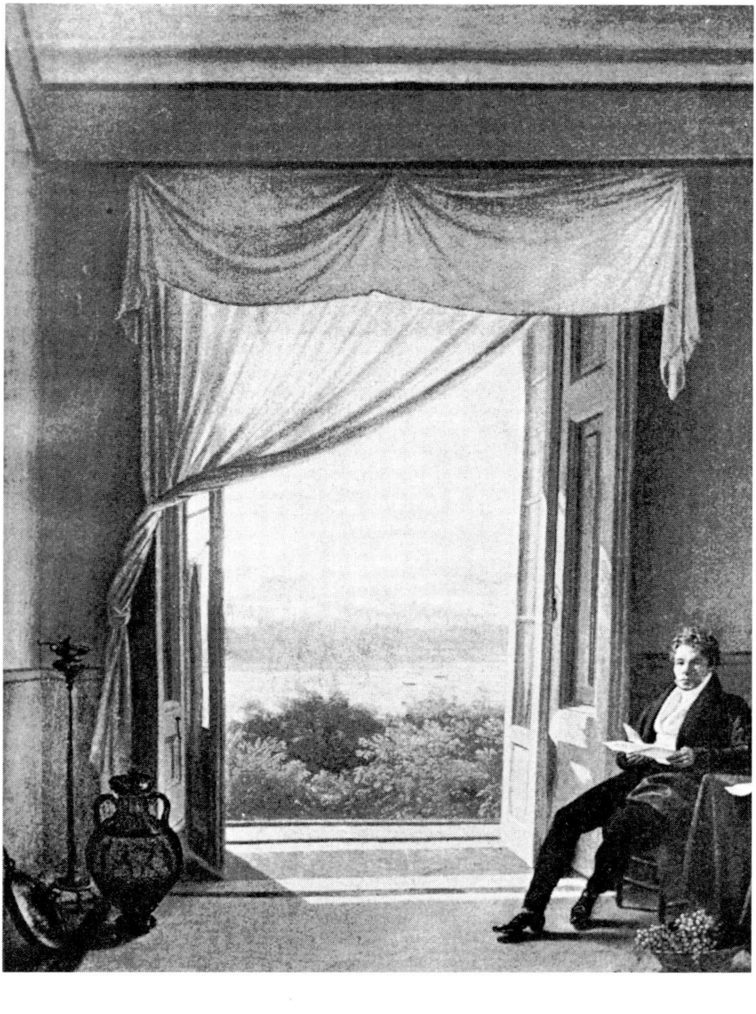

Schinkel in seinem Zimmer zu Neapel. Ölgemälde von Franz Catel, 1824

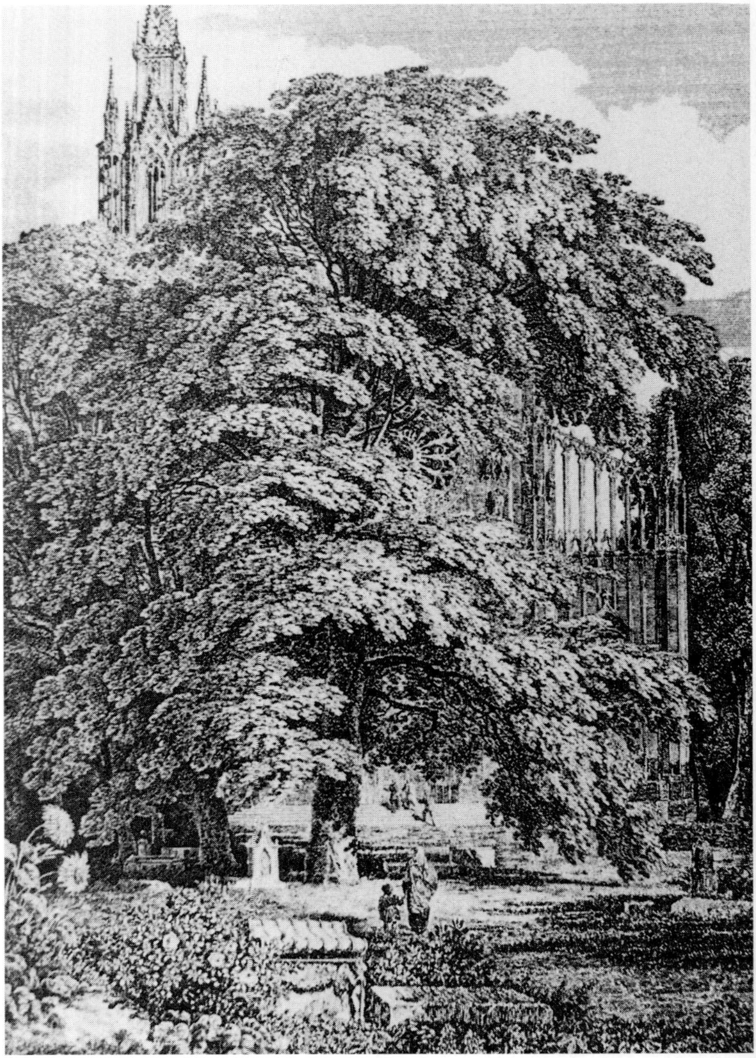

Dom hinter Bäumen. Lithographie ca. 1810

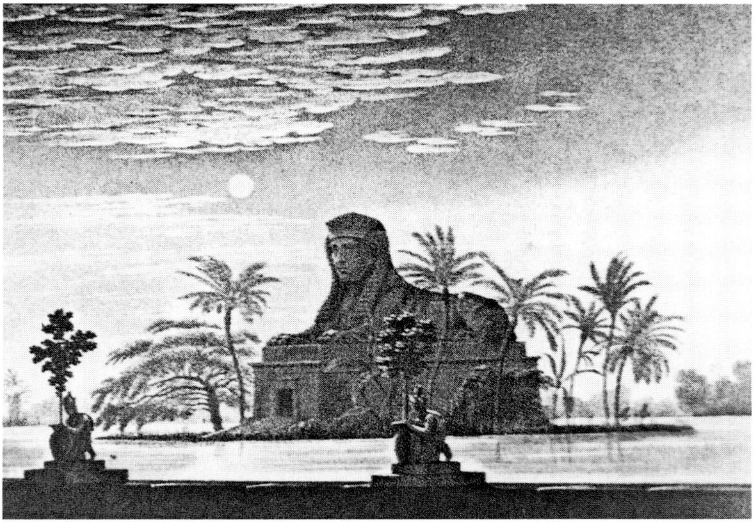

»Angenehmer Garten, Mondschein«: Bühnenbild Schinkels zur »Zauberflöte«

Dekoration zu Mozarts Zauberflöte: »Die Königin der Nacht«, 1815 (Gouache)

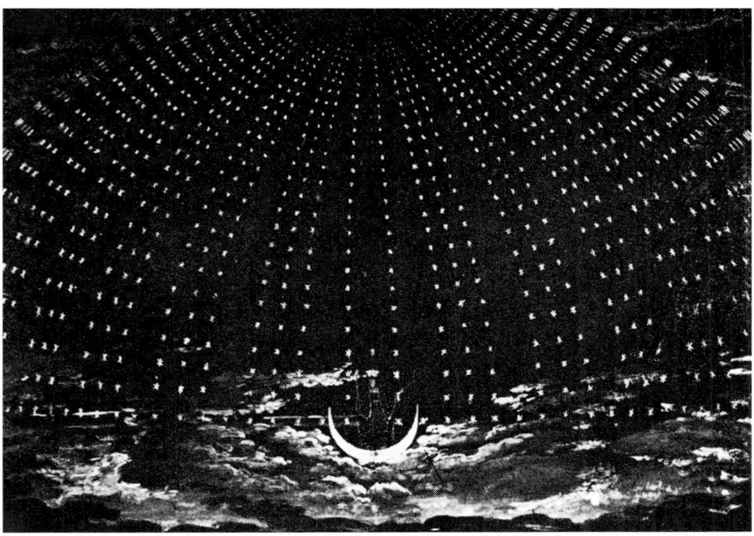

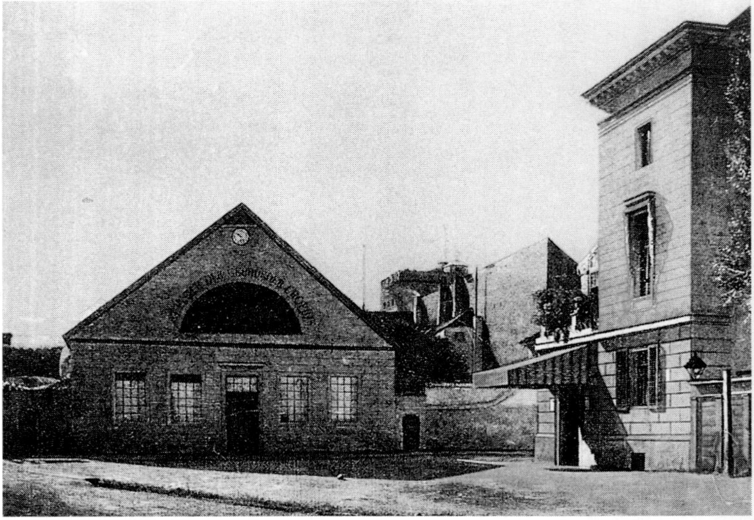

Eduard Gaertner: »Das Atelier und Panorama der Gropius-Brüder«, 1830
Öl auf Leinwand

Theaterdekoration: Der Brand von Moskau, 1813

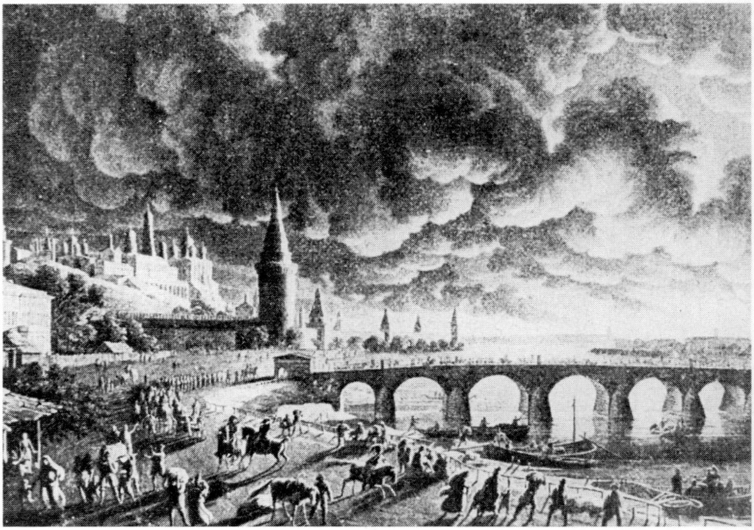

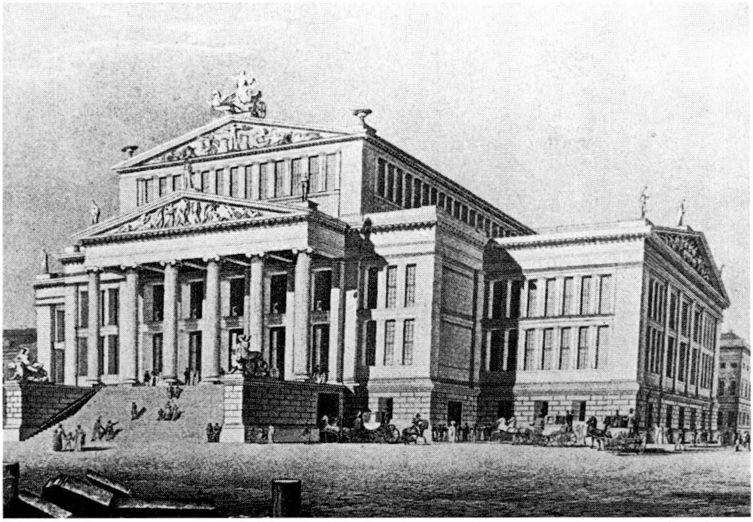

Das Königliche Schauspielhaus in Berlin. Sepia-Zeichnung, 1818

Die Neue Wache

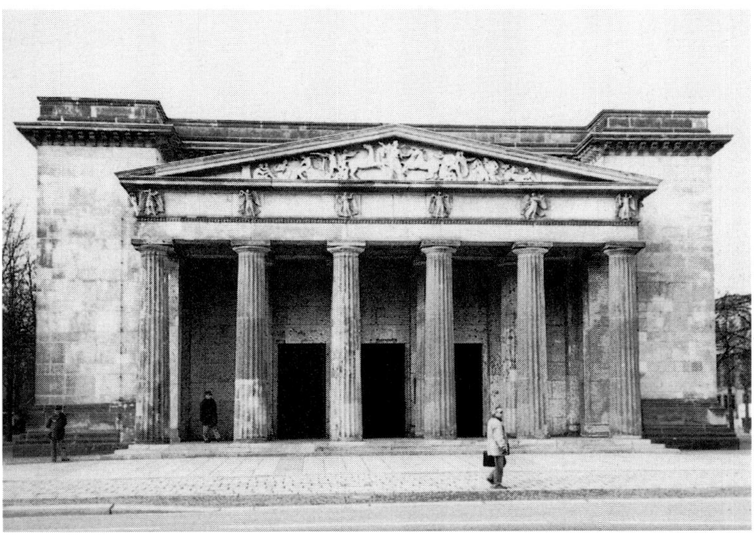

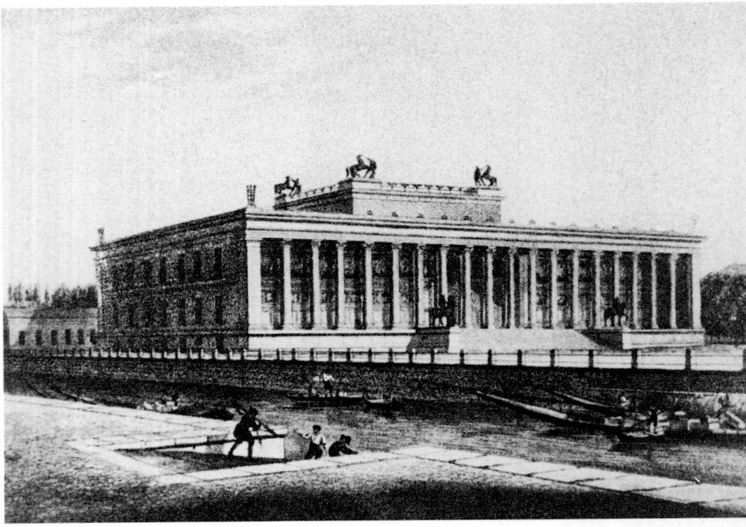

Das Museum am Lustgarten in Berlin nach einer Zeichnung Schinkels

Das »Alte Museum« heute

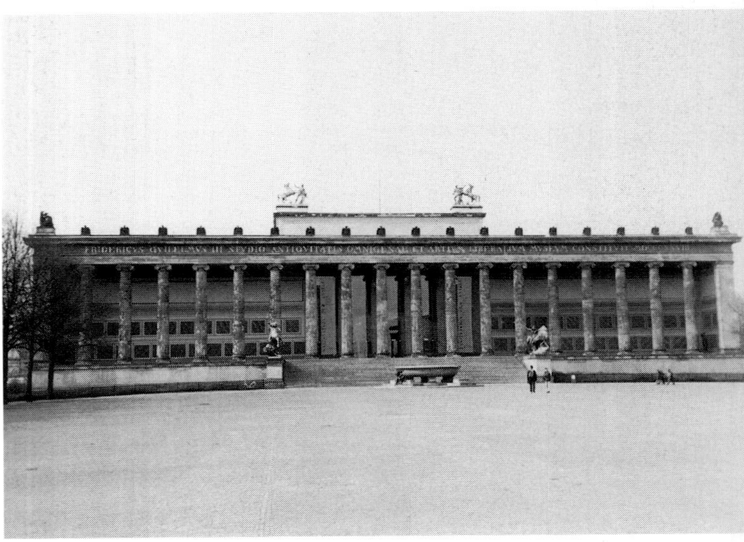

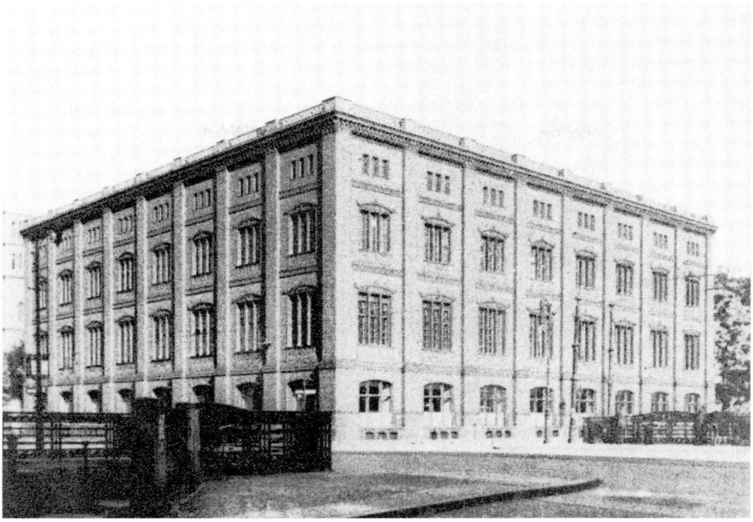

Bauakademie in Berlin

Schinkel-Pavillon in Berlin

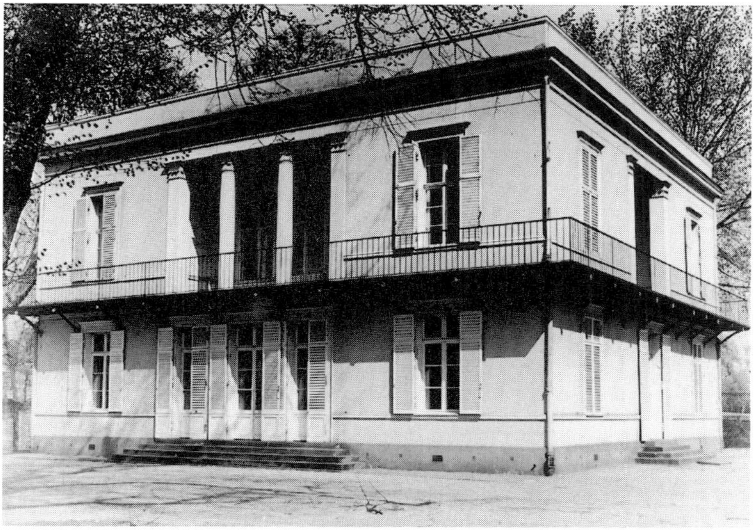

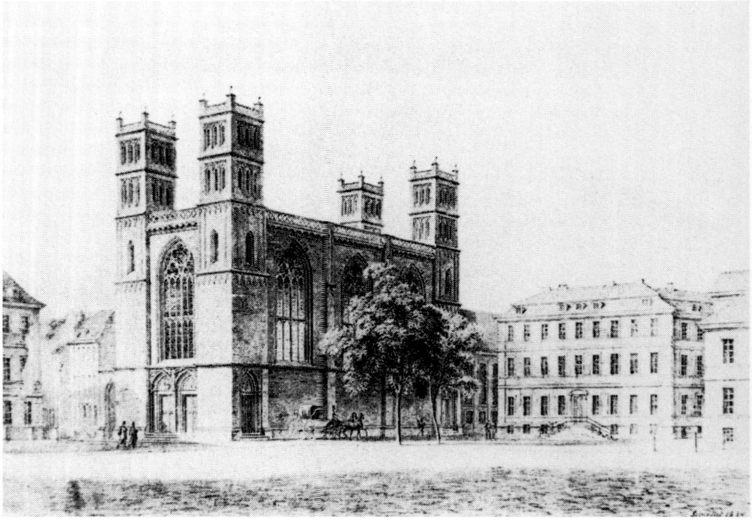

Friedrich-Werdersche Kirche in Berlin, Fassung mit vier Türmen.
Zeichnung, 1824

Die Friedrich-Werdersche Kirche

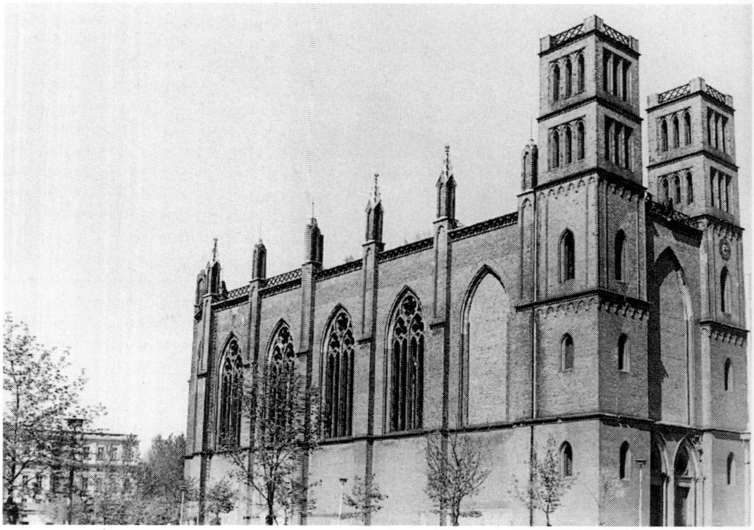

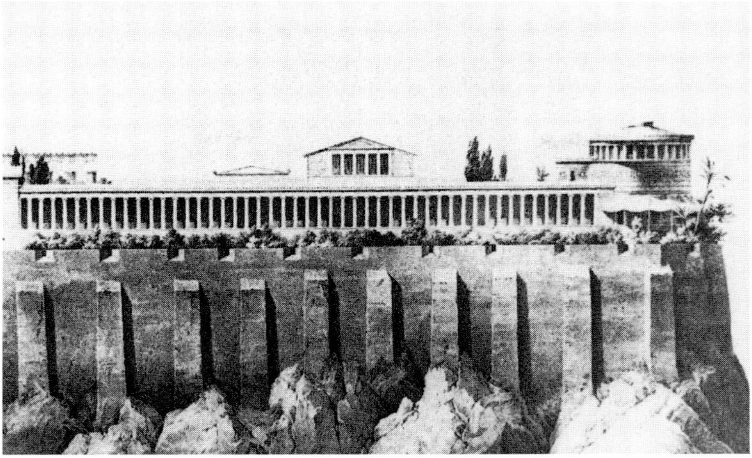

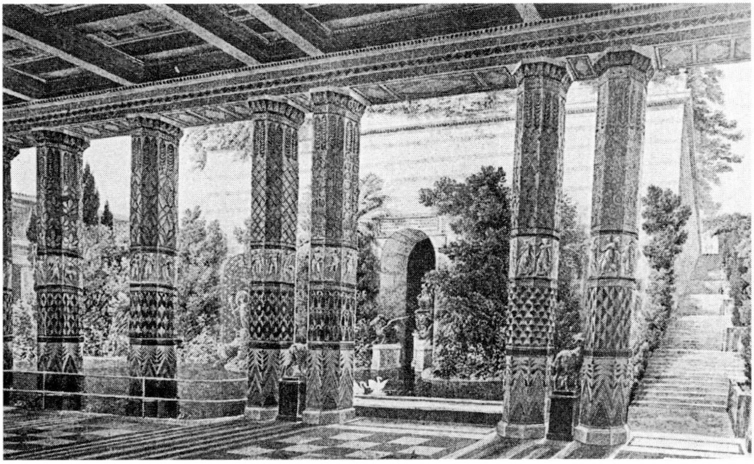

Oben: Entwurf für den Königspalast auf der Akropolis (Südansicht)
Unten: Entwurf zu dem Schloß Orianda auf der Krim (Aussicht in den Hof aus einem Empfangssaal), 1838

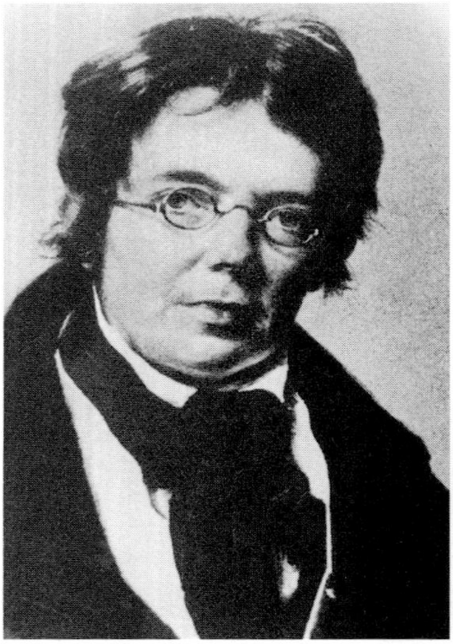

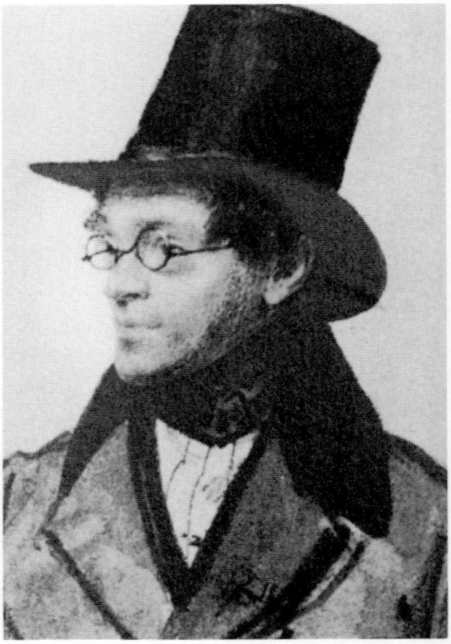

Oben links: Peter Christian Wilhelm Beuth. Rechts: Gustav Friedrich Waagen (Franz Krüger, 1837)

Unten links: Christian Daniel Rauch. Foto. Rechts: Wilhelm von Humboldt. Statuette von Rauch

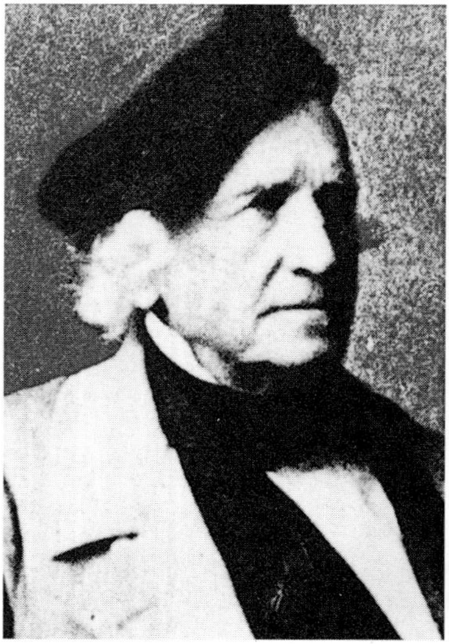

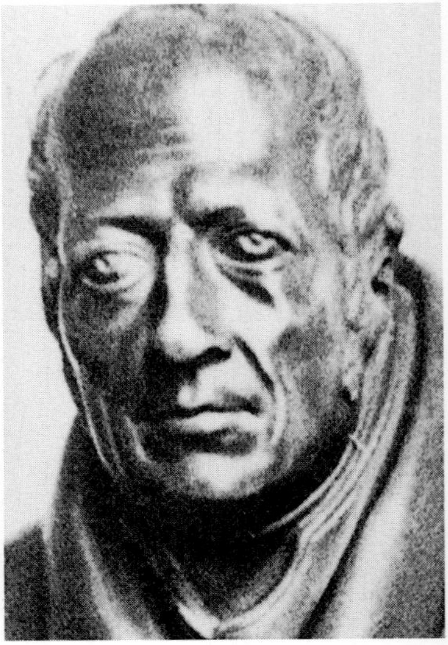

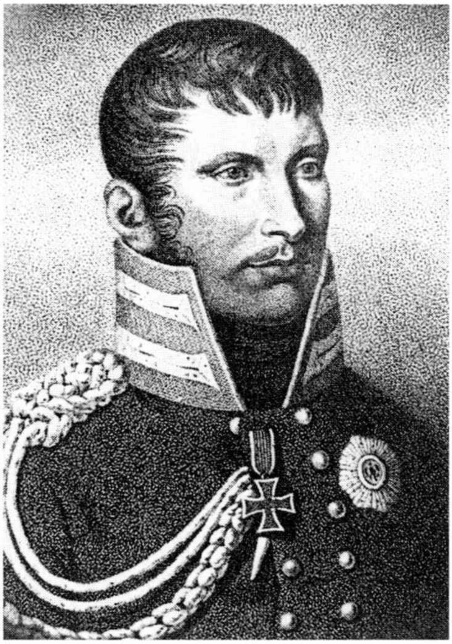
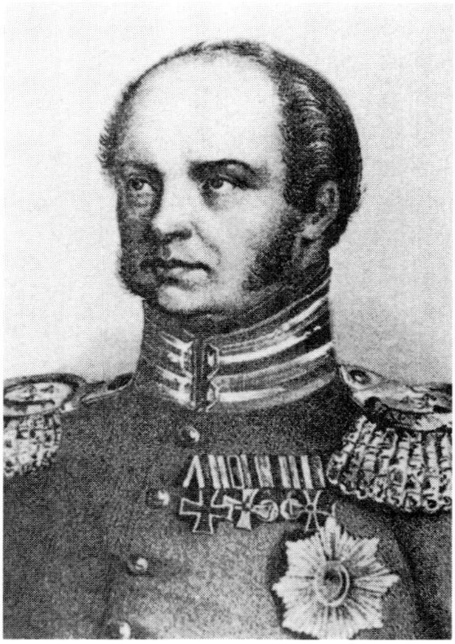

Oben links: Friedrich Wilhelm III. Zeitgenössischer Stich. Rechts: Friedrich Wilhelm IV. Lithographie, 1849

Unten links: Königin Luise. Gemälde von Josef Grassi, 1804. Rechts: Bettine von Arnim. Zeichnung von Wilhelm Hensel, Bleistift auf Karton

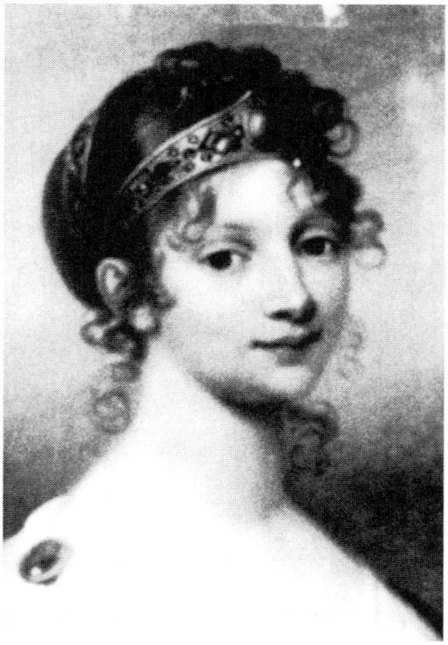
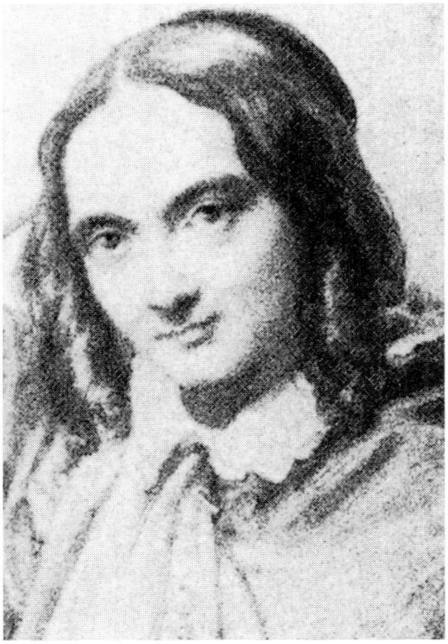

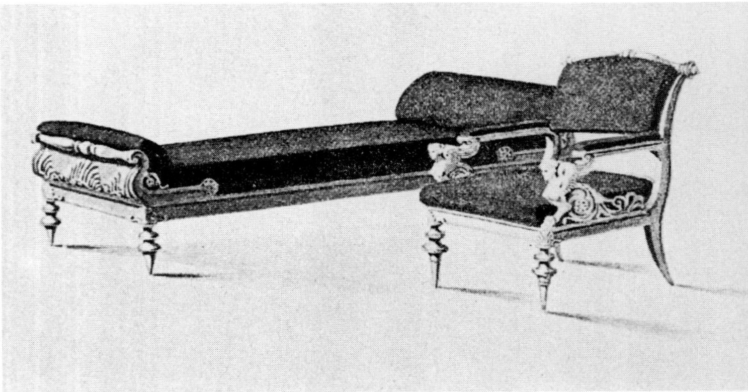

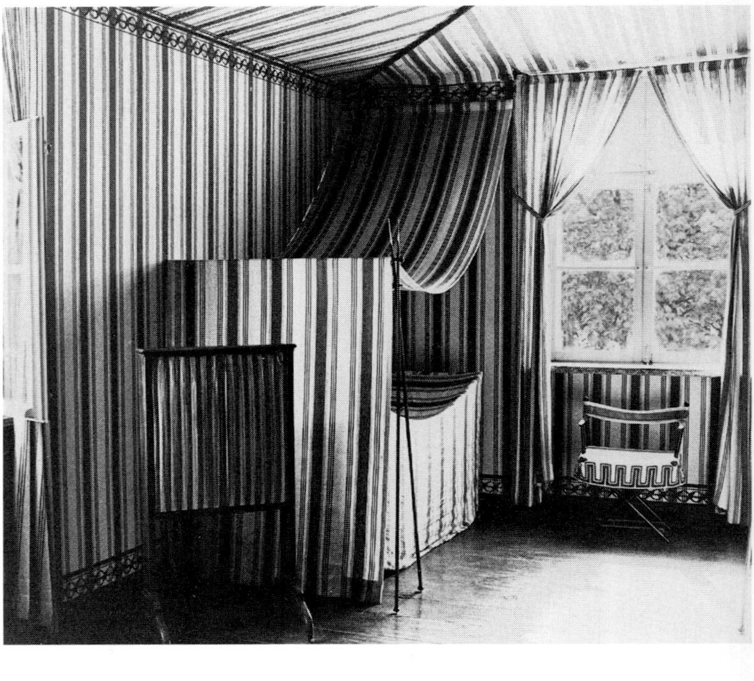

Oben: Chaiselongue und Armsessel. Aquarell von Schinkel, 1827
Unten: Zelt-Zimmer im Charlottenhof, Potsdam

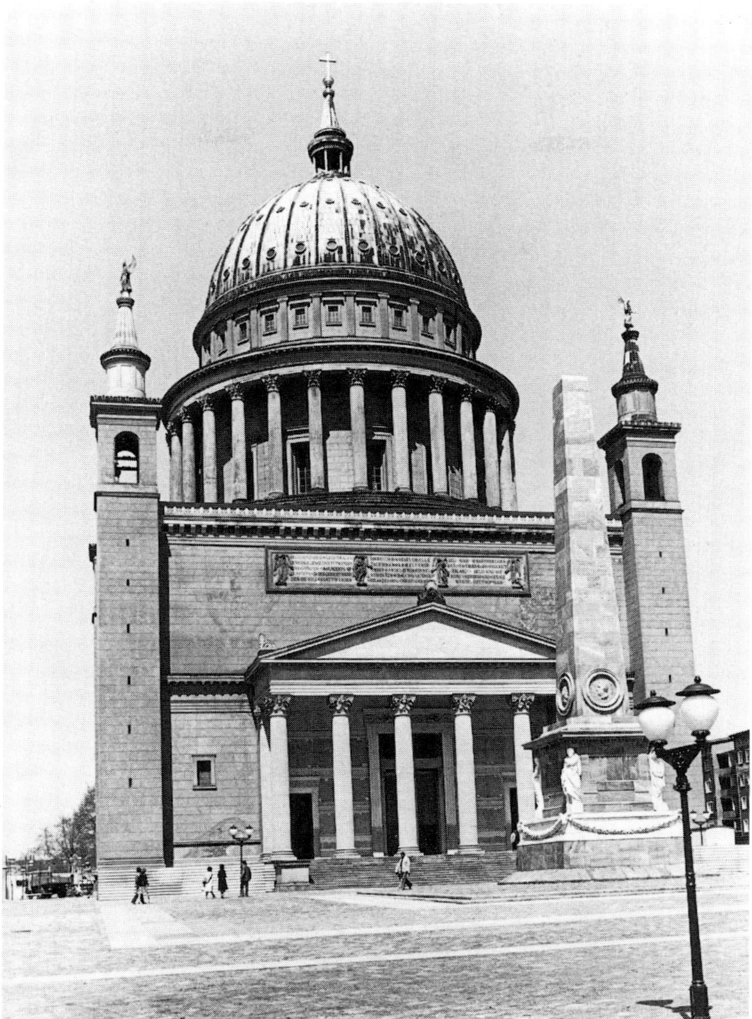

Nicolai-Kirche in Potsdam

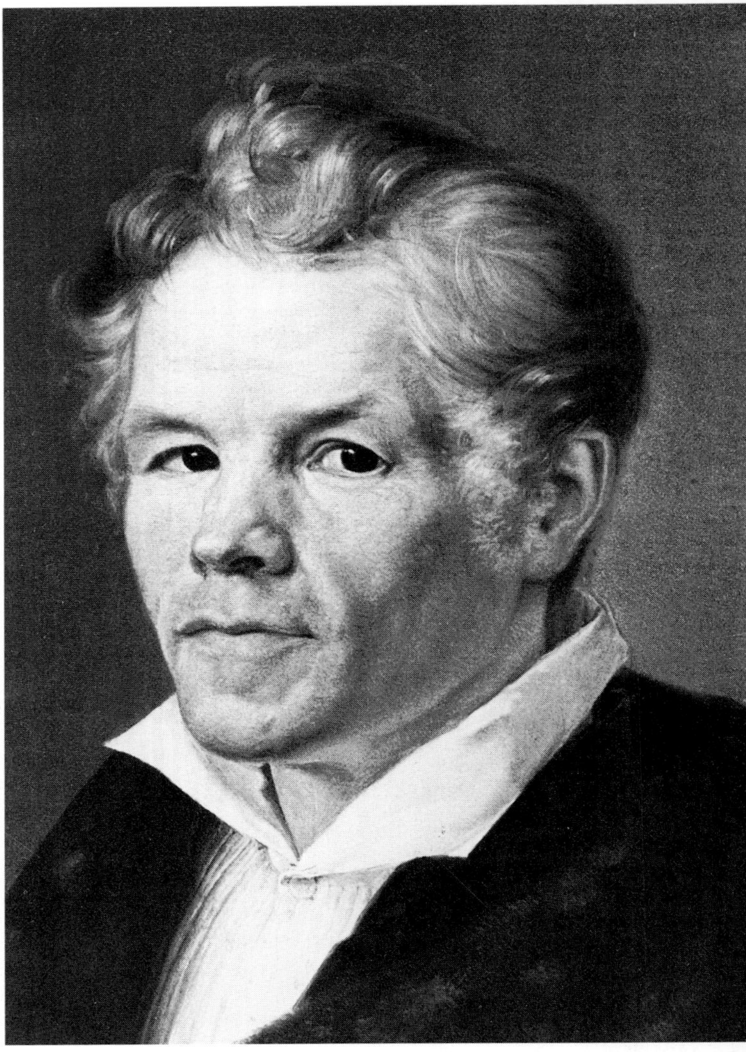

Karl Friedrich Schinkel. Porträt von Karl Friedrich Ludwig Schmid

ehrlich, denn er gesteht ihm, was er keinem anderen Briefpartner offenbart: ein bißchen Angst vor der Verantwortung zu haben. »In dem Meer von Kunstwerken«, heißt es im gleichen Brief, »in welches man hier eintaucht, können Sie denken, wie mir zu Muthe ist, stündlich werde ich erschreckt von ganz neuen Aufschlüssen über Kunst durch die Werke, welche in der vollendetsten Art die Aufgaben lösten.« Der selbst nach Vollendung Strebende wird, mit ihr in Italien konfrontiert, eingeschüchtert.

Mag auch dies zu einiger Griesgrämigkeit beitragen, so stellt sich doch heraus, daß eines über alle Launen und Zufälligkeiten hinaus seinen Glanz bewahrt hat: Rom. Am 27. August um vier Uhr nachmittags fährt man, die vielgepriesenen Fensterscheiben um der besseren Sicht willen herabgeschoben, durch die Porta del Popolo in die Ewige Stadt ein. Zur Begrüßung hat der neue preußische Geschäftsträger, Josias von Bunsen, einen »Lascia passaro«, einen Passierschein hinterlegt, so daß man gleich ohne Zollvisitation ins vorbestellte Wirtshaus weiterfahren kann.

Als wehre Schinkel sich ein bißchen gegen allzu große Begeisterung in diesem Kreise, findet er mit herabgezogenen Mundwinkeln wenigstens die Piazza del Popolo »sehr verändert, indeß viel zu modern für Rom, und die neue Architectur vom Architecten Valadier sehr ordinair«.

Mit dieser Kritik hat die schlechte Laune aber dann ein Ende: Rom überwältigt ihn erneut. Er führt seine Reisegenossen noch am gleichen Abend in die Peterskirche sowie hinauf zum Capitol und steckt sie mit seiner Begeisterung an. Den Marc Aurel und die anderen Plastiken auf dem Capitol, nicht zuletzt die monumentalen Statuen Castor und Pollux am Treppenausgang, wirken in der Nacht schon »wie dunkle Gespenster«, ehe sich die enthusiastischen Preußen losreißen können.

Man ist, dies Schinkels Äußerungen seiner Frau gegenüber, »in der Hauptstadt der Welt wieder angekommen«, wo der Geheimrat Bunsen beneidenswerterweise auf dem Capitol »die schönste Wohnung der Welt« besitzt und wo man »völlig trunken« in die Marmorsäle, »mit dem Herrlichsten der Kunst angefüllt«, hineinsieht oder »aus den Fenstern und Hallen hinaus in die weite Herrscherstadt der Welt und ihre unbeschreiblich schönen Umgebungen«.

Man könnte befürchten, daß ein solcher Schwarmgeist kurz entschlossen alle Brücken hinter sich abbricht und auf Dauer in der Stadt seiner Träume bleibt. Aber ein Mann wie Schinkel bleibt selbst in Rom ein Preuße. Er macht brav seine ersten Pflichtbesuche bei Graf Ingenheim, dem Prinzen Heinrich und natürlich Bunsen, erledigt die notwendigen Pflichten nicht nur in Rom, sondern auch in Neapel, ehe er sich in die Arme der alten Künstlerfreunde stürzt, zu denen sich schnell neue gesellen.

Gustav Adolf Wilhelm Graf von Ingenheim ist ein Sohn Königs Friedrich Wilhelm II. und seiner Gemahlin zur linken Hand, Julie von Voß. Er lebt seit sieben Jahren in Rom, selbst ein eifriger Käufer (und Wiederverkäufer) alter Kunst, der sich auch als eine Art Mittelsmann für die Berliner Sammlungen betätigt. In dieser Eigenschaft dürfte er für Schinkels in Angriff genommenes Museum wichtig sein: Ihm schließt sich der Baumeister enger an und liefert ihm ein Kunststück, das außer ihm kein anderer beherrschen dürfte. Graf Ingenheim hat Heimweh nach Berlin, und da er nahe dem Packhof ein Grundstück sein eigen nennt, plant er, sich dort ein Haus zu bauen. Schinkel, der seinen Berliner Stadtplan genau im Kopf hat, entwirft ihm aus dem Stand sofort ein solches Gebäude in gewünschter Größe.

Prinz Heinrich von Preußen ist der jüngste Bruder des regierenden Königs Friedrich Wilhelm, der ihm Untreue vorwirft, weil er sich vor den Napoleonischen Kriegen zusammen mit dem legendären Prinzen Louis Ferdinand als kriegstreibender »Falke« betätigt hat. Ein preußischer Prinz und Offizier, der sich verbotenermaßen mit Tagespolitik befaßt, verdient aus der Sicht des Königs fortdauernde Verachtung. So ist dem Prinzen Heinrich die Heimat durch brüderlichen Zorn vergällt. In Rom lebt er in halber Verbannung, ist aber wie Ingenheim ein gesuchter Ansprechpartner, wenn es um Kunstbesitz geht, der in Italien ver- oder gekauft werden soll.

Ingenheim trifft Schinkel auf der mit Waagen angetretenen kurzen Reise nach Neapel wieder, wo er für Rauch die Gießerei besucht, an einem großen Diner des englischen Botschafters teilnimmt, Paestum und Pompeji besichtigt und – sein Terminkalender ist prall gefüllt wie immer – jenen schönen Raum wiedersieht, in dem er bei seiner ersten Italien-Reise vor zwanzig Jahren gewohnt hat. Catel, der ebenfalls von Rom herübergekommen ist, malt ihm diesen und verspricht, falls Schinkel ihm sitze, seine Figur hineinzumalen. Auf der Rückreise werden Brandt und Kerrl wieder abgeholt, die die Tage anderweitig verbracht haben müssen, vielleicht froh, dem engen Zeitrahmen in Schinkels Gesellschaft entronnen zu sein.

Es ist mittlerweile Oktober geworden, und die Zeit wird knapp. Ein paar Wochen noch kann Schinkel in jenes römische Künstlerleben eintauchen, in dem er sich frei fühlt und wieder jung. Besonders gern verkehrt er bei Thorvaldsen, dem nach wie vor ungekrönten Haupt der römischen Kunstgemeinde, in dessen Wohnung in der Via Sistina sich alles zusammenfindet, was aus dem Norden Europas kommt und mit Kunst zu tun hat.

Es fehlt auch nicht am künstlerischen Nachwuchs aus Deutschland und sogar Preußen. Da ist Franz Catel, der drauf und dran ist, sich mit Können und Fleiß in Rom ein Vermögen zu erwerben. Er wird in wenigen Jahren den ersten römischen Kunstverein gründen und großenteils selbst finanzieren. Wilhelm Hensel ist ein guter Bekannter aus Berlin; er hat bei »Lalla Rookh« wie auch an der Innenausstattung des Schauspielhauses mitgearbeitet. Jetzt muß Schinkel ihn in gleichsam offiziellem Auftrag des Ministers von Altenstein ermahnen, die mit seinem Stipendium verbundenen Raffael-Kopien endlich zu liefern. »Hensel«, vertraut er seinem Tagebuch an, »wird überhaupt hier ein anderer Mann; seine Arbeiten bekommen Styl, er verliert sowohl das Süßliche als Frömmelnde.« August Grahl, ein Freund Rauchs, wird viel beneidet, weil er zusammen mit Schnorr von Carolsfeld bei Bunsen im Palazzo Caffarelli, in der »schönsten Wohnung der Welt«, untergekommen ist.

Eine sich ständig ergänzende fröhliche Runde, die in den Ateliers zu erbitterten Kunstdiskussionen zusammenfindet, um anschließend friedlich miteinander ins Theater zu ziehen, wo eine Sängerin in einer Rossini-Oper debütiert. Da die einzelnen Akte von Possen unterbrochen werden, dauert die Vorstellung von acht Uhr abends bis ein Uhr in der Nacht. »Die Primadonna«, urteilt Schinkel, »sang das triviale Zeug gut; der Bassist war vorzüglich von Stimme, alles übrige der Oper unter aller Critik.«

Beim Obristen Adolf von Lepel, einem Adjutanten des Prinzen Heinrich und Onkel des Schinkel-Freunds Bernhard von Lepel, macht er die Bekanntschaft des fünfunddreißigjährigen Heinrich Reinhold aus Gera, der als der kommende große Landschaftsmaler gilt. Schinkel: »Ich konnte nicht unterlassen, ihm die Frage vorzulegen, ob er 12 oder 16 seiner Studien weggeben würde und unter welchen Bedingungen.« Obwohl der Baumeister, der ja selbst malt, genau weiß, daß kein Künstler so etwas gern tut, »denn selten kommt man wieder an den Platz, um ein neues Studium zu machen«, willigt Reinhold zu seinem Erstaunen sofort ein. Er bittet nur, bis zu Schinkels Abreise die Blätter noch kopieren zu dürfen.

Die rasche Einwilligung erstaunt nicht, im Gegenteil – Reinhold dürfte gut beraten sein, denn es hat sich in Rom natürlich herumgesprochen, welch hohe Stellung der Kollege in der Kulturhierarchie seines Landes einnimmt. Der Preis ist mäßig, wenn auch für Schinkel, der auf allen Reisen sehr rechnen muß, keineswegs geringfügig. Er zahlt drei Louisdor pro Blatt. Der Louisdor ist eine französische Goldmünze im Wert von drei Francs, was sich bei der Anzahl der Blätter doch gehörig summiert.

Die Skizzen hat Schinkel als Mitbringsel und zugleich Ersatz für ein Weihnachtsgeschenk an seine Frau gedacht, denn das vorgesehene Festtagspräsent, Catels Bild, wird nicht mehr rechtzeitig fertig werden. Daß er wirklich knapp bei Kasse ist, bescheinigt eine Bitte, die der vorsorgliche Reisende seiner Frau jetzt schon zukommen läßt: »Zum Weihnachtsfeste selbst«, schreibt er, »wirst Du Dich also vorläufig mit meiner Person allein begnügen müssen. Aber ich wollte doch gern für die lieben Kinder etwas auftischen, was den Anschein des Mitbringens hätte, und da bitte ich Dich, liebste Susanne, etwas in der Zeit auszusinnen, was geeignet ist, ohne unsere Kasse zu sehr anzugreifen.«

Als Reinhold am Abend vor der Abreise die 16 von ihm erstandenen Landschaftsskizzen ins Wirtshaus bringt, findet er das Zimmer voller Künstler und Freunde, die Abschied nehmen wollen. Sie, die Kunstenthusiasten, sind es, »welche Rom zu einer gewissen Heimat machen«.

Über Florenz und München geht es – immer noch in der soliden italienischen Kutsche mit dem erprobten Vetturino auf dem Kutschbock – zurück in die preußische Heimat. Zwei Briefe schickt Schinkel voraus. Der eine geht nach Weimar und meldet die Reisenden bei Goethe im Frauenplan an. Den anderen erhält Frau Susanne mit der Bitte, Noack, den treuen Diener der Familie, eine Zeitungsannonce aufgeben zu lassen, in der eine günstige Fahrgelegenheit von Berlin nach Rom angeboten wird. Brandt, der »sehr trivial gewordene«, hat die Kutsche gottlob schon in München verlassen und sich nach Paris begeben. Er wäre bei Goethe auch kaum vorzeigbar gewesen: »Außer einigem Spaß, den er uns gemacht hat«, formuliert Schinkel, »hat er uns nichts genützt«, und fügt hinzu: »wohl aber wir ihm.«

Goethe überrascht seine preußischen Gäste in Weimar mit einem Menü märkisch-brandenburger Art. Zelter, der ihm die notwendigen Zutaten aus Berlin geschickt hat, erhält von ihm den folgenden Bericht: »Mit den köstlichen märkischen Rübchen haben wir gestern die Berliner Freunde tractirt; sie hielten sich kaum einen Tag auf, ich habe aber doch gar manches, besonders durch Schinkel vernommen, was mir einen hellen Blick über das neue Italien gewährt. Daß ein Mann wie dieser, der in der Kunst so hoch steht, in kurzer Zeit viel zu seinem Vortheil weghaschen könne ist naturgemäß, und es wird ihm gewiß bey den nächstbedeutenden Unternehmungen sehr zu statten kommen.«

Wie weit dieses Lob aus berufenem Mund durch einigen Abstand in den Formulierungen auch Kritik enthält, geht aus dem Wortlaut nicht hervor. Daß Schinkel »wegzuhaschen« versteht, ist fraglos richtig. Es bleibt ihm, dem zugleich als Baumeister, Maler, Designer und Kulturbeamter vielseitig Beschäftigten auch kaum etwas anderes übrig.

Der Maler Reinhold hat den Ruhm, den ihm ein umfassenderes Werk eingetragen hätte, nicht erreicht. Er ist schon ein Jahr darauf, 1825, in Rom gestorben.

Ob der brave Vetturino in Berlin jemanden gefunden hat, den er nach Rom fahren konnte, ist leider nicht überliefert.

15. Berliner Zwischenspiel

Schinkel, der auf den Geschmack gekommen ist, wird in anderthalb Jahren eine längere Dienstreise ins Ausland antreten. Bis dahin wirkt die Zeit in Berlin wie ein Zwischenspiel.

Sie füllt Schinkel mit einem Arbeitspensum, das anderen für ein Lebenswerk reichen würde. Allmählich versteht er es, Arbeitseifer und Organisation unter einen Hut zu bringen. Sein Ansehen hat sich demgemäß entwickelt, zu Hause wie auf gleichsam internationalem Sektor. Der argwöhnische Neid der Kollegen trifft ihn nicht mehr. Inzwischen steht er innerhalb der Oberbaudeputation mit an der Spitze für alle Bereiche des preußischen Bauwesens, ist Mitglied der Technischen Deputation des Handelsministeriums und des Senats der Akademie. Und kürzlich hat ihn die Akademie der Schönen Künste in Paris als auswärtiges Mitglied aufgenommen.

Zudem erfreut er sich der allerhöchsten Wertschätzung. Es ist nicht nur der König, der auf allen künstlerischen Gebieten von ihm bedient werden möchte, auch wenn er lauthals die Kosten beklagt, die Schinkel zu verursachen pflegt. Friedrich Wilhelms III. Söhne stehen dem Vater darin nicht nach. Prinz Karl, der drittälteste Sohn, hat soeben von den Erben Hardenbergs die so malerisch an der Landstraße nach Potsdam am Havelufer gelegene Besitzung Klein-Glienicke erworben. Den standesgemäßen Ausbau legt er Schinkel in die Hände, die Gestaltung der

Gärten überträgt er Lenné und dem Fürsten Pückler. Da es in deutschen Landen derzeit kaum bessere Fachleute gibt, entsteht eines der hübschesten und heitersten Bauensembles Preußens, dem Schinkel das Tüpfelchen auf dem i, eine besonders schöne steinerne Bogenbrücke, hinzufügt. Sie ist bedauerlicherweise später abgerissen und durch eine Eisenkonstruktion ersetzt worden, die nur wenig in die idyllische Havellandschaft paßt. Dennoch erlangte sie Weltruhm, als sie während des Kalten Krieges dem Austausch von Spionen zwischen den westlichen Alliierten und der Sowjetunion diente.

Näher als Prinz Karl steht Schinkel jedoch der künftige König. Friedrich Wilhelm, bald dreißig und seit kurzem verheiratet, bereitet sich auf die Thronfolge vor, indem er sich im Berliner Stadtschloß von Schinkel eine Wohnung einrichten läßt. Anders als sein Vater, der einen eher bürgerlichen Geschmack hat, sieht er auf Repräsentation. Und so kommt es für Schinkel zu einem doppelten Doppelspiel: während zwei öffentliche Gebäude von ihm, das eine im klassizistischen Stil (das Neue Museum) und das andere in Neu-Gotik (die Friedrich-Werdersche Kirche) gebaut werden, richtet er dem Kronprinzen eine pompöse Wohnung ein, mit Sternensaal, Teesalon, Raffaelkabinett und allem Drum und Dran, gleichzeitig aber dem Vater ein relativ bescheidenes Heim nahe dem – ebenfalls schlichteren – Schloß Charlottenburg.

Friedrich Wilhelm III. hat im November, kurz vor Schinkels Rückkehr aus Italien, wieder geheiratet, wenn auch nur morganatisch. Die zur Fürstin von Liegnitz erhobene Auguste Gräfin von Harrach ist zurückhaltend genug, sich nicht an die Stelle der im Volk noch immer populären Königin Luise setzen zu wollen. Der König läßt ihr – und sich – ein Domizil im Charlottenburger Schloßpark errichten.

Den Monarchen wie seinen Baumeister dürfte der Auftrag mit Wehmut nach dem Süden jenseits der Alpen erfüllt haben. Vor zwei Jahren war Friedrich Wilhelm auf einer Italien-Reise in der neapolitanischen Villa Chiatamone abgestiegen und hatte von dem Bau so geschwärmt, daß Schinkel sich bei seinem zweiten Aufenthalt in Neapel eigens in der Albergo alla Grand'Europa »eine schöne, zwar theure Wohnung« nahm. Von dort aus hatte er einen direkten Blick auf die königliche Villa. Dank seinem phänomenalen architektonischen Gedächtnis kann er das Charlottenburger Sommerhaus in den wichtigsten Details – den das ganze Gebäude umlaufenden Außengalerien und den vier Loggien, an jeder Seite eine – dieser Villa nachempfinden. Lenné, dem die gärtnerische Seite obliegt, kann er zudem übermitteln, wo die Kübel mit den Palmen und Aloen stehen müssen, um die in Neapel festen Anpflanzungen wenigstens anzudeuten. Es gelingt auf diese Weise keine Kopie, aber eine Art Erinnerungsarchitektur, die ihren eigenen Reiz hat.

An den beiden nach Schinkels Entwürfen im Bau begriffenen Hauptwerken hat sein Stellvertreter, der Oberbaurat Schmid, in seiner Abwesenheit die Arbeit am Fundament des Neuen Museums, die die Absperrung eines Arms der Spree erforderlich machten, so kräftig vorangetrieben, daß mit dem Mauern angefangen werden kann. Aber Schinkel wird schon wieder fern der Hauptstadt, diesmal in London, weilen, wenn ihm sein Freund Rauch berichtet: »Der König freut sich sehr daran, daß der Bau des Museums so gut vorschreitet. Ich hatte mich selbst überzeugt, wie schön und geräumig das Ganze in der Wirklichkeit sich ausnimmt und wie tüchtig das alles ausgeführt wird.« An Vorschußlorbeeren mangelt es tatsächlich nicht. Wiederum Rauch an seinen Dresdner Freund Böttiger: »Nach meiner Ansicht wird dieser Bau Schinkels Meisterstück werden.«

Der Bau der Friedrich-Werderschen Kirche dagegen wird sich noch etliche Jahre hinziehen. Schinkel beschäftigen derweil eine Fülle neuer Projekte, manche schon skizziert, aber noch nicht genehmigt, relativ fest eingeplant, finanziell jedoch noch nicht abgesichert. Ob Hof oder niederer Adel, Kaufmannschaft oder staatliche Behörden, es sind alle Schichten, wie es scheint, versessen auf diesen Baumeister, dem Namen nach Ersten in Preußen – wenn auch noch nicht im Rang.

Der Kronprinz hat von seinem Vater zur Hochzeit mit der bayerischen Prinzessin Elisabeth ein Grundstück geschenkt bekommen, das an den Potsdamer Park grenzt. Wer soll ihm darauf ein Schlößchen bauen, Charlottenhof, sowie noch einiges Romantische dazu? Natürlich Schinkel (und auch Lenné bekommt erneut zu tun). Prinz Karl hinwiederum möchte Klein-Glienicke um einen Bau erweitern, zu dem ihm Schinkel selbst den Floh ins Ohr gesetzt hat: ein langgestrecktes Kasinogebäude direkt am Havelufer.

Schinkels Entwürfe für Gebrauchsgegenstände reichen diesmal von zwei Kandelabern, die er für die Feilnersche Manufaktur entworfen hat und in der diesjährigen Akademieausstellung zusammen mit zwei neu entstandenen Gemälden ausstellt, bis zu einheitlichen Rahmen für alle Bilder im künftigen Neuen Museum. Erst kürzlich hat er die rheinische Burg Stolzenfels des Kronprinzen besucht und die Burg Rheinfels (eigentlich Voigtsburg), die Prinz Friedrich, des Königs Neffe, geschenkt bekommen hat – zum Wiederaufbau vorgesehene Ruinen, erweisen sich beide als Danaergeschenke. Auch Bagatellen müssen erledigt werden, beispielsweise eine geeignete Rampe für das Schloß Muskau in der Lausitz oder einen Umzug der Anatomie in das freigewordene Gebäude der Pepiniere, wie sich Preußens Militärärztliche Akademie nennt.

Zu den Bühnenbildern, die Schinkel entwirft, gehören solche zu *Macbeth* sowie *Armide*. Der Arbeitsanfall veranlaßt ihn doch eine Tätigkeit aufzugeben, die ihn am Anfang seiner Laufbahn sogar ernährt hat: das Malen. Seine letzte größere Arbeit auf Leinwand, zwei Meter lang, faßt zumindest die eine Hälfte seines Schönheitsideals zusammen. Das Bild heißt »Blick in Griechenlands Blüte« – auf einer Anhöhe wird ein Tempel erbaut, und von der Baustelle sieht man weit hinein in ein blühendes Land mit Wohnhäusern, Sportstätten, Theatern und weiteren Tempeln. Das Original ist ein Geschenk der Stadt Berlin an die jüngste Tochter des Königs, nach ihrer Mutter Luise genannt, anläßlich ihrer Hochzeit mit Prinz Friedrich der Niederlande, der später einmal Fürst Pücklers ehemaligen Hauptsitz, Muskau, erwerben wird. Das Bild ist oft kopiert worden, nicht zuletzt im Auftrag des Kronprinzen von Carl Beckmann für das Schloß Charlottenhof.

Ein neues Sorgenkind wird der vom Museumsneubau vertriebene Packhof, um den es einiges Gerangel gibt, weil Schinkel bereits eine Baustelle ausersehen und den Entwurf dafür dem König eingereicht hat.

Ein ungewöhnliches architektonisches Projekt wird für Kap Arkona, Insel Rügen, in Auftrag gegeben: Dort soll ein neuer Leuchtturm entstehen. Als Architekt ausersehen ist natürlich Schinkel, der sofort zupackt.

Eines bestätigen alle Zeitgenossen: Reisen, so schwierig und anstrengend sie sich gestalten, sind Schinkel eine Erholung vom Alltag. So wird er nach all der Arbeitsüberlastung am 16. April 1826 tief aufgeatmet haben, als er eine gut viermonatige Reise antritt, die ihn gleich in zwei europäische Hauptstädte führt. Die Reise läßt sich überdies besser an als die nach Italien, denn einziger Begleiter ist diesmal der Erz- und Urfreund Beuth.

Oder sollte man es andersherum sehen? Es kann gut sein, daß Schinkel eher Beuths Begleiter auf dieser Reise sein wird. An Ansehen im Staate stehen sie einander nicht nach, und wessen Aufgaben man für wichtiger hält, ist Ansichtssache; die beiden Freunde schert das wenig. Schinkels offizielle Aufgabe liegt jedenfalls im Besuch der wichtigsten Museen, damit er Anregungen für die künftige Innengestaltung des Neuen Museums sammeln kann.

Auf das, worauf Beuth aus ist, werden wir noch zu sprechen kommen.

16. Nach Großbritannien

Mit vierzig beginnt das Alter der Jugend«, sagt Victor Hugo. »Mit fünfzig beginnt die Jugend des Alters.« Das mutmaßlich authentischste Bildnis Schinkels stammt aus seinem fünfundvierzigsten Jahr.

Gemalt hat das Porträt Carl Begas – Fotos oder Daguerreotypien sind von Schinkel nicht überliefert. Den Namen Begas hat der Sohn des Malers, Reinhold, der Bildhauer wurde, erst so richtig berühmt gemacht. Aber es gibt kein treffenderes und lebendigeres Bildnis Schinkels als dieses 1826 entstandene, das heute im Schinkel-Pavillon hängt. Schinkel ist oft gemalt worden, aber die meisten Porträtisten – so auch Hensel – haben gemeint, ihn idealisieren zu müssen.

Daß Begas ihn authentisch abgebildet hat, wissen wir von Agnes Rauch, die kurz nach der Abreise des Hausherrn, am 21. April 1826, Frau Susanne besucht und, verblüfft von diesem Porträt, ihrem Vater berichtet: »Bei meinem Eintritt in das Wohnzimmer überraschte mich Schinkels Porträt auf das aller angenehmste, in einem so hohen Grad hatte ich mir die Ähnlichkeit gar nicht gedacht, welcher Ausdruck in Auge und Mund, je länger man es ansieht, je mehr macht man die Bemerkung wie richtig und wahr jeder Zug aufgefaßt ist. Mad. Schinkel nennt es auch ihr bijou [Juwel], von dem sie sich nie trennen will, auf der Reise nach Stettin wird es ihr Begleiter sein.«

Frau Susanne fährt wieder mit ihren Kindern zu ihrer Schwester, deren Mann kurz zuvor gestorben ist. Ihr Plan ist wohl, ihren Bruder Wilhelm zu bewegen, sich um die kinderlose Karoline Kuhberg zu kümmern, die die alte Mutter pflegt, und nach Stettin zu ziehen. Schinkel scheint – wie wir aus den kargen Äußerungen des Ehepaars in dessen Briefen herauslesen müssen – dagegen zu sein. Er fürchtet, das werde der Karriere seines Schwagers schaden, der während seiner Abwesenheit wieder bei einigen Projekten für ihn die Bauaufsicht führt.

Man sieht dem Porträt an, daß der Mann auf der Leinwand problembeladen ist. Nicht daß er scheu oder verzweifelt wäre. Aber Mund und Augen, auf den meisten Bildnissen von beinahe femininer Anmut, wirken hart und ein bißchen verkniffen. Trotzdem blickt ein Optimist den Betrachter an, eine Kämpfernatur, zugleich ein Skeptiker, der weiß, daß einem ungeachtet noch so großer Anstrengung nicht alles im Leben gelingen kann.

Größere Sorge als Karoline Kuhberg und Wilhelm Berger bereitet ihm Karl Raphael, der – jetzt im dreizehnten Lebensjahr – wie Schinkel es ausdrückt, »in seinen Studien« (wir würden heute sagen: in der Schule) zurückgeblieben ist. Über dessen Zukunft macht Schinkel sich schwere Gedanken, das geht aus seinen ständigen Bitten in den Briefen hervor, ja darauf zu achten, daß Karl »seinen Studien« nachkommt. Kein Brief von unterwegs, der nicht wenigstens am Ende darauf zu sprechen käme. Ein Privatlehrer für Latein und Französisch wird vorgeschlagen und eine silberne Uhr versprochen, wenn Karl sich gut beträgt: »Sag ihm dies, liebste Susanne!«

Schinkel ist ein fürsorglicher Mensch, hegt aber bisweilen auch unnötige Bedenken. Die Freundschaft mit Beuth beruht darauf, daß sich Gegensätze mitunter anziehen. Beuth ist zwar ein strengerer Charakter, aber er nimmt das Leben lässiger als sein Freund Schinkel. Er ist ein ebenso überzeugter Junggeselle wie seine Schwester Elisabeth, die ihm – eher schlecht als recht – den Haushalt führt.

Gemalt hat ihn Franz Krüger, dessen Porträts psychologisch nicht weniger aufschlußreich sein können als die von Begas. Das Bild zeigt einen wohlgenährten jungen Mann mit Franz-Schubert-Brille, dem nicht nur die Gourmandise, sondern auch eine gehörige Portion Humor ins Gesicht geschrieben steht. Er kann auf höfliche Weise außerordentlich direkt und zielstrebig sein, verbirgt, anders als Schinkel, seine Energie hinter der Maske eines Erfahrenen, der alles versteht.

Wahrscheinlich kann er sich unter Freunden auch über sich selbst lustig machen. Unter den vielen Briefen an Schinkel, die aufbewahrt worden sind, kann man nur die seinen als wirklich locker bezeichnen. Sie beginnen stets mit »Mein theurer Freund«, ziehen den Freund dann regelrecht auf, um gleich danach mit einem Feuerwerk sprachlicher Pointen zum Punkt zu gelangen. So trocken sich das meiste liest, was von Beuth an Reden oder sonstigen offiziellen Texten überliefert ist, verraten seine Briefe, daß in ihm unter anderem ein Literat steckt. Sein Stil ist weit erzählerischer als beispielsweise der Schinkels. Die Amtssprache hinterläßt in Beuths Privatleben keine Spuren.

»Wohl dem, der kein Ehemann ist«, beginnt zum Beispiel ein Brief, den er seinem Freund aus Manchester geschrieben hat. Damit spielt er darauf an, daß sich Schinkel seit langem bemüht, den Freund zum Heiraten zu überreden. Auf diese Einleitung folgt dann ein mit Pointen gespickter Bericht ganz anderer Art. Denn Schinkel liest weiter: »... in einem Lande, wo er am 10. Juli Kaminfeuer veranlassen muß, um auch nur etwas trokkene Luft zu haben; in einer Stadt, die wegen der Nässe der Nachttopf von England heißt; krank in seiner Einsamkeit ohne einen Bekannten; dabei mit einem Leibe voller Ärger über Andere. – Wenn so ein Junggeselle, wie ich, dabei melancholisch wird, was soll dann mit einem Ehemann werden, der an Frau und Kinder denkt und sich nicht mit zwei Dingen trösten kann, wie ich, nämlich daß das Glück seine einäugige Aufwärterin in eine junge sehr hübsche verwandelt hat, und daß die Junggesellen in England zum Anerkenntniß ihrer Tugenden mit zwölf weißen Federbüschen auf dem Leichenwagen begraben werden.«

Der anglophile Beuth versucht schon eine Zeitlang, seinen Freund nach England zu lotsen, und er versteht es, ihm das Land auf raffinierte Weise schmackhaft zu machen. Jemanden wie Schinkel überzeugt man leichter mit realitätsnahem Humor als mit übertriebenem Lob. Wer hat den Engländern die »Überbetonung des Unterbetonten« nachgesagt? Beuth hat sie sich ebenfalls perfekt angeeignet.

Jetzt ist es also so weit. Das höchste Amt hat zugestimmt, die Reise ist genehmigt, die preußischen Gesandtschaften, Botschaften, Konsulate sind benachrichtigt. Jetzt können es sich die beiden in der Kutsche, die sie zunächst nach Weimar bringen soll, bequem machen.

Allerdings ist Schinkel von Frau Susanne wohlversorgt zugestiegen. Der zerstreute Beuth muß, wie immer etwas außer Atem, feststellen, daß seine Schwester ihm, der nicht nur ein Feinschmecker ist, sondern auch ein Connaisseur edler Tropfen, billigen Rotwein statt Porter mitgegeben hat. Zum Glück findet Schinkel ein paar Flaschen Tokaier, die Susanne ins Gepäck zu schmuggeln pflegt. Damit können sie nun fröhlich anstoßen, um so mehr, als sich etwas ereignet, das sie als glückbringendes Omen betrachten: Die Kutsche muß vor Zehlendorf, damals noch ein Dorf im Süden von Berlin, durch eine Schafherde fahren, die die ganze Straße einnimmt. Schäfchen zur Rechten und zur Linken nehmen die beiden als günstigen Auftakt ihrer Reise.

Sie bleibt natürlich nicht so fröhlich, hinterläßt aber keinen bitteren Nachgeschmack wie die nach Italien. Beuth ist kein Brandt, auch wenn sich herausstellt, daß er, »übler Laune wegen«, wie Schinkel es ausdrückt, einen nicht sehr liebenswerten Eindruck machen kann. In solcher Situation reagiert er freilich sehr gescheit: Er zieht sich zurück.

Der Besuch bei Goethe wird diesmal ein wenig getrübt, weil dem Dichter »nicht ganz wohl war, auch wegen Geschwulst am

Kinnbacken Pflaster trug«. Trotzdem werden sie sich geschmeichelt gefühlt haben, als ihnen »die junge Goethe« (Ottilie, die Schwiegertochter, die Goethe das Haus führt) mitteilt, »daß er schwerlich die Krankenstube verlassen haben würde, wenn nicht solche Gäste gekommen wären«. Wie verschieden Gast und Hausherrn die Zeit vergehen kann, zeigt Schinkels Notiz an seine Frau: »Übrigens unterhielt er sich zwei Stündchen sehr heiter mit uns«, und Goethes Tagebucheintrag: »Die Herren Schinkel und Beuth, von Berlin nach Paris und London gehend, brachten architektonische und sonstige Abbildungen mit. Unterhielten sich mit mir und Ottilien eine Stunde.«

Abbildungen spielen damals eine große Rolle und sind sehr begehrt. Die Zeit hat noch keinen Überfluß an Bildern, im Gegenteil, um sich an Bildern zu erbauen, gehen Durchschnittsmenschen in die Kirche und anspruchsvolle Bürger in die Bibliotheken, deren graphische Kabinette ebenso frequentiert werden wie der Lesesaal.

Was Schinkel und Beuth mit sich führen, beruht auf ihrer seit sieben Jahren gemeinsamen Arbeit an den Blättern *Vorbilder für Fabrikanten und Handwerker*, die Beuth, getreu der Tradition David Gillys, jetzt aber mit Blick auf die Industrialisierung von Land und Gewerbe, herausgibt. Schinkel fügt den *Vorbildern* die notwendigen Werkskizzen und sorgfältig ausgeführten Zeichnungen hinzu. Er und Beuth sprechen untereinander von ihren »Musterbüchern«. Das trifft es genau. In Preußen darf jeder die Entwürfe kostenlos benutzen, was zwei Vorteile hat: gefördert wird eine gewisse Rationalisierung der handwerklichen Voraussetzungen, und die neu entstehenden Werkstücke sind, um es im Fachjargon auszudrücken, »gebrauchstauglich und formschön«.

Schinkel beläßt es nicht dabei. Er zeigt Goethe – und später unzähligen anderen, die sie auf ihrer Reise kennenlernen oder wiedersehen – die bisher entstandenen Tafeln seiner *Sammlung architektonischer Entwürfe*, seines Oeuvre-Katalogs, den er schon seit 1819 fortlaufend herausgibt. Er hat früh gelernt, daß tatsächlich Gebautes nur den geringen Teil eines architektonischen Gesamtwerks ausmachen. Wie bei einem Eisberg bleibt der Großteil der Arbeit unsichtbar, nämlich Skizze, Entwurf, wird verändert oder nie verwirklicht. In seinen *Architektonischen Entwürfen* ist beides vereinigt, Gebautes und Ungebautes. Wichtigen Leuten (oder die ihm wichtig erscheinen) schenkt er Drucke seiner schönen Umrißzeichnungen. Sie nehmen sich auch als Wandschmuck sehr dekorativ aus und, dabei gesagt, untermauern weiterhin seinen Ruhm. Auch dem alten Goethe wird er ein paar Blätter übereignet haben. Von den Musterbüchern wie auch von den Oeuvre-Beispielen führen die Herren anscheinend ein reiches Sortiment im Gepäck mit.

Die Reise geht zunächst ins Rheinland, wo mit dem Landesbauinspektor Lassaulx der Wiederaufbau der Rheinburgen besprochen werden muß. Die Aussprache ist dringend notwendig und hat ihre peinlichen Seiten. Dabei kennen sich Schinkel und Johann Claudius de Lassaulx aus Berlin. Sie kommen als Architekten wie als Beamte nicht immer gut miteinander aus. Um eine langwierige Geschichte kurz zu umreißen: de Lassaulx hat Schinkels Stolzenfels-Entwurf abgeändert und Schinkel die Baupläne von Schloß Rheinfels des Inspektors de Lassaulx.

Da kann es selbst in der festumrissenen Beamtenhierarchie Schwierigkeiten geben, die Lassaulx – nicht ungeschickt – vermeidet, indem er einen alten gemeinsamen Freund mitbringt: Clemens Brentano.

Die Frage ist, ob Schinkel die Idee so gut findet. Er hängt zwar an seinem frühromantischen Kumpan von einst, hat sich sogar vorgenommen, ihn in Koblenz aufzusuchen. Ein Zusammentreffen in strikt privatem Zirkel wäre ihm in diesem Fall aber bestimmt lieber. Nicht immer unterscheidet Schinkel Privates von Beruflichem so streng. Bei Brentano ist man jedoch vor Überraschungen nicht gefeit.

Schinkels Kommentar über die Begegnung klingt jedenfalls wenig enthusiastisch. Brentano, schreibt er Frau Susanne, sei »in seinem Wesen noch ziemlich der alte, nur quälte er etwas stark mit seiner Nonnengeschichte«. Er fügt später ein bißchen vorwurfsvoll, hinzu: »Du kannst leicht denken, wieviel von Dir die Rede war. De Lassaulx ist nach Brentanos Aussage in dich verliebt...«

Sein Unbehagen dem alten Freund gegenüber scheint berechtigt. Mit der letzten Bemerkung hat ihm dieser einen Floh ins Ohr gesetzt, der nicht gerade zum guten Einvernehmen mit dem Landesbauinspektor beitragen dürfte. Brentano, vor sieben Jahren zum Katholizismus übergetreten, beschäftigt sich seither mit kaum etwas anderem als dem, was Schinkel »seine Nonnengeschichte« nennt, nämlich die Visionen der inzwischen verstorbenen stigmatisierten Nonne Anna Katharina Emmerich aus Dülmen. Seine später erschienenen Aufzeichnungen über *Das bittere Leiden unseres Herrn Jesu Christ*, werden ihn zeitweilig weltberühmt machen, weniger sein abgebrochenes romantisches Frühwerk.

Schinkel ist gewöhnlich ein guter und treuer Freund. Seine Freundschaften halten meist ein Leben lang, wovon die vielen Kontakte zu ehemaligen Schulkameraden Zeugnis ablegen. Auch diese beiden Freunde werden sich noch einmal wiederbegegnen, und zwar in München. Da ist Brentanos Buch über die grausamen Leiden der Visionärin schon so etwas wie ein früher internationaler Bestseller.

Das jetzige Zusammentreffen zeugt auch auf Brentanos Seite von Abkühlung: »Ich bin viel mit Schinkel«, schreibt er seiner Freundin, »ich weiß nicht, aus welcher Treue und Liebe.«

Welche Rolle Beuth bei diesem traurigen Wiedersehen spielt, ist nicht bekannt. Spielt er überhaupt eine? Oder ist er, der Praktiker, über derartige Sentimentalitäten erhaben? Ihm widerfährt dafür in Trier ein Ungemach, wie es Schinkel nie zustößt. Sein Lederkoffer gerät in Kollision mit dem Spannagel des Kutschwagens. Was immer ein Spannagel sein mag, dieser jedenfalls hat den Koffer durchbohrt und sämtliche weißen Hemden dazu, die Mamsell Beuth ihrem Bruder auf die Reise mitgegeben hat. Nicht an sie wendet man sich eilends um Abhilfe, sondern an Susanne Schinkel. Sie scheint ohnehin die Hemdengröße Beuths genau zu kennen, denn davon ist im Expreßbrief Schinkels an seine Frau nicht die Rede. Man wird auch niemals erfahren, ob und wann die neuen Hemden wo angekommen sein mögen.

In Trier steht an erster Stelle die Porta Nigra auf dem Programm, die dem Oberbaurat seit jeher am Herzen liegt. An ihr haben vorher bereits Freund und Feind einige Denkmalspflege betrieben, so Napoleon und nach ihrem Sieg über den Kaiser der Franzosen 1815 die Preußen. Schinkel hat sich schon 1816, als er die ersten Verhandlungen mit den Boisserées führte, dafür eingesetzt, die späteren Ergänzungen an dem Bauwerk aus dem zweiten Jahrhundert zu beseitigen und einer völligen Instandsetzung und Wiederherstellung das Wort geredet. Wenn er gefragt würde, welche Stadt er außer Rom bevorzuge, würde Schinkel sicher Trier genannt haben. Die Antike ist hier nahe.

Übernachtet wird im nahen Mettlach, wo die beiden bei Herrn Buschmann, den Schinkel als einen Freund Beuths bezeichnet, zu Gast sind: »Wir aßen sehr schön zur Nacht, schliefen dann in Prachtzimmern und Prachtbetten vortrefflich.« Haben die beiden Dienstreisenden den vorigen Tag mit einer eingehenden Besichtigung der Altertümer Triers verbracht, so widmen sie den nächsten einer ebenso eingehenden Besichtigung der Wunder, die der Fabrikant Jean-François Boch-Buschmann vorzeigen kann. Er hat eine Steingutfabrik aus dem Boden gestampft, aus der im Laufe der Zeit durch industrielle Zusammenlegung die Firma Villeroy & Boch hervorgegangen ist, eines der zeitweise größten keramischen Unternehmen der Welt.

Beuths Hauptinteresse gilt natürlich den Fabriken. Doch inzwischen scheint Schinkel genauso versessen auf technische Neuerungen. Bei Saarbrücken geht es über die französische Grenze, wobei den beiden Reisenden dank ihrer diplomatischen Pässe gegen eine Gebühr von nur fünf Francs die Kontrolle erspart bleibt. Das erste, was sie in Metz aufsuchen, ist wieder ein Industrieunternehmen, diesmal »eine Mehlmühle, durch eine

Feuermaschine [Dampfmaschine] angetrieben«. Schinkel weiter, wie zur Beruhigung seines musischen Gewissens: »Die Situation war zugleich angenehm malerisch«, denn das Werk ist »sinnreich in den Räumen eines alten Schlosses eingerichtet.«

Mag Schinkels Sinn vorwiegend auf die Einbeziehung des Überkommenen gerichtet sein und der Beuths auf Neuschaffung und Modernisierung, so sind sie doch Zeitgenossen, deren Geschmack und Vorlieben sich irgendwo treffen. Beide ziehen sie, preußische Beamte, letztlich am gleichen Strang.

Denn, so umreißt es der Beuth-Biograph Helmut Reihlen kurz und grundsätzlich: »Für die Modernisierung der gewerblichen Produktion setzte England die Maßstäbe.« Dort ist die Dampfmaschine erfunden und vielseitig verändert worden, von dort hat die »industrielle Revolution« ihren Ausgang genommen, die wie die großen politischen Revolutionen, die Amerikanische und die Französische, das Leben der Menschheit grundlegend verändern sollte. Man mußte versuchen, möglichst viel vom englischen Ingenieurs-Impuls auf das eigene Land zu übertragen.

Dazu bediente man sich einiger Möglichkeiten, die man gewöhnlich nicht zu den ehrenwertesten zählt, die sich aber auf ein angeblich altes urenglisches Sprichwort berufen konnten: *Right or wrong – my country!* Im übrigen mußte man, wenn man besonnen vorging wie zum Beispiel Beuth, nicht einmal die Grenze zur Illegalität überschreiten.

Beuth hatte 1814 während der Freiheitskriege in Lüttich bei dem Engländer William Cockerill im Quartier gelegen, der mit seinem Sohn John dort eines der größten industriellen Unternehmen auf dem Festland errichtet hatte. Da lag es nahe, Vater und Sohn nach dem Krieg in das mit England verbündete Preußen zu berufen, wo sie in Berlin, Cottbus, Grünberg und Guben große Textilfabriken gründeten. Zur Zeit der Reise nach Paris und London lebt William in Guben, während John nach Seraing bei Lüttich zurückgekehrt war um ihre dortige Maschinenbauanstalt zu leiten. Beuth und Schinkel werden ihn anschließend dort sogar besuchen.

Abwerbung? Am Ende schafft man dem englischen Erfindungsgeist auf diese Weise neue Betätigungsfelder und Absatzmärkte. Eine andere Sache ist die Aneignung von technischen Errungenschaften, die damals noch nicht von einem international anerkannten Patentrecht geschützt werden. Was wir heute schlicht Industriespionage nennen, ist damals mächtig im Schwange. Zahlreiche Fabrikanten, aber ebenso Staatsmänner wie der Reichsfreiherr vom und zum Stein und Fürst Hardenberg, letztlich auch Beamte wie Schinkel und Beuth, »haben sich«, so Reihlen, »immer wieder auf die Reise gemacht, um sich in Frankreich, in den Niederlanden und Belgien, vor allem in England Kenntnisse über Nachahmenswertes zu beschaffen«.

Anläßlich der Gründung seines »Vereins zur Beförderung des Gewerbefleißes in Preußen« versicherte Beuth den Interessierten: »Ein Staat, der wie der preußische seinen Fabrikanten nicht durch Einfuhrverbote oder abnorme Eingangsabgabenprämien bewahrt, die es überflüssig machen, sich viel um sie zu bekümmern, der sie vielmehr dem Wind und Wetter der Konkurrenz aussetzt, hat auch die Pflicht, sie mit den Mitteln bekannt zu machen die Konkurrenz siegreich zu bestehen.«

Dieser Pflicht kommt Beuth nach, indem er in England interessante Maschinen oder Maschinenteile einkauft, sie womöglich aus dem Lande schmuggeln läßt, um diese an preußische Industrielle zu verleihen. Diese müssen sich freilich bereiterklären, jedem weiteren Interessenten die Maschinen auf Wunsch vorzuführen. Der Freiherr vom Stein wurde erwischt, als er einen angeblichen Landschaftsmaler mit ins Land brachte, der sich als Industriezeichner entpuppte. Tausend Reichstaler gibt der zweiunddreißigjährige Maschinenbauer Egells aus Berlin auf einer einjährigen Studienreise in England an Bestechungsgeldern aus. Nach seiner Rückkehr kann er zu Hause eine »Musteranstalt des Maschinenbaus« einrichten und überdies Beuth einiges Material zur Verfügung stellen.

Denn Beuth veröffentlich sogenannte *Verhandlungen*, regelmäßige Berichte über die Tätigkeit seines »Beförderungs-Vereins«, und in ihnen findet sich eine Rubrik namens »Original-Abhandlungen«, in denen Industriegeheimnisse für Fachleute verraten werden. In seiner »Technischen Schule« gibt es ferner eine Modellsammlung, in der man Ähnliches in direkter Anschauung nahegelegt bekommen kann. Kein Wunder, daß die beiden Freunde nicht nur Museen ansehen, in denen sie die mitgeführten 1000 Taler ohnedies nicht ausgeben können, sondern auch Fabriken. Schinkel bringt fast mehr Zeichnungen von Webstühlen, Hochöfen, Drehbänken, Holzraspelmaschinen und dergleichen mit nach Hause als Landschaftliches oder Architektonisches.

Das beginnt sozusagen gleich nach der französischen Grenze, weil Englisches in Frankreich und den Niederlanden schon weiter vorgedrungen ist als im übrigen Europa. Paris ist davon nicht ausgenommen. Beide Herren kennen die französische Hauptstadt bereits, Beuth von einigen früheren Reisen, Schinkel vom Dezember 1804, als er seine erste italienische Reise mit Freund Steinmeyer an der Seine beendete.

Jetzt hat Professor Kunth ein geeignetes Quartier bestellt. Karl Sigismund Kunth ist ein bekannter Botaniker, der Alexander von Humboldts botanische Sammlung aus Südamerika betreut und katalogisiert. Schinkel kauft sich noch rasch einen neuen Hut, weil er den alten auf der Reise verloren hat, und sie machen sich auf, dem großen Alexander von Humboldt den ersten Besuch abzustatten, was sich für jeden offiziellen Preußen gehört.

Humboldt dürfte der berühmteste Preuße seiner Zeit, wenn nicht aller Zeiten sein. Mag sich sein Ruhm im deutschen Vaterland in Grenzen halten, so tragen doch an die 900 Pflanzen, Tiere, Berge, Flüsse, Gletscher seinen Namen bis heute. Die Denkmäler zu seinen Ehren, vor allem im südamerikanischen Halbkontinent, sind kaum zu zählen. Das Andenken an den wohl – trotz Darwin und Einstein – größten modernen Naturforscher haben andere Völker getreuer aufbewahrt als das eigene. Er hat, Goethe zufolge, »eine ganz besondere Epoche« in

Bewegung gesetzt. »Ich darf ihn wohl in seiner Art einzig nennen, denn ich habe niemanden gekannt, der mit einer so bestimmten Tätigkeit eine solche Vielseitigkeit des Geistes verbände.«

Humboldt lebt seit 1804, seit Abschluß seiner großen Forschungsreise, in Paris. Dort ließ er sich wenige Monate bevor Napoleon, sein Altersgenosse, sich zum Kaiser krönte, nieder. Zwanzig Jahre lang hat er in 36 Bänden, unbekümmert um alle politischen Veränderungen, seine Forschungsergebnisse zusammengefaßt. Als er 1823 nach Berlin zurückkehrt, ist Napoleon längst gestürzt und auf St. Helena gestorben.

Paris hat der Polyhistor stets als zweiten Wohnsitz beibehalten. Er hat es zwar abgelehnt, vom preußischen König zum Kultusminister ernannt oder auch nur (von seinem Bruder) zum Direktor der Gemäldegalerie berufen zu werden. Doch dient er dem preußischen Staat als diplomatischer Emissär. Ein überlegener Geist, der aus dem Stegreif stundenlang fließend in deutscher oder französischer Sprache parlieren kann, ein Mann von Welt im besten Wortsinn, liegt ihm die Diplomatie durchaus, und er ist darin gewöhnlich erfolgreich. Das königliche Salär, das er erhält, hat er bitter nötig, denn das von der Mutter ererbte Vermögen hat er, exakt kalkuliert, auf der Forschungsreise und in den nachfolgenden Bearbeitungsjahren bis auf den letzten Heller verbraucht.

Auch jetzt ebnet er in Paris mit Hilfe seines getreuen Mitarbeiters Kunth den beiden Berliner Baubeamten alle Wege. Dabei scheint er durchaus informiert über ihr gleichsam doppeltes Interesse. Zunächst führt er sie in die Museen, dann auch zu verborgenen Schätzen, etwa die Privatsammlung des Ägyptologen Joseph Passalaqua. Wohl nicht zuletzt auf die gemeinsame Empfehlung Humboldts, Schinkels und Beuths wird Friedrich Wilhelm III. die Sammlung im übernächsten Jahr kaufen und Passalaqua zum ersten Direktor des Berliner Ägyptischen Museums ernennen.

Besichtigungen auf dem industriellen Sektor sind in St. Denis die »schöne Mühleneinrichtung mit Gartenanlage« des Monsieur Blanc, auf dem Montmartre »die herrliche und prachtvolle kleine Dampfmaschine, welche in der Rue de Richelieu hinter einem großen Glasfenster Schokolade bearbeitet«, sowie in Charenton, wiederum mit Herrn Blanc, »die große Fabrik des Aron Memby von Horseley Works bei Birmingham, welcher mit 500 Engländern aus England (...) eine enorme Fabrik für Bau von Dampfmaschinen, für Eisenguß und Eisenstreckerei hier angelegt hat«.

Nicht sehr begeistert scheint Schinkel vom Besuch zweier Etablissements der Unterhaltungsbranche, die ihn eigentlich interessieren müßten. Immerhin hat er bis vor kurzem in Berlin an etwas Ähnlichem gearbeitet. Am »Georama« ist ihm nur eine schöne Wendeltreppe erwähnenswert. Die eben eröffnete Attraktion in der Rue de la Paix ist ein Globus von über dreißig Meter Umfang, den man betreten kann. Innen wird durch geschickte Beleuchtung die Erdoberfläche in umgekehrter Wirkung, nach innen gewölbt, vorgespiegelt. Von dem schon seit einigen Jahren existierenden Diorama führt er außer einer Aufzählung der Bilder, die er bei immerhin drei Besuchen zu sehen bekam, nur das »entsetzliche Gedränge« an. Die Bilder stammen übrigens von Louis Daguerre, dem späteren Miterfinder der Fotografie, der zu diesem Zeitpunkt noch als Bühnenbildner tätig ist.

Gute drei Wochen vergehen in Paris wie im Flug. Schinkel ist eine Weile unpäßlich, absolviert sonst jedoch neben Museums- und Fabrikbesuchen ein weitgespanntes touristisches Programm. In dieser Zeit erhält er die beiden ersten Briefe seiner Frau aus Stettin. Sie scheint deprimiert, und Schinkel sucht ihr gut zuzusprechen: »Bist Du doch ein großer Trost dort, und dies wird dich gewiß dabei zufrieden erhalten.« Zugleich scheint sie ihrem Gatten jedoch den Kopf gewaschen zu haben wegen seiner dauernden Besorgnis über »die Studien« der Kinder. Etwas kleinlaut klingt seine Antwort: »Für die Fortsetzung der Erziehung unserer Kinder und besonders des Karl darf ich Deiner Vernunft nichts weiter hinzufügen und bin vollkommen von der Zweckmäßigkeit aller Deiner Maßregeln überzeugt.«

Am 27. Mai, morgens um zehn Uhr setzen Beuth und Schinkel auf dem Dampfboot *Spitfire* von Calais über den Kanal nach Dover. Die Überfahrt dauert drei Stunden, und Schinkel ist ganz stolz, daß er, im Gegensatz zu Beuth, trotz seiner aus Frankreich mitgebrachten Unpäßlichkeit, nicht seekrank geworden ist. Die Unpäßlichkeit besteht aus einer hartnäckigen Diarrhöe, die er auf dem Boot »durch Schließen der Augen« bekämpft. Aber dann »in Dover vollendete die Kur das englische Porter-Bier, welches mir sehr wohl tut«.

Die zweite Wohltat: das englische Frühstück mit »Tee, Brot, Eiern, Fleisch« und, für den Ästheten Schinkel erwähnenswert, weil selten: »ein reines Tischtuch ausgebreitet«. Auch die Fahrt über Canterbury nach London gestaltet sich für europäische Reisende zu einem ungewöhnlich luxuriösen Ereignis, das von den Verkehrsverhältnissen auf dem Kontinent absticht: »Die Kutsche ist von der höchsten Eleganz, 4 schöne Pferde lang gespannt mit dem feinsten Geschirr, so wie es der englische Gesandte in Berlin hat.« Der Kutscher »sieht aus wie der feinste Gentleman«, alle zwei Meilen wird das Gespann gewechselt, »Schimmel, Füchse, Braune, Schwarze«. Und »das Land ist lieblich grün, baumreich und wie ein zusammenhängender Park mit vielen Anlagen«. Da Landstraßen wie die von Dover nach London bereits asphaltiert sind – »macadamisiert« sagt man damals –, geht die Reise überdies, wiederum in erheblichem Gegensatz zu solchen auf dem Kontinent, ohne größere Erschütterungen vonstatten, die von den Reisenden vor Erfindung der Eisenbahn am meisten gefürchtet werden.

In London erwartet sie keine Zelebrität wie Alexander von Humboldt, aber die preußische Gesandtschaft erweist sich als genauso gut organisiert wie diejenige in Paris. Auch für ein geeignetes Quartier ist bereits gesorgt, im St. Pauls-Kaffeehaus, einer vielgerühmten Londoner Anlaufadresse für Ausländer.

Das Verhältnis zwischen Preußen und Großbritannien bewegt sich merkwürdig in der Schwebe. Noch ist die Waffengemeinschaft gegen Napoleon, Waterloo vor allem, unvergessen. Die sogenannte Heilige Allianz der kontinentalen ehemaligen Bundesgenossen, die zu unzähligen großen und kleinen Polizeistaaten geführt hat oder zu führen droht, wird dagegen in London auch in der Presse heftig mißbilligt. Bislang läßt sich das latent vorhandene Mißtrauen mit Diplomatie überwinden, und darum sind die Herren der preußischen Gesandtschaft eifrig bemüht. Der Gesandte selbst, Freiherr von Maltzahn, ist zwar neu, aber ihm steht in Graf Lottum ein erfahrener Gesandtschaftsrat zur Seite. Beide haben für die Besucher aus Berlin ein Programm – je zur Hälfte Museen und Industrieunternehmen – schon ausgearbeitet. Daran wird zeitweise auch der nahezu gleichzeitig eingetroffene Graf Danckelmann teilnehmen, von dem weiter nicht viel bekannt geworden ist, wahrscheinlich ein Sohn des derzeitigen preußischen Justizministers.

Womit beginnt man in London am besten, damals wie heute? Mit dem British Museum. Es ist noch im Bau begriffen, vorerst steht nur der Ostflügel. Endgültig wird das Gesamtgebäude 1847, also in über zwanzig Jahren, fertiggestellt sein.

So interessiert Schinkel, den Museumsbauer, in der Hauptsache die eiserne Dachkonstruktion und das breite Treppenhaus, die er beide sorgfältig skizziert, ehe er sich den berühmten Parthenon-Skulpturen und der »Galerie der Antiken« widmet, für die man eigens ein provisorisches Gebäude errichtet hat. »Die schönen griechischen Marmors des Britischen Museums«, schreibt Schinkel seinem Freund Catel, der ihn in seinem neapolitanischen Zimmer gemalt hat, »werden vielleicht viel später als unsere kleine Antikensammlung in Berlin (...) ein würdiges Museumsgebäude finden; sie stehn bis jetzt immer noch im Schuppen, den man jedoch über ihren Schönheiten vergißt.«

Nicht vergessen oder übersehen läßt sich die Größe der Stadt. »Alles ist hier kolossal«, berichtet er seiner Frau. »Die Ausdehnung der Stadt nimmt nie ein Ende; will man 3 Besuche machen, so kostet dies einen vollen Tag.«

Meilenweite Kutschfahrten, die sich als vergeblich erweisen, fallen im Zeitplan ins Gewicht. Bei Edward Solly, dessen Sammlung für das Neue Museum in Berlin vorgesehen ist, fahren sie dreimal vor, ehe sie ihn endlich zu Hause antreffen. Das Telefon ist noch nicht erfunden.

Auch ergeben sich Sprachschwierigkeiten. Weder Schinkel noch Beuth sprechen ausreichend Englisch. »Leider will es mit meinem Englisch-Sprechen noch gar nicht gut gehn«, gesteht er, der in Italien und Frankreich gewohnt ist, den Dolmetscher zu spielen, seiner Frau, »besonders aber bin ich harthörig gegen die Aussprache und verstehe nie, was die Leute sagen. Ich gebe auch die Hoffnung auf, dem Grafen Danckelmann, welcher weit mehr vorher wußte als ich, geht es nicht besser.« Es geht noch heute manchem Reisenden so, daß er zwar daheim fließend die Romane von Jane Austen lesen, aber in England auf der Straße nicht nach dem Weg zum Bahnhof fragen kann.

Da ist es kein Wunder, wenn die Herren zu einer Mittagseinladung am falschen Tag erscheinen. Sie werden nach englischer Sitte trotzdem freundlich empfangen. Zudem gehen die großen Städte, und seit jeher London, ins Geld, auch ist das Land Preußen nicht eben ein großzügiger Spesenzahler. Schinkel hat sich bei Rothschild daher ein kleines Konto eingerichtet, mit dem er persönliche Ausgaben bestreitet. Man scheint knapper bei Kasse als auf Dienstreisen durch Preußen oder nach Italien und Frankreich.

Unklar bleibt der auffallend kurze Eintrag »Diorama« in seinem Tagebuch. Reut ihn das gezahlte Eintrittsgeld? Es handelt sich um eine Filiale des Pariser Unternehmens, die Daguerres englischer Schwager John Arrowsmith vor drei Jahren im Park Square aufgemacht hat. Zumindest das Gebäude müßte einen Architekten interessieren. Es stammt gleich von drei Baumeistern, darunter zwei prominenten, nämlich John Nash, dem Erbauer der Regent Street, und Augustus Charles Pugin, der einige der unzähligen Theatergebäude der englischen Hauptstadt entworfen hat. Weder darüber noch über die dargebotenen

Bilder verliert Schinkel ein Wort, nicht einmal, wie in Paris, ein böses.

Die Museen werden mehrfach besucht, zu zweit oder – mit Danckelmann – zu dritt, vor allem die Nationalgalerie, die sich damals noch in der Prachtstraße Pall Mall findet. Dann kommen die anderen Adressen an die Reihe, ganz wie vorher in Frankreich. Eine neuartige Kettenfabrik reizt zumindest Beuth und Schinkel, weil in ihr der Besitzer, ein Captain Browne, eine Probiermaschine benutzt, die jede von ihm produzierte Kette mit einem Gewicht bis zu 8000 Zentner belasten kann. Man sucht auch den berühmten Ingenieur Brunel auf, den Vater, der eben ein waghalsiges Unternehmen, von dem die Welt spricht, zu Ende zu führen versucht: den Tunnel unter der Themse. Sein Sohn Isambard Kingdom, der einmal noch berühmter werden wird als sein Vater, weil er es wagt, Schiffe aus Eisen zu bauen, hilft ihm dabei. In der Arbeit steckt jedoch der Wurm. Seit drei Jahren rückt man täglich ein winziges Stück voran, aber immer wieder bricht Wasser ein. Die Brunels werkeln trotzdem verbissen weiter.

Ein längerer Ausflug führt die beiden nach Brighton, wo sie sich die ebenfalls berühmte Kettenbrücke ansehen wollen. Schinkel skizziert wieder die wichtigsten Einzelheiten der Konstruktion. Und sie dürfen sogar den vielzitierten Königlichen Pavillon besichtigen, jenes ungewöhnliche Bauwerk, zu dem König George IV. sonst niemanden mehr Zugang gewährt, angeblich weil man ihm den Ausblick zum Meer verbaut hat.

Im Gegensatz zur Kettenbrücke, die abgerissen wurde und keinerlei Spuren hinterließ, gibt es das merkwürdige Gebäude, laut Schinkel »im Stil maurischer Königsgräber in Indien«, immer noch, ein Prachtstück von »Folly«, wie die Engländer so etwas nennen, eine Narrenburg, die zugleich etwas von einem Märchenpalast hat. Alle Welt ist erstaunt, daß Schinkel und Beuth dort eingelassen werden, aber Schinkel behauptet im Brief wie im Tagebuch, »der König hätte erfahren, daß ich da sei, und habe es erlaubt«.

Diese von Lord Conyngham, einem engen Freund des Königs,

wohl ironisch gefärbte Version muß man bezweifeln. So bekannt ist Schinkel noch nicht, obwohl ihm ähnlich Merkwürdiges häufiger geschieht. Da sind sie auf ihrer Reise nach Paris zum Beispiel durch Verdun gekommen, wo sich der Baumeister den Dom ansieht. »Warum alle französischen Schildwachen das Gewehr für mich anzogen [präsentierten] und die Soldaten auf der Straße grüßten, weiß ich nicht«, heißt es erstaunt in seinem Tagebuch.

Der Eintrag vom 13. Juni beginnt: »Rothschild gibt uns Briefe auf Edinburgh, Liverpool und Bristol.« Zum Abschluß ihrer Studien reisen Beuth und Schinkel wie so viele Preußen vor und nach ihnen – Fürst Pückler und Theodor Fontane haben es beschrieben – in die Provinz. Bei den »Briefen« handelt es sich um Wechsel, die in den betreffenden Städten wie Schecks ausgezahlt werden. Die Rechnung im St.-Pauls-Kaffeehaus, eine recht glimpfliche über 15 Pfund Sterling nebst fünf Pfund Trinkgeld, ist beglichen, vom Gesandtschaftsrat Graf Lottum hat man in Picadilly Abschied genommen, jetzt geht es nordwärts. Danckelmann ist übrigens weiterhin mit von der Partie.

Schon in Oxford, Warwick, Birmingham und Nordengland fühlen sich die Herren sichtlich ungezwungener, weniger beaufsichtigt als in London. Und geradezu frei in Schottland. Schottland gehört zu den Lieblingsreiseländern derer, die sich dergleichen schon leisten können. Das sind erst wenige, aber schon mehr als in der vorindustriellen Zeit. Die Deutschen reisen, wenn überhaupt ins Ausland, noch nicht nach Teneriffa oder an die Costa del Sol, sondern nach Belgien, Italien oder Schottland, in dieser Reihenfolge etwa. In Belgien (das noch zu den Niederlanden gehört) besucht man das Schlachtfeld von Waterloo oder Belle-Alliance, wie man es in Deutschland nennt. In Italien bleibt man auf den Spuren der Antike und in Schottland auf denen Sir Walter Scotts, dessen *Waverley*-Romane internationale Bestseller geworden sind, oder Mendelssohns, der dem Schottischen eine Sinfonie und den Hebriden eine Ouvertüre gewidmet hat.

Der offizielle Auftrag wird pflichtbewußt erfüllt: fleißig werden überall Fabriken besucht, besonders in Birmingham: »Höchst traurig der Anblick einer solchen englischen Fabrikstadt«, gibt Schinkel zu, »nichts was das Auge erfreut.« Doch zwei Tage später am gleichen Ort: »Grandioser Anblick von Tausenden von Obelisken, welche rauchen«. Die frühen Fabrikschornsteine sind nach oben verschlankt gebaut, was jedenfalls einen Klassizisten an Obelisken erinnern mag.

Auch jenseits der schottischen Grenze wird keine Papiermaché- oder Drehgeflechtfabrik ausgelassen, kein Eisenwerk, keine Töpferei, Kammgarnspinnerei, Bohrmaschinenherstellung. Beuth kauft ein, wo es geht, oder bestellt Lieferungen. Schinkel zeichnet eifrig Maschinendetails, ist aber sparsamer beim Erwerb. In Sheffield, dem britischen Solingen, gibt er im Stahl-Eisenlager eines Mr. Rodger 15 Schillinge für Nähnadeln aus, wohl ein Mitbringsel für Susanne.

Museen werden ebenfalls besucht, wenn sie am Wege liegen, allerdings weniger häufig als in England. Noch im schönen Edinburgh ist es ein Ölgaswerk, was imponiert, und in Glasgow eine Chemische Fabrik. Sie stoßen bisweilen auch auf britisches Mißtrauen und das, wie man zugestehen muß, zu Recht. In Glasgow wird den drei Preußen eine Kreissäge vorgeführt, die in einem Arbeitsgang Furnierbretter schneidet, sie glatthobelt und mit Nuten versieht. »Alles wird durch viele ineinander arbeitende Kreissägen gemacht, aber die Maschine ist verdeckt und wird nicht gezeigt.«

Die Highlands im Norden werden, da ohne Museen und Fabriken, rein touristisch genossen. Darunter jene Seefahrt von Oban auf die Inseln Mull, Staffa und Iona. Es ist hier, wo Beuth ausrastet und seine »üble Laune« in seiner Schiffskabine auskuriert. Auch Schinkel kommt nicht »ohne starke Seekrankheit weg«.

Das bleibt Zwischenspiel, denn in Manchester, Liverpool und Bristol gibt es bald wieder Bleichanstalten für Baumwolle, Schiffsdocks, Schleusen und Kettenbrücken die Menge, zu schweigen von Bildersammlungen und Museen.

Und dann passiert es, auf dieser Rückreise nach London, wahrscheinlich in Bristol: Beuth ist bei seiner Lieblingsspeise, Turtle-soup, im Wirtshaus zurückgeblieben, vielleicht wieder in einem Anflug übler Laune. Mit Danckelmann besieht Schinkel sich Stadt und Hafen und erkennt – er hat auf dieser Reise Hunderte solcher Gebäude gesehen – mit einem Mal das Wesen dieser Zweckbauten. Sie hat kein Architekt entworfen. Maurermeister haben sie hochgemauert, Wände, Fenster, Türen, ohne Schmuck. Und doch mit einer Würde versehen, die manchen schmuckbeladenen Häusern abgeht. Arbeit adelt und, wie es scheint, adelt in der Architektur auch der Zweck.

Schinkels Stift fliegt über das Papier. Man merkt den Zeichnungen die Erregung an, in die er gerät. Da tritt zum Klassizismus und zur Neogotik, zum Griechischen und Deutschen, ein neues Element, anscheinend kunstlos und doch auf eigene Weise imposant. Noch ahnt Schinkel nicht, daß er an einem historischen Scheideweg steht. Er wird ihn selbst markieren, vielleicht ungewollt. Aber es ist nicht die Architektur von Bath, die den Ausgangspunkt abgibt, sondern diejenige einer x-beliebigen Hafenstadt wie Bristol. »Die Architektur von Bath wird in England sehr gerühmt«, schreibt Schinkel, »ist aber langweilig ...« Seit wann findet er, der Meister jenes Stils, zu dem man Baths »Georgian« Stil rechnen muß, den Klassizismus, langweilig? Weiß er, was er da impulsiv zum Ausdruck bringt, und welche Konsequenzen es haben kann oder sogar muß?

Wahrscheinlich nicht. Große Augenblicke werden gewöhnlich erst im nachhinein entdeckt. Ein Baumeister hat für kurze Zeit Neuland betreten. Er wird es überdenken müssen, im Gedächtnis aufbewahren wie so viele italienische und englische Eindrücke.

Auch geht die Reise weiter und lenkt ab. Wieder in London, besteigt er die – klassizistische – Kuppel der St. Paul's-Kathedrale »bis zum Knopf« und findet sie »überall schön gedacht und angeordnet« – nichts von langweilig. So fährt man, immer noch zu dritt, zurück auf den Kontinent. In Seraing bei Lüttich wird John Cockerill besucht, der englische Fabrikgründer in Preußen, dessen Vater gerade zu Gast ist. John Cockerill begleitet seine Gäste noch bis Aachen. Und in Köln wartet auf Schinkel schon der Bauinspektor Ahlert und der gotische Dom.

Von Kleve aus gehen Anweisungen für die Heimkunft an Frau Susanne. »Ich bitte Dich, einen großen Waschkorb und die beiden Mädchen bereit zu halten, die meine Sachen, welche in unserem Wagenkasten liegen, darinnen aufnehmen zu können, damit der Kasten wieder eingesetzt und Beuth darauf weiter zu seiner Wohnung fahren kann und unser Aufenthalt vor unserer Haustür nicht zu lange dauere.«

Das Ende einer Reise, und sei es die nachhaltigste, ist immer banal.

17. Die Dioskuren

Das Fazit der Reise besteht zunächst darin, daß die Verbindung zwischen den Freunden Schinkel und Beuth noch enger geworden ist. »Wie glücklich sich nun zwei solche Naturen in ihrem Zusammenwirken ergänzen mußten«, so drückt es Gustav Friedrich Waagen aus, »leuchtet von selbst ein.«

Er spricht aus eigener Erfahrung, denn er wird von Zeit zu Zeit zu jenen allsonntäglichen Mittagessen eingeladen, die Beuth und Schinkel im Kreis der Familie – meist der Schinkels – einzunehmen pflegen. Nach dem Essen wird alles Wichtige durchgesprochen. Waagen berichtet: »Da gab es keinen Gegenstand, (...) welchen nicht Schinkel seinem Freunde mittheilte und seinen bewährten Rath darüber einholte, wobei er nach seiner Weise öfter zum Bleistift griff, um seinen Worten mit einigen Strichen größere Deutlichkeit zu geben. Aber auch Beuth versäumte seinerseits nicht, Schinkels Urtheil über alles Gewerbliche einzuholen, was in irgend einer Beziehung zur bildenden Kunst stand.«

Haben beide schon lange Hand in Hand gearbeitet, so arbeiten sie fortan planmäßig einander zu. Man kann da von Günstlingswirtschaft sprechen, aber auch davon, daß bei ihnen das Wohl des Staates selbst im Privaten Vorrang hat. Eine der ersten Arbeiten Schinkels nach seiner Rückkehr aus Großbritannien dürfte ihm besonders am Herzen gelegen und dazu den Übergang in den Berliner Alltag erleichtert haben. Er gestaltet die erste Beuth-Denkmünze des »Vereins zur Beförderung des Gewerbefleißes in Preußen« mit dem jungenhaften Profilbild des Freundes auf der Vorder- und seinem Wahlspruch auf der Rückseite: »Der Gewerbefleiß ist die Grundlage der Nationalkraft.«

Preußen befindet sich immer noch im Sog eines alltäglichen Patriotismus, wie ihn einst die Königin Luise symbolisierte. Später wird alles nüchterner gesehen und unpersönlicher. Auf einer weiteren Gedenkmünze mit dem Bildnis Beuths, die nach Schinkels Tod geprägt wird, liest man den Reim: »Wer geistreich denkt und eifrig schafft, dem dient Natur mit ihrer Kraft.«

Was den gewerblichen Fleiß betrifft, so dürfte Schinkels Vorbild für Preußen kaum zu schlagen sein. Während seiner fünfmonatigen Abwesenheit ist es auf den Baustellen am Lustgarten und am Werderschen Markt vorangegangen. Damit nicht genug, konnte sogar ein Umbau nach seinen Plänen fertiggestellt werden, wahrscheinlich unter der Aufsicht seines jungen Schülers Ludwig Persius: Da ist aus der barocken »Stadt- und Parochialkirche« auf dem Charlottenburger Gierkeplatz eine schmucke klassizistische Luisenkirche geworden.

Ohne sein Beisein hat man die Grundsteine zu zwei weiteren von ihm entworfenen Bauwerken gelegt: zum Leuchtturm auf Kap Arkona der Insel Rügen und zum Charlottenhof des Kronprinzen in Potsdam. An der Einweihung des nach seinen Plänen umgebauten Schloßkomplexes Klein-Glienicke kann er wieder höchstselbst teilnehmen, und auf der Akademieaustellung des Jahres im September zeigt er etwas Neues vor: die Villa in Tegel.

Über die Ergebnisse seiner Studienreise berichtet Schinkel dem König erst acht Wochen nach seiner Rückkehr. Solche Verzögerungen sind üblich bei Friedrich Wilhelm III., der alles gern gut überlegt und daher der Langsamsten einer ist. Unglücklicherweise ergibt sich jedoch keine persönliche Audienz, und Schinkel will die Sache wohl nicht weiter in die Länge ziehen. Zudem hofft er, dem König gleichzeitig noch etwas mehr Geld für die Fertigstellung des Museums abschwatzen zu können. Da hat er sich verrechnet – er müßte seinen Monarchen besser kennen.

Friedrich Wilhelm studiert ungern lange Akten oder Eingaben, er hört viel lieber dem mündlichen Vortrag vertrauter Personen zu. Jetzt wird er nicht nur mit einem langen Reisebericht gequält, sondern einem zusätzlichen Gutachten, in dem ihm nicht weniger als 14 Vorschläge zur Verschönerung und Verbesserung des künftigen Museums unterbreitet werden.

Nun gut, man hat Schinkel aus eben diesem Grund auf die Reise geschickt. Aber ist es geschickt, nicht einen geeigneten Augenblick zu einer persönlichen Aussprache abzuwarten? Was Schinkel selten ist, hier ist er es: undiplomatisch.

Dabei kann er zu Recht auf seinen in Paris und London gewonnenen Eindruck verweisen, demzufolge künstlerischer Schmuck an einem bedeutenden Bauwerk »für das Publikum die meiste Wirkung erreicht«. Mußte man nach Paris und London fahren, um das in Erfahrung zu bringen? Hat er nicht dem knauserigen König zum Beispiel für skulpturalen Schmuck am Schauspielhaus mit Charme und Überredungskunst eine größere Summe aus der Tasche gezogen? Unter den Verschönerungsvorschlägen sind überdies einige, die einem Laien auf den ersten Blick nicht plausibel erscheinen. Warum will Schinkel plötzlich die Säulen der Rotunde statt aus (billigem) Sandstein aus (teurem) Granit schlagen? Alles Gestein muß auf langen Wegen nach Berlin transportiert werden, wo es zwar viel Sand, aber keine Steinbrüche gibt. Und weshalb die Wände »wie im Pariser Museum in sorgfältiger Nachahmung des Marmors« bemalen?

Überhaupt die Kosten! Vier Jahre lang, schlägt Schinkel vor, möchte er jährlich 145 000 Taler ausgeben und damit dem Bau eine Vollendung verleihen, die ihn »erst wahrhaft monumentartig macht«. Der König lehnt empört sämtliche 14 Vorschläge ab, und das in ungewohnt schroffer Form, wie selten Schinkel gegenüber.

Zum Glück verlegt der Gescholtene sich auf seine diplomatische Begabung. Er wendet sich – da er selbst anscheinend vom König nicht mehr empfangen wird – an den Geheimen Kabinettsrat Daniel Ludwig Albrecht. Der zählt wie Beuth und Schinkel zu jenen bürgerlichen Preußen, die den Stein-Hardenbergschen Reformen größere Chancen verdanken und die – Friedrich Wilhelm fühlt sich selbst als Bürger im Staate – des Königs Vertrauen besitzen. Albrecht insbesondere deshalb, weil er gewohnt ist, auch im Finanziellen mit dem Monarchen konform zu gehen. Er pflegt den König bei den Besichtigungen der Akademieausstellungen zu begleiten und im Katalog anzustreichen, was der König gekauft haben möchte. Zudem führt er die nachfolgenden Verhandlungen über die Preise, ein kunstinteressierter, aber kameralistisch geschulter Fachmann. Wie es aussieht, empfiehlt er dem Kollegen Schinkel einen neuen Antrag zu stellen und verspricht seine Unterstützung – wahrscheinlich kann er den König auf Gelder verweisen, die von ihm oder vom König oder im Einverständnis zwischen beiden für außerordentliche Fälle auf die hohe Kante gelegt worden sind.

Als der König daraufhin tatsächlich 22 000 Taler lockermacht, schreibt Schinkel einen Dankesbrief an Albrecht, in dem es heißt, ihm sei zumute, »als hätte ich diese Summe für mich empfangen«.

Die Arbeiten am Museum sind während der Ungnade des Königs natürlich weitergegangen. Bei der Rückkehr aus England standen sie in einer kritischen Phase, und wahrscheinlich war es höchste Zeit, sie dem Oberbaurat Johann Ludwig Schmid aus den Händen und wieder selbst in die eigenen zu nehmen. Was Schmids Verdienste um diesen zweiten großen Schinkelbau in der preußischen Hauptstadt nicht schmälert. Ihm verdankt Schinkel einen Großteil der komplizierten Vorarbeiten, und, wie von Rauch nach London gemeldet, das Vorantreiben des schwierigen Fundaments im sumpfigen Boden. Aber den Kampf um den Schmuck des Gebäudes mußte Schinkel wohl allein durchfechten. Und es fragt sich, ob er ihn richtig geführt hat. Ohne die Hilfe Albrechts wäre vermutlich alles schiefgegangen.

Denn der König scheint eine Weile tief verstimmt. Gottlob dauert es bei ihm nie lange – er ist nicht sehr nachtragend und schon gar nicht bei Leuten, deren Wert er kennt. Schinkel geht es in der Hauptsache um die Dachfiguren und um Tiecks Pferdebändiger, die rechts und links von der Haupttreppe den Aufstieg zum Kunsttempel gleichsam flankieren sollen.

»Pferdebändiger« werden sie von den Berlinern genannt. In Wahrheit handelt es sich um die Dioskuren, nämlich Castor und Pollux. Da man bisweilen in intellektuellen Kreisen auch Beuth und Schinkel – manchmal allerdings Rauch und Schinkel – mit den Namen belegt, kursieren bald, wie in Berlin üblich, mehr oder weniger witzige Bemerkungen um sie herum.

Auch vor dem übrigen skulpturalen Schmuck, der durch die versöhnlichen 22 000 Taler ja nun gesichert ist, macht die spitze Berliner Zunge nicht halt. Denn gerade die Außenansicht des Gebäudes, ganz gewiß einer der eindrucksvollsten klassizistischen Museumsbauten überhaupt, findet bei den Berlinern wenig Gegenliebe. Selbst Freunde beteiligen sich – wenngleich vorsichtig, denn darin ist Schinkel empfindlich – an der Kritik. Bettine von Arnim, die Schinkel verdächtig oft und nach wie vor in seinem Atelier besucht, schreibt an ihren Mann, Achim von Arnim: »Schinkels Museum wird Dir wahrscheinlich mit allen Verzierungen bei Deiner Rückkunft entgegenleuchten. Über den Säulen sind Adler mit halb geöffneten Flügeln angebracht, die mir über alle Maßen wohlgefallen, aber nicht so dem Publikum. Die Figuren an den Ecken so wie die Pferdebändiger und die goldenen Galerien sind lauter Gegenstände des Mißfallens.«

»Die Adler«, urteilt der mit Bettine wie mit Schinkel befreundete Fürst Pückler-Muskau, »haben vornehmlich das Aussehen von Fröschen. Die Statuen sind zu klein, kurzum es ist vollständig mangelhaft, was mir um Schinkels willen leid tut.« Die Berliner bemängeln nicht nur den Schmuck, sondern inkonsequenterweise desgleichen die fast schmucklosen Seitenfronten.

Und sogar die Inschrift wird Gegenstand eines erbittert geführten Expertenstreits, der sich an der Frage entzündet, ob sie, die auf den Staat als großzügigen Stifter hinweist, in gutem oder schlechtem Latein abgefaßt ist. Sie hat der Kunsthistoriker und Archäologe Aloys Hirt formuliert, Schinkels alter Widersacher. Der ebenso gelehrte wie jähzornige Mann legt sich jetzt mit Leuten wie Wilhelm von Humboldt und Ludwig Tieck, dem Dichter, einem Bruder des Bildhauers, an. Es kommt zu peinlichen Wortgefechten, bis der unbequeme ehemalige Günstling der Gräfin Lichtenau aufgibt und – ganz sicher zu Schinkels heimlicher Freude – als Vorsitzender der Museumskommission zurücktritt. Der König hat sich ohnehin geweigert, neue Gerüste aufziehen zu lassen, um die 94 goldenen Lettern zu verändern.

Doch läßt er jetzt aus den Königlichen Sammlungen 1198 Gemälde aussuchen, die ins neue Museum überführt werden. An der Einrichtung ist nicht nur Humboldt, der neue Vorsitzende der Einrichtungskommission, beteiligt, Schinkel zieht auch den inzwischen abgetretenen Theaterintendanten Brühl hinzu, für den er früher so viele Bühnenausstattungen entworfen hat. Achim von Arnim, dessen Stücke Graf Brühl während seiner Amtszeit ingnorierte, bemängelt: »Das Museum soll im Mai fertig werden und einen Reichthum an Kunst entfalten, wie ihn hier nur wenige ahnden. Wilhelm von Humboldt ist Vorsitzender der Kommission (...) geworden an Hirts Stelle, der sich mit allen entzweite – Nach der Einrichtung tritt Brühl als oberster Figurant an die Spitze, um hohe Herrschaften einzuführen und die Leute zu kujonieren.«

Die Einweihung ist für den 3. August 1830 vorgesehen, den sechzigsten Geburtstag König Friedrich Wilhelms III. Der hat aber für diesen Tag andere Pläne: Er wird ihn in seinem Lieblingskurort, Teplitz in Böhmen, verbringen, das heißt, er möchte eine kleine Feier im Familienkreis im nahen Schandau veranstalten, dort, wo er die Sächsische Schweiz am schönsten findet.

Die leidige Politik wird ihm, wie so oft, einen Strich durch die Rechnung machen, denn statt auf seine Familie trifft er auf

Metternich, den österreichischen Staatskanzler, der mit ihm die überraschenden Vorfälle in Paris besprechen will. Dort hat man in einer Art Revolution den Bourbonenkönig Karl X. verjagt und den Herzog Louis Philippe von Orleans zum »Bürgerkönig« gewählt.

Solche Ereignisse deprimieren Friedrich Wilhelm, der den Frieden über alles schätzt, immer abgrundtief. Als ob ihn die Museumsangelegenheit in Berlin nicht schon genug mitgenommen hätte; wie die ungewöhnlich vielen Todesfälle in der Familie zu Anfang des Jahres, darunter des Großherzogs von Hessen-Darmstadt, der alten Großherzogin von Sachsen-Weimar und des Königs George IV. von England. Die Kur in Teplitz wird nicht so gut anschlagen wie sonst.

Wenigstens mit seinem Baumeister hat der melancholische Monarch noch vor seiner Abreise Frieden geschlossen. Zur großen Freude Schinkels ist er überraschend und als notorischer Frühaufsteher Punkt acht Uhr morgens zu einer Vorbesichtigung erschienen. In Briefen an Humboldt und den Kultusminister Altenstein entschuldigt sich Schinkel – er hätte beide wohl bei einer solchen Gelegenheit hinzuziehen müssen – und berichtet, wie sie verlief. Man merkt ihm die Erleichterung über das wiedergewonnene Wohlwollen des Königs an.

»Seine Majestät«, heißt es im Brief an Humboldt, »haben sich überall an jedem besonderen Orte auf das Allerbeifälligste sowohl über das Gebäude als über die Aufstellung zu äußern geruht und zu erkennen gegeben, daß Sie sich überrascht fühlten und einen so imposanten und großartigen Eindruck des Ganzen nicht erwartet hätten. Sie haben diese Äußerungen nicht allein gegen mich, der ich den nächsten Führer machte, sondern wiederholentlich allen Anwesenden: Grafen Brühl, Professor Tieck, Levezow, Rauch, Wach, welche in der Schnelligkeit herbeigeholt, gemacht und ihre völlige Zufriedenheit allen, die dabei mitgewirkt haben, zu erkennen gegeben.« Den »nächsten Führer« konnte Schinkel machen, weil Waagen, der erste Direktor des neuen Museums, erkrankt war. Was die Sache wahrscheinlich für alle Seiten erleichtert hat, denn Friedrich Wilhelm haßt Gesichter, die ihm nicht von jeher vertraut sind.

Eine kleine Auseinandersetzung soll es, anderen Quellen zufolge, trotzdem gegeben haben. Der König, der das meiste ja aus seiner Privatschatulle finanziert, ist für freien Eintritt in das erste öffentliche Kunstmuseum des Landes und seiner Hauptstadt. Schinkel dagegen plädiert für ein gebührendes Eintrittsgeld. Er kennt seine Märker und Berliner – was es umsonst gibt, gilt ihnen nichts. Es kann gut sein, daß der Haushalter auf dem Königsthron in diesem Fall nicht eben ungern den kürzeren gezogen hat. In den sechziger Jahren des 20. Jahrunderts sind die Eintrittsgelder in Berliner Museen vorübergehend abgeschafft worden, jedenfalls im damaligen westlichen Teil der Stadt.

Ob die gigantische Riesenschale schon Erwähnung fand, die lange Zeit – jedenfalls in Preußen – als eine Art Weltwunder bestaunt wurde, bleibt zweifelhaft. Es handelt sich dabei um ein merkwürdiges Projekt, das sowohl dem König als auch Schinkel am Herzen liegt. Die Idee hat einer vom anderen übernommen oder ist gemeinsam geboren worden. Schinkel hatte schon einmal 1823 eine repräsentative Ausgestaltung für den sogenannten Lustgarten (der nie einer war) vorgeschlagen. Dazu gehörte eine Rotunde mit Figurenschmuck und eine Brunnenschale, die von bronzenen Löwen getragen werden sollte.

Warum sich daraus eine jahrelange fixe Idee entwickelte, die beide, Baumeister wie König, immer wieder beschäftigte, ist unklar. Als der König bei den Bauarbeiten des Museums zögert, einer Aufstockung der Finanzen zuzustimmen, verrät Kabinettsrat Albrecht dem Kollegen Schinkel hinter vorgehaltener Hand, der König könne im Augenblick keine Gelder bewilligen, da er sie alle zum Kauf einer großen Granitschale benötige.

Eine große Granitschale, möglichst die größte der Welt und aus heimischem Material, einesteils der Kosten, andererseits der vaterländischen Gesinnung wegen – das scheint der musische Traum dieser beiden preußischen Geister. Er wird Realität, als der Steinschleifer Christian Gottlieb Cantian in den Rauenschen

Bergen bei Freienwalde einen riesigen Findling entdeckt und diesen in seine Berliner Werkstatt transportieren läßt. Nach Schinkels Entwurf liefert Cantian, Königlicher Baudirektor, eine handwerkliche Meisterleistung: eine Granitschale von beinahe sieben Metern Durchmesser aus einem einzigen Gesteinsbrocken. Die Geschichte des Transports durch unwegsame Wälder, durch die hundert Mann den Monolithen ziehen, und in einem eigens dafür gebauten Kahn über die Spree wird zu einer Art Berliner Saga. Und Cantian, der anscheinend schon viel von Public Relations versteht, sorgt für ihre Verbreitung in Form populärer Publikationen. Dabei ist ihm sein Freund, der Maler Johann Erdmann Hummel, ein Experte für Spiegeleffekte, behilflich. Er hält die Schleifarbeiten im Packhof und die provisorische Aufstellung im Lustgarten in einer Reihe von Bildern fest, die sich heute noch wegen ihrer grandios eingefangenen Lichteffekte hübsch ansehen.

Ohne Ärger geht es für Schinkel freilich nicht ab. Cantian, von einer Art Größenwahn gepackt, bereitet eine pompöse Aufstellung auf hohem Sockel vor, die die Wirkung des Gebäudes beeinträchtigen würde. So muß der Baumeister eine erneute Eingabe an den König machen, der seinem Vorschlag zustimmt, die Schale am Fuß der Freitreppe aufzustellen.

Es wird vier Jahre dauern, bis das alles erledigt ist. Bei der Einweihung 1834 sitzen 42 Personen auf dem Schalenrand und nehmen ein Festfrühstück ein. Nirgends sonst gibt es eine Schale von solcher Kolossalität, behaupten jedenfalls Schinkel und der König, und mit ihnen lange Zeit alle Berliner.

Die Schale, auf die Berlin einst so stolz war, haben später die Nazis, die den Lustgarten zum Aufmarschplatz auspflasterten, schnöde an den Rand des Platzes verbannt. Auch in der DDR-Zeit verblieb sie dort und zerbrach durch Unachtsamkeit, als sie kurz vor oder nach der Wende an den angestammten Platz zurückgebracht werden sollte. Man sieht ihr jedenfalls die Beschädigung an – als einmalig kann sie kaum noch gelten. Vaterländischer Stolz, lernt man daraus, währt selten lange.

Unter den Sehenswürdigkeiten Berlins spielt die große Granitschale keine Rolle mehr, im Gegensatz zum Neuen Museum, das inzwischen das Alte Museum geworden ist, nachdem man im Kaiserreich das gesamte Umfeld in eine »Museumsinsel« verwandelt hat. Das langgestreckte Gebäude scheint noch immer darauf zu warten, als Mittelpunkt der Stadt endlich akzeptiert zu werden. Denn überzeugende Ideen, den Lustgarten betreffend, hat seit Schinkel kein Städteplaner mehr gehabt. Wer sich an ihm versuchte, hat sich an ihm bislang eher vergangen. Jede Stadt hat derartige Unglücksplätze.

Die blockhafte Eleganz des Museumsgebäudes scheint an solcher Stelle sogar ein bißchen verschwendet. Dies vor allem, weil Kaiser Wilhelm II., der hartnäckig, wenn auch vergeblich, nach »Baustilen gegen Schinkel« suchte, ihm den klotzigen neuen Dom an die Seite gestellt hat. Der ist nicht nur blockhaft geraten, er entbehrt zudem jeglicher architektonischer Eleganz; ein Elefant neben einer Antilope.

Kritik an Schinkel, haben wir gesehen, äußern auch seine Zeitgenossen. Später konzentriert sie sich in der Hauptsache auf die Innenräume. »Schinkel«, so Julius Posener in seinen gesammelten »Vorlesungen«, »ist der Mann der Baukörper. (...) Er ist nicht in erster Linie ein Architekt des Raumes. Ich kenne keinen Innenraum von ihm, der sich mit den großen Räumen der Geschichte vergleichen dürfte.«

Das läßt sich allerdings ebenso zugunsten von Schinkel auslegen. Tatsächlich liegen ihm offizielle Räume fern; sie geraten ihm daher allzu kalt. Aber ist das verkehrt? Verlangen Haupt- und Staatszimmer nicht einen gewissen Abstand mit geheimen Barrieren, wie sie zum gesellschaftlichen Leben einer jeden Zeit gehören? Um so besser gelingen ihm die intimen Räume, das Schlafzimmer der Königin Luise, der Zeltraum im Schloß Charlottenhof, die kleinen, aber gemütlichen, italianisierenden Zimmer im Pavillon neben dem Charlottenburger Schloß. Man wundert sich sowohl im Charlottenhof wie im Pavillon darüber, daß ein Baumeister einem Monarchen und einem Kronprinzen derartig beschränkte Raumverhältnisse überhaupt anzubieten wagt. Und freut sich zugleich im nachhinein mit den jeweiligen erlauchten Herren, daß sie auf diese Weise den Prachtzimmern entgangen sind, die ihnen prunkversessenere Baumeister aufgezwungen hätten. Im Klassizisten und Gotiker Schinkel steckt ein waschechter Biedermeiermensch, für den eine gewisse Gemütlichkeit Vorrang hat vor jeglicher Repräsentanz.

Das dürfte sogar den Fürsten Pückler anziehen, der das Äußere des Museums als »völlig mangelhaft« abgekanzelt hat. Schon bald nach der Eröffnung bekennt er nämlich seiner Frau Lucie: »Das Museum ist ein Ort, den ich oft besuche. Es ist freilich vieles besser zu wünschen, bleibt aber doch ein schönes Monument.«

Am Ende soll man ein Museum gerne besuchen, und es kommt nicht auf Innenräume an, die sich mit Versailles oder anderen großen Räumen der Geschichte vergleichen lassen.

Man hat – wiederum später – Schinkel auch den gegenteiligen Vorwurf gemacht, nicht auf die Gestaltung von Raum sei es ihm angekommen, sondern allein auf die Wirkung, ganz wie im Bühnenbild, von dem er ja ausgegangen sei.

Tatsächlich verbindet sich bei ihm biedermeierliche Sorgfalt im Inneren mit einem Höchstmaß an Wirkung nach außen. Und es kann gut sein, daß deshalb auf der äußersten Rechten angesiedelte Geister wie Möller van den Bruck oder Albert Speer sich nur zu gern auf ihn berufen haben. Aber weder hat Schinkel jemals die Supermaße eines Speer angesteuert noch – wie bei Möller van den Bruck, *Der preußische Stil* (1916), zu lesen – eine steinerne Verherrlichung von Ordnung und Hierarchie erstrebt. Man übersieht, daß beides, behagliche Innenräume und wirkungsvolles Äußeres, auf den gleichen Ursachen beruhen, nämlich auf Schinkels Sparsamkeit im Einsatz der Mittel, handele es sich um das Material oder den geistigen Entwurf. Alles bleibt bei ihm maßvoll und wirkt deswegen so überzeugend. Ein Talent wie das seine steht so gut wie jeder Interpretation offen – in sein Werk läßt sich vielleicht nicht das Gegenteil von Ordnung, wohl aber, wenn man so will, das Gegenteil von Hierarchie hineininterpretieren.

Bei seinem »gotischen Schmerzenskind«, der Werderschen (später: Friedrich-Werderschen) Kirche richtet sich die Kritik gegen einen anderen Mangel. Sie wird 1831 mit einem feierlichen Gottesdienst geweiht, bei dem sich ein Schwachpunkt zeigt, der vor allem Schinkels Sakralbauten anhaftet: eine unzureichende Akustik. Es handelt sich da freilich um ein allgemeines Problem der Zeit, das ohne Mikrofon und Lautsprecher bis dahin fast ausschließlich durch Zufall gelöst worden ist. Zelter berichtet Goethe: »Der zweyte jüngere Prediger, der vor dem Altar die Liturgie verlesen hatte, klagte, es lasse sich hier schwer predigen wegen der Höhe der Kirche, ja wenn die Kirche leer sey, schalle es zu sehr. Da Schinkel nahe genug stand, die Einrede gehört zu haben, sagt' ich, eben laut genug: ich wisse nicht, ob in leerer Kirche auch gepredigt werde; wäre es aber, so könnten die Zuschauer um so näher treten.«

Der Leiter der Singakademie, der ein Jahr später gestorben ist, gilt nicht zu Unrecht als einer der liebenswertesten Menschen im damaligen Berlin.

Die Kirche mit den auf zwei reduzierten Türmen ist Schinkels erster großer Backsteinbau. Das heimische Material, das nicht importiert werden muß, zwingt ihn dazu, wie er es selbst ausdrückt, »alles überflüssige an diesem Stil zu vermeiden« und ihm »mehr den Charakter einer englischen Chapell [Seitenkapelle]« zu geben.

»Dieser Stil« ist der gotische, den er David Gilly gegenüber dem neoklassizistischen vorgezogen hat. Inzwischen liegt ihm die Antike wieder näher: das warme Rot der Ziegelsteine hat er bisher nur an den Seitenwänden der Neuen Wache stehen lassen. Die sechs Millionen Bausteine des Neuen Museums sind hinter Marmor- und Mörtelverkleidung verschwunden.

Das Gotische wird an der Friedrich-Werderschen Kirche nur in gleichsam großen Zügen sichtbar. Heinrich Heine hat sie als einen »gotischen Dom in verjüngtem Maßstab« verspottet. Die

»Miniaturkathedrale«, wie Grisebach sie genannt hat, mag eine schlechte Akustik haben und äußerlich nicht auftrumpfen. Ihre stilistische Überlegenheit läßt sie schlank, rank, nicht zu groß und nicht zu klein, kurzum: großstädtisch erscheinen. Für seine jetzige Nutzung – als Schinkel-Museum – ist das Gebäude in seinen Ausmaßen geradezu ideal geeignet.

Über den Deckengewölben schließt ein flaches Dach, ungewöhnlich genug als langgestreckte Aussichtsterasse mit dem wohl schönsten Rundblick auf Berlin, den Bau ab. Eduard Gaertner hat ihn auf seinem oft reproduzierten Gemälde festgehalten, das nun im Schinkel-Pavillon im Schloßpark von Charlottenburg hängt.

1831. Noch sind Museumsbau und Backsteinkirche – ein Dioskurenpaar besonderer Art – nicht ganz vollendet, da beginnt Schinkel einen weiteren Ziegelbau, in Sichtweite sogar. Er wird auf Eindrücken der englischen Reise beruhen und nach seiner Fertigstellung auf ebensoviel Kritik stoßen wie die zurückhaltend gotische Kirche. Die Bauakademie wird trotzdem ein Bauwerk, das wie mit einem Zeigefinger in die Zukunft weist.

18. Der Oberbaudirektor

Entworfen hat Schinkel die Bauakademie in seiner Eigenschaft als Oberbaurat. Bei Beginn der Bauarbeiten ist er zum Oberbaudirektor avanciert. Nach 15 Jahren im Amt ist er damit zum Leiter der Oberbaudeputation geworden, als Nachfolger Eytelweins, der, fünfundsechzigjährig, in Pension geht.

Die Ernennung zum Herrn über alle Bautätigkeit im Staate Preußen kommt nicht überraschend. Praktisch ist er längst der Oberste seiner Behörde. Trotzdem stellt die Erhöhung im Amt für ihn eine Zäsur dar. In Zukunft trägt er auch offiziell die volle Verantwortung für alles, was unter anderem wiederum mehr Arbeit bedeutet. Denn obwohl er nun die Aufsicht über die ästhetische Seite bei Baugenehmigungen einem jüngeren Kollegen überläßt, heißt das nicht, daß er diesen Teil der Arbeit seiner Baubehörde nicht mehr unter Kontrolle behalten würde. Im Gegenteil: So konziliant er im Privatleben zu sein pflegt, im Amt ist er ein gestrenger Vorgesetzter.

Seine Prinzipien kann man in seinen Aphorismen nachlesen. Sie hat sein Schwiegersohn Alfred von Wolzogen postum ans Licht gezogen, wenn auch, wie zu befürchten steht, nicht ohne eigene Zutaten und Verbesserungen. »Der Architect«, lesen wir, »ist seinem Begriff nach der Veredler aller menschlichen Verhältnisse, er muß in seinem Wirkungskreise die gesamte schöne Kunst umfassen, Plastik, Malerei und die Kunst der Raumverhältnisse nach Bedingungen des sittlichen und vernunftgemäßen Lebens des Menschen schmelzen bei ihm in einer Kunst zusammen.« Und: »Gleichgültigkeit gegen bildende Kunst liegt nahe an Barbarei.«

Das sind unverblümte, harte, utopische und letztlich sehr preußische Worte. Mag, wer an Preußen denkt, nicht zuerst an die schönen Künste denken, in jenem armen Land ohne Bodenschätze hat man das Schöne wahrscheinlich länger und intensiver herbeigesehnt als anderswo. Jetzt sind – zum erstenmal – zwei einflußreiche Männer am Werk, den Weg zum bisher eher ironisch zitierten Spree-Athen zu ebnen, durch Genie und Einsatz aller seiner Möglichkeiten und Kräfte der eine, mit Verstand und Organisationstalent der andere.

Daß Beuth und Schinkel am gleichen Strang ziehen, wird – was in Preußen nur selten vorkommt – eher begrüßt als mißtrauisch bekämpft. Die Bauakademie, könnte man argwöhnen, scheint überhaupt ein Gemeinschaftswerk der beiden Freunde. Voll und ganz auf Schinkels eben zitierten Grundsätzen beruhend, scheint sie auch viel von Beuths Funktionalismus in seine einfache, aber monumentale Gestaltung aufgenommen zu haben.

Tatsächlich ist es Beuth, der die Initiative ergriffen und den Bauantrag gestellt hat, wenn auch, nominell, im Auftrag der Minister Schuckmann und Maassen, den Ressortchefs für Inneres und Finanzen. Der König genehmigt die Eingabe ungewöhnlich rasch in nur 17 Tagen – Beuth muß bei weitem nicht so lange warten wie normalerweise Friedrich Wilhelms Lieblingsbaumeister. Er hatte allerdings Gelegenheit, in persönlicher Audienz die Notlage vorzutragen, in die das Institut, dem er, Beuth, seit vorigem Jahr als Direktor vorsteht, geraten ist. Dreißig Jahre befinden sich Baubehörde und Akademie im gleichen alten Gebäude Ecke Zimmer- und Charlottenstraße, in dem auch Schinkel seither residiert. Die Platznot dort ist unerträglich geworden.

Dem König dürfte das eingeleuchtet haben, und Beuth wird ihm nicht den Namen des in Aussicht genommenen Architekten verschwiegen haben. Wahrscheinlich hätte von Friedrich Wilhelm ohnehin kein anderer als Schinkel den Auftrag bekommen.

Der entscheidet sich für Backstein als Baumaterial wie an der Friedrich-Werderschen Kirche. Da die beiden Gebäude fast nebeneinander liegen, ergänzen sie einander: »Die Wirkung dieser Gebäude«, so Waagen, »ist besonders schön in der Ansicht von der Schloßbrücke her, bei welcher sie in Verbindung mit dem Museum in glücklichen Verhältnissen hintereinander hervortreten.«

Auch die Schloßbrücke, auf der »sechs Wagen bequem nebeneinander darüber hinfahren können«, stammt – mitsamt dem von ihm entworfenen, freilich nicht selbst ausgeführten und noch nicht vorhandenen skulpturalen Schmuck – von Schinkel: Museum, Kirche, Brücke, Akademie bilden schon ein Stadtensemble oder, wie es Egon Friedell in seiner *Kulturgeschichte der Neuzeit* ausgedrückt hat: »Schinkel war ein Kopf von michelangelesker Großräumigkeit, in dem der komplette Plan einer ganz neuen Stadt lebte.«

Davon träumt er ganz sicher, eine neue Stadt ist sein Ziel. Er ist weniger ein Architekt von Einzelgebäuden als ein Städtebauer, und zwar einer der ersten in deutschen Gefilden. Um noch einmal Friedell zu zitieren: »Die übrigen deutschen Architekten waren mehr von Schlage Klenzes, des Schöpfers der Regensburger Walhalla, die ein dorischer Tempel ist, und zahlreicher anderer Prunktbauten, ›hellenischen‹ Stils ...«

Hellenisch ist Schinkels Bauakademie gewiß nicht. Man könnte sie eher als englisch bezeichnen, Bristol-Stil der biederen Maurer-Handwerker Albions. Freilich wenn nicht reichlich, so doch mit ausreichend Schmuck versehen. Mag das Gebäude – wiederum Friedell, obgleich in anderem Zusammenhang – von jenem »reinen, vornehm kargen Stil mit geschmackvollstem Takt für Proportionen« sein, so hat der Baumeister keineswegs an skulpturaler Beigabe gespart. Diesmal allerdings tritt der plastische Figurenschmuck hinter dezenten Reliefs aus gebranntem Ton, ebenfalls in dunkelroter Ziegelfarbigkeit, zurück. Die

Tafeln tragen symbolisch-poetische Darstellungen mit Greifen, Rehen, Engeln sowie zwei Symbolträgern, für die er eine seltsame Vorliebe hegt: Palmetten und Seepferdchen, in Halb- und Ganzrelief.

Den weiteren, mehr ornamentalen Schmuck, beschreibt Schinkel selbst: »Durch die ganze Fassade ist jedesmal in regelmäßiger Höhe von fünf Steinschichten eine Lagerschicht von glasierten Steinen in einer sanften mit dem Ganzen harmonischen Farbe angeordnet, teils um die rötliche Farbe der Backsteine in der Masse etwas zu brechen, teils um durch diese horizontalen Linien, die das Lagerhafte des ganzen Baues bezeichnen, eine architektonische Ruhe zu gewinnen.« Der gelegentliche Aphoristiker Schinkel fügt (bei einer anderen Gelegenheit) hinzu: »Ruhe und Festigkeit [ist] das erste Gesetz der Architektur.«

In dieser Bauakademie steckt das künftige Bauhaus mit seiner Funktion-ist-Schönheit-Tendenz wie Blüte und Blatt in der Knospe. Aber es ist bezeichnend, daß in Berlin auch dieser Bau auf weit mehr Ablehnung stößt als Zuneigung. Der »häßliche rote Kasten«, auch als »umgedrehte Kommode« gekennzeichnet, bleibt ungeliebt, den hübschen kleinen Läden im unteren Stockwerk zum Trotz, die den Bau amortisieren helfen sollen. Was wollten die Preußen, allen voran der König, von Schinkel? Jene Schönheit, an der es der Hauptstadt, die Schinkels Freund Fürst Pückler hämisch in seinen Büchern »Sandomir« nennt, noch mangelt. Nüchtern waren sie selbst zur Genüge und ihre Stadt auch. In der fast allgemeinen Ablehnung von Schinkels wohl wichtigstem Bau liegt so etwas wie mißverstandene Liebe.

Schinkel scheint, zumindest äußerlich, über Kritik erhaben. Seinen Zweck erfüllt das schlichte Gebäude vollauf. In den ersten Stock zieht die Allgemeine Bauschule ein, in den zweiten die Oberbaudeputation. Und ganz oben richtet der neue Oberbaudirektor für sich und seine Familie eine geräumige Wohnung ein. Dort wird Schinkel bis zu seinem Tode wohnen, in der Mitte der Stadt, der er ein neues Gesicht zu geben hofft, und zugleich hoch über ihren Dächern. Auch daß sein Amtssessel, nur durch eine Treppe von der Privatsphäre getrennt, leicht erreichbar ist, paßt zu Schinkel. Es bleibt dies das einzige in seinem Leben, das einem eigenen Haus nahekommt. Auf mehr irdischen Besitz scheint der Baumeister keinen Wert zu legen.

Als sein bisheriges Meisterwerk, das Neue Museum, eingeweiht wird, ist er nicht dabei. Waagen vertritt ihn, und im Mittelpunkt der Zeremonie steht, wie bei allem, an dem er teilnimmt, Rauch, der seine männliche Schönheit bis ins hohe Alter bewahrt.

Schinkel verdankt seine Freistellung dem König, der wegen seiner Erkrankung auch nicht dabeisein kann. Ein knappes Vierteljahr darf Schinkel sich einmal fast ausschließlich seiner Familie widmen und sich einen alten Wunsch erfüllen, nämlich Susanne und den Kindern Italien zu zeigen. Freilich langt das Geld nur für Venedig, und Schinkel wäre nicht Schinkel, wenn er diese Reise nicht mit dienstlichen Aufträgen verbinden würde.

Leider unterläßt er es, wie bei den früheren Reisen selbst ein Tagebuch zu führen, was sich insofern erübrigt, als seine Frau diesmal mitfährt. Glücklicherweise widmet sich eine der beiden älteren Töchter dieser Aufgabe an seiner Statt.

Von Schinkels Familienleben wissen wir wenig genug. Hier wird uns ein kurzer Blick durchs Schlüsselloch gestattet. Er fällt auf ein biedermeierliches Idyll, wie man es sich vorstellt: die Familie als Oase in einer wenn nicht unbedingt feindlichen, so doch unpersönlichen Umwelt. Die Älteste, Marie, ist schon zwanzig, Susanne achtzehn, der Sohn Karl sechzehn und die Jüngste, Lieschen, wird unterwegs acht. Der Hamburger Architekt Chateauneuf hat Marie in einem Brief als »sorgsam« beschrieben, Susanne als »kunstreich«, Lieschen als »spröde« und Karl als »bescheiden«. Eine Charakterisierung, die – verglichen mit anderen zeitgenössischen Schilderungen – den Nagel auf den Kopf treffen dürfte. Ausgerechnet die spröde Tochter, Lieschen, wird die einzige sein, die heiratet.

In Berlin bricht man zu einer Tageszeit auf, wie sie Schinkel zumindest auf Reisen, liebt, nämlich um fünf Uhr früh. Da ist aber Persius, Schinkels junger Assistent, schon wach und verabschiedet die Familie an der Post mit einer Schachtel voller »Ananas und Pommeranzen«.

Wir erfahren, daß Susanne Schinkel sich anscheinend nicht mehr jener robusten Gesundheit erfreut, die ihr früher nachgesagt wurden. Sie leidet häufig an Kopfschmerzen und zieht sich früh aufs Zimmer zurück. Nicht selten müssen die weiblichen Familienangehörigen, wie zum Beispiel in Köln, mit einem Zimmer vorliebnehmen. Dafür werden sie mit der Aussicht über den Rhein bis hin zum Siebengebirge entschädigt, während Schinkel und Karl in einem Zimmer zur Rückseite unterkommen müssen.

Mit Geld muß sparsam umgegangen werden. Im Park Wilhelmshöhe bei Kassel will Schinkel den Kindern die große Fontäne in Betrieb zeigen, was drei ganze Taler kostet. Er hat Glück: ein anderer Besucher kommt ihm zuvor und man bewundert das Schauspiel eines zwanzig Meter hochaufschießenden Springbrunnens kostenlos. Dafür zahlt Schinkel auf dem Drachenfels den Ritt auf sechs Eseln. Nachdem in Magdeburg, Elberfeld und Köln alles Geschäftliche erledigt ist, wirkt Schinkel gelöst und, auch das: spendabel. Über Grindelwald geht es nach Italien. Venedig wird Mitte September der Höhepunkt der Reise, der ersten, an der die ganze Familie geschlossen teilnimmt. Es wird auch die letzte sein.

Als Schinkel nach Berlin zurückkehrt, findet er erdrückend viel Arbeit vor. Um nur das Wichtige aufzuzählen: die Entwürfe für die Postdamer Nikolaikirche müssen noch einmal mit König und Kronprinz besprochen und voraussichtlich verändert werden; dabei steht demnächst die Grundsteinlegung an. Das gilt auch für die Bauakademie und das Palais Redern, für welch letzteres er die außerordentlich komplizierte Inneneinrichtung übernommen hat. Daneben muß er die Fortschritte am neuen Packhof im Auge behalten, wo die Arbeit im vollen Gange ist. Und natürlich trägt sich Friedrich Wilhelm wieder mit einem neuen Bauprojekt: gleich drei oder vier allerdings kleinen Kirchen für die seelsorgerisch benachteiligten Vorstädte.

Das alles verlangt eigentlich ein eigenes, voll besetztes Büro, aber Schinkel kann, wie wir wissen, nur schlecht delegieren. Er besitzt jetzt zwar ältere Schüler, denen er vertrauen kann, und die ihm nur zu gern in die Hand arbeiten. Im Grunde will er aber alles möglichst selbst machen, denn wem würde er ästhetisch, architektonisch, künstlerisch – und überhaupt rückhaltlos vertrauen?

Immerhin mag es von Vorteil sein, daß der frischgebackene Oberbaudirektor im Amt jetzt keinen Vorgesetzten mehr hat. Aber wie vorauszusehen verlangt die neue Stellung eine erhebliche Mehrarbeit, vor allem häufigere und weitere Dienstreisen als bisher durch die preußischen Lande zwischen dem Rheinland und Ostpreußen, Pommern und Schlesien. Die erhöhte Verantwortlichkeit hat Schinkel erst kürzlich in Köln zu spüren bekommen, wo der Turm von Sankt Kunibert eingestürzt ist und eine Fülle baulicher und sonstiger technischer Probleme aufgeworfen hat.

Und nicht zuletzt gibt es im Ausland für ihn zu tun, dies sogar mit ausdrücklicher Bewilligung des Königs, der stolz darauf ist, daß man jenseits der Grenzen einen preußischen Baumeister bewundert. In Dresden, einer Stadt des Schinkel fremden und fast sogar verhaßten Barock, will man von ihm eine solide klassizistische Hauptwache, übrigens, wie damals üblich, ohne Honorar, denn Dresden gehört zum Königreich Sachsen, wo Staatsbeamte fremder Staaten keine Forderungen erheben dürfen. Er kann froh und dankbar sein, wenn er als Anerkennung eine womöglich goldene Uhr erhält.

Bei seiner Ernennung zum Oberbaudirektor am 16. Dezember 1830 ist Schinkel knapp fünfzig Jahre alt. Seine Gesundheit hat gelitten, der ständige Streß, unter dem er gelebt und gearbeitet hat, zeigt seine Wirkung. Die Zeit, da er die Nächte – durch Arbeit! – zum Tage machte, sind vorbei. Im kommenden Jahr,

1831, kurt er zum erstenmal den Sommer über in Marienbad und wird fortan alljährlich einen Kuraufenthalt einplanen müssen. In Hofgastein, Karlsbad oder Kissingen gehört er bald zu den prominenten Gästen, die sich Könige und Fürsten vorstellen lassen, wenn sie von deren Anwesenheit hören. Mit anderen Worten: Schinkel tut etwas für seine angegriffene Gesundheit, aber er schont sich auch weiterhin nicht. Eine Kerze, die man irgendwann an beiden Enden angezündet hat, läßt sich wohl so leicht nicht wieder auslöschen. Sein Arbeitseifer, man möchte fast sagen: seine Arbeitsgier, hat selbstzerstörerische Züge. Er kurt, nicht um weiterleben, sondern weiter so leben zu können, wie bisher, mit unvermindertem Raubbau an Geist und Körper.

Daß er sich der Schönheit in Preußen gewidmet hat, dafür zahlt Schinkel einen hohen Preis. Man muß das ohne jeden heroischen Unterton verstehen, wie er ihm mitunter nachgesagt wurde. Wahrscheinlich kann er gar nicht anders. Halbe Sachen sind ihm fremd.

Sein Credo geht eher aus seinen Bauwerken, Gemälden, architektonischen Entwürfen, eben der Kunst, hervor als aus seiner gelegentlichen Theorie. In seinen Aphorismen spricht er eine deutliche Sprache. Wer sich der Kunst verschreibt, muß sich ihr ganz verschreiben. Und Kunst ist für ihn gleichbedeutend mit Leben. Das mag – Friedell hat recht – moderner sein, als was seine Zeitgenossen gewöhnlich denken oder zu äußern wagen. Für Schinkel reicht Kunst – er macht daraus kein Hehl – ins Metaphysische.

»Die Kunst selbst«, sagt er unmißverständlich, »ist Religion. Das Religiöse demnach ist ewig zugänglich der Kunst.« Und: »Die Religion soll beim wahren Menschengeschlecht überall der einzige Grund sein.«

Kunst ist, mit anderen Worten, für ihn überhaupt dann erst Kunst, wenn sie mit Religion – also dem Metaphysischen – identisch wird. »Dem Anschein nach vernünftig sprechen über Kunst und vernünftig handeln in der Kunst ist ein großer Unterschied. Man kann dem Scheine nach ein halbes Leben vernünftig über Kunst geredet haben und ist deshalb noch nicht im Stande, eine einzige Idee kunstgemäß vernünftig zu concipiren. Können und Wissen sind zwei ganz verschiedene Dinge in der Welt.« Denn: »Ein Kunstwerk kann nicht aus Gedanken musivisch [mosaikartig] zusammengesetzt werden, es muß ein einziger Gedanke in seiner ganzen Mannigfaltigkeit sein; der entwickelt sich aber allein in der Darstellung und fortrückenden Erfindung der Form.«

Ein einziger Gedanke in seiner ganzen Mannigfaltigkeit – das könnte Schinkels eigene Analyse sein, eine Art Selbstbildnis. Sein Weg ist vorgezeichnet, und er wird ihn, kein Mann, der unbedingt auf den Rat von Ärzten oder Freunden hört, zu Ende gehen. Eine Umkehr wäre Häresie und ist ausgeschlossen.

19. Charlottenhof, der romantische Traum

»Kopf oben, Schinkel«, soll der preußische Kronprinz den Baumeister getröstet haben, »wir wollen einst zusammen bauen!«

Diese »Zauberformel, vor der alle Trübsal schwand«, wie Fontane sie nennt, ist angeblich gefallen, als Schinkel wieder einmal deprimiert vom König kommt. Es wird um Pläne, Termine und nicht zuletzt das liebe Geld gegangen sein.

Fontane fügt, weise genug, hinzu: »Charlottenhof ›das in Rosen liegt‹ war nur ein Anfang, ganz andere Dinge noch waren geplant und harrten ihrer Ausführung. Ob das Einvernehmen dasselbe geblieben wäre, wenn Schinkel die Thronbesteigung Friedrich Wilhelms IV. um mehr als wenige Monate überlebt hätte, steht freilich dahin. Fast möchten wir es bezweifeln. Der König war eben König und Schinkel, wenn auch in vielem nachgiebig, war doch sehr fest in seinen Kunstprinzipien.«

Das bekommt schon Friedrich Wilhelm III. zu spüren. Wie der König kein einfacher Vorgesetzter sein kann, so Schinkel kein einfacher Untergebener. Friedrich Wilhelm III. will es wahrscheinlich gar nicht anders. Er, ein Mann von Prinzipien, der sich nur durch (gute) Argumente überzeugen läßt, liebt Dickköpfe, die auf ihrem Recht einer eigenen Meinung bestehen, auch wenn er sie mitunter anzuschnauzen pflegt. Der spätere Friedrich Wilhelm IV. setzt lieber seinen eigenen Dickkopf durch und zieht daher den Gehorsam der anderen vor. Zwischen ihm und Schinkel wäre es wahrscheinlich zu weit mehr Reibungen gekommen als zwischen dem alten König und Schinkel, jedenfalls auf die Dauer.

Was den Kronprinz jedoch auszeichnet, ist ein ausgesprochen musisches Interesse und mehr als das: Begabung sowohl im Literarischen – er hat einen romantischen Roman geschrieben – als auch im Zeichnen, das er getreulich bei Schinkel und dem Gartengestalter Peter Joseph Lenné, ebenfalls einem Meister seines Fachs, gelernt hat. Schinkels Assistenten, Stüler und Persius, im Lebensalter dem Kronprinzen näher als dem Lehrer, haben bedauert, daß dem jungen Gelegenheitslehrling im Architekturfach die berufliche Entfaltung versagt blieb.

Trotzdem muß man wohl Fontane zustimmen, zumal der spätere Friedrich Wilhelm IV., ein typisch romantischer Charakter, auch unbeständig ist und ungemein rechthaberisch sein kann. Schinkel dürfte er mehr an Brentano als an Beuth erinnert haben.

Das hat sich schon beim Charlottenhof gezeigt. Ein italienischer Traum, schmiegt er sich heute noch an die Potsdamer Schlösser und Gärten, zugleich der sicher romantischste Teil der gesamten Anlage. Ihm liegt auch eine romantische Geschichte zugrunde.

Der Kronprinz war Mitte Zwanzig, als er auf einer Reise in den Süden Deutschlands die siebzehnjährige und bildschöne bayerische Prinzessin Elisabeth Ludovika kennenlernte. Der junge Mann wäre lieber nach Italien gereist, aber das ließen die politischen Verhältnisse nicht zu. Statt dessen fand er seine große Liebe auf den ersten Blick in Baden-Baden respektive in München. »Alle Mittags fuhren wir nach Nymphenburg, wo ich mir trotz meiner großen anscheinenden Gleichgültigkeit immer mehr die Flügel verbrannte!«, lesen wir in einem Brief des Kronprinzen.

Da galt es allerdings eine Schranke zu überwinden, die damals noch fast unüberwindbar schien: die der Konfession. Der preußische König durfte, einem Gesetz Friedrich Wilhelms I. zufolge, keine Katholikin an der Seite eines zukünftigen Königs von Preußen dulden. Und die Wittelsbacher hielten es mit dem Katholizismus ähnlich. Vier Jahre lang zogen sich die Versuche hin, jene Hürde zu überwinden, die aber immer noch komplizierter und höher zu werden drohte: Elise, wie die Prinzessin genannt wurde, erhielt mehrfach Heiratsanträge von katholischer Seite, lehnte sie aber alle aus Liebe zu Friedrich Wilhelm ab. Trotzdem weigerte sie sich, ihre religiöse Überzeugung »zum Opfer zu bringen«. Um das Wort »Opfer« drehte sich alles so lange, bis endlich ein weiser Mensch den Ausweg fand. Sollte die Prinzessin es mittlerweile nicht mehr als ein Opfer betrachten, so könnte ein Übertritt zum Protestantismus von beiden Seiten akzeptiert werden. Eine Meinung, der sich beide Königshäuser und beide Konfessionen anschlossen.

So kam es zum Happy-End, einer europäischen Sensation mit gleich zwei Vermählungen des gleichen Paars, einer eher katholischen in München und einer eher evangelischen in Berlin. Vater Friedrich Wilhelm war darüber so glücklich, daß er dem Sohn ein altes Bauernhaus an der Grenze des Potsdamer Schloßparks schenkte, das nach einer Vorbesitzerin Charlotte benannt ist – und diesen Namen auch beibehält.

Friedrich Wilhelm mag das Dörfchen Paretz im Auge gehabt haben, das ihm sein Vater, Friedrich Wilhelm II., geschenkt hat, und wo er so glücklich mit seiner Luise gewesen ist. Schinkels Lehrer David Gilly hatte es ausgebaut.

Jetzt macht Schinkel aus dem baufälligen Landhaus ein kleines Schloß, und Lenné verwandelt das umgebende Ackerland in einen englischen Naturpark. Beides gelingt in einer Weise, daß viele Stimmen nachfolgender Zeiten, solche von Fachleuten wie Laien, Charlottenhof als das eigentliche Juwel bezeichnen, das der preußische Klassizismus hinterlassen hat. Womit sie recht haben könnten, denn die ganze Anlage mitsamt den späteren italianisierenden Zusätzen wirkt wie ein Bühnenbild zum *Taugenichts* des Romantikers Eichendorff. Er ist ungefähr zur gleichen Zeit ganz in der Nähe entstanden, denn der Dichter arbeitet, ein kleiner, mausgrauer Beamter, in der Kulturbehörde des Landes Preußen.

Freilich hat Schinkel seine liebe Not damit, denn dem Kronprinzen mangelt es nicht an Selbstbewußtsein. Er verändert manche Entwürfe in entscheidenden Einzelheiten, die ihm Schinkel in langen Diskussionen wieder ausreden muß und verliert beim Planen – wie überhaupt – leicht Maß und Ziel. Mag sein Vater etwas zuwenig von Kunst und Architektur verstehen, so würde er doch nie auf den Gedanken kommen, eine Zeichnung von Schinkel zu korrigieren. Der Thronfolger versteht fast zuviel davon und ist es gewohnt, mit Schinkel und dessen Assistenten Stüler und Persius zu arbeiten.

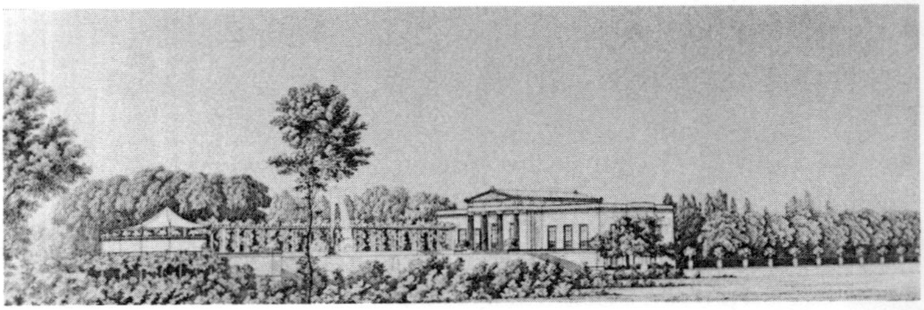

Schloß Charlottenhof bei Potsdam. Zeichnung

Daß trotzdem alles so gut gelingt, liegt an Schinkels Hartnäckigkeit und am Respekt, den er genießt. Es liegt aber zweifellos auch ein bißchen an der Begabung des Kronprinzen und dem Erfolg seiner Lehre bei Schinkel und Lenné.

Das Schlößchen Charlottenhof ist schöner und stolzer als das etwas karg geratene, darin preußischere Paretz. Es bleibt trotzdem zurückhaltend, idyllisch, ein anmutiger Bau ohne jeden Prunk und ebenso ohne jede Verspieltheit.

Die Inneneinrichtung der erstaunlich kleinen Zimmer stammt ausnahmslos von Schinkel und gehört zum Wenigen, was von ihm original erhalten geblieben ist. Alles sonst ging verloren oder mußte nachgeschaffen werden wie das Schlafzimmer der Königin Luise (einst im Stadtschloß, jetzt im Schloß Charlottenburg) oder die Einrichtung im Schinkel-Pavillon.

Nun war Schinkel kein Innenarchitekt und hielt sich offensichtlich nicht für einen solchen, denn von eigenem Geschmack in dieser Richtung läßt er wenig ahnen. Er richtet sich, soweit es den Stil betrifft, ganz nach den Wünschen der jeweiligen Auftraggeber.

Da liegen an einer der schönsten Stellen der Havel, zwischen Berlin und Potsdam, zwei grundverschiedene Schloßanlagen einander gegenüber. Schloß Babelsberg gehört Prinz Wilhelm, dem Bruder des Kronprinzen. Er – oder vielmehr seine Gemahlin Augusta – hat sich von Schinkel eine treu-trutzige Burg errichten lassen, in deren Bauentwurf Augusta derart viel hineingepfuscht und Schinkel-Schüler zusätzlich Turmungeheuer hinzugefügt haben, daß Schinkel sie nicht in seinen Oeuvre-Katalog aufgenommen hat. Die Einrichtung stammt allerdings von ihm, ebenso klobig-klotzig wie das Gebäude, obwohl ihm so etwas sowohl außen- als auch innenarchitektonisch *contre cœur* geht. Klein-Glienicke gegenüber gehört ebenfalls einem Sohn Friedrich Wilhelms III. und der Königin Luise, Prinz Karl, der einen diffizileren Geschmack hat. Das von ihm umgebaute Anwesen stattet Schinkel – ebenso dessen Palais am Berliner Wilhelmplatz – mit feinstem Klassizismus aus. In der königlichen Familie scheint es Tradition, das jeweilige Palais von keinem anderen umbauen oder einrichten zu lassen als von Schinkel.

Die Tradition, falls man sie als eine solche bezeichnen kann, wurzelt bereits in den Anfängen des Baumeisters. Prinz August, der Chef der preußischen Kavallerie, hatte schon 1814, vier Tage nach dem Einmarsch der Alliierten in Paris, von dort wissen lassen, er wünsche die Gesellschaftsräume in seinem Palais an der Wilhelmstraße von Schinkel neu eingerichtet, da dieser »viel Geschmack in dergleichen Geschäft« besitze.

Damit hatte er wohl recht, aber Schinkel konnte damals noch

einen Großteil der Aufgabe seinem Schwager Berger zuschustern. Prinz August entpuppte sich jedoch als außerordentlich hartnäckig. Am Ende dekorierte Schinkel die Räumlichkeiten dann doch selbst mit Seidentapeten aus der Fabrik seines Freundes Gabain, entwarf auch die Möbel und die goldenen Türgriffe sowie vier Riesenkronleuchter zu je 28 Kerzen. Der Artillerieprinz, ein Neffe Friedrichs des Großen, blieb auch weiter ein guter Kunde. Er ließ, wie Mario Zadow es ausdrückt, »fortan im Palais kein Bild aufhängen und auch keine größeren Veränderungen vornehmen, ohne Schinkels Rat einzuholen«.

Das gilt auch für den Prinzen Friedrich, der es wiederum gotisch liebt, und für den Prinzen Albrecht, der es gern dezent modern hat. Albrechts Palais, ebenfalls ein Schinkel-Umbau, ist, obwohl gut erhalten, aus Scham über die Nutzung des Gebäudes im Dritten Reich nach dem Zweiten Weltkrieg bis auf die Grundmauern abgerissen worden. In ihm war das Hauptquartier der Gestapo mit den berüchtigten Folterkellern untergebracht.

Ob sich all die komplizierte Arbeit beim Einrichten fürstlicher Palais für Schinkel gelohnt hat? Künstlerisch muß man es bezweifeln und finanziell wird es nicht übermäßig lukrativ gewesen sein. Prinz August spendiert immerhin eine »Gratifikation« von 1000 Talern, während Prinz Karl es bei einer goldenen Dose beläßt, freilich »mit wertvollem Inhalt«, über den nichts Näheres bekanntgeworden ist.

Schinkels immaterieller Gewinn besteht in einer wertvollen organisatorischen Erfahrung. Der Umgang mit Handwerkern und Werkstätten vom Maler bis zum Bronzegießer schult ihn auch für die architektonische Praxis. Er »lieferte« – wiederum Mario Zadow zufolge – »nicht nur die Entwürfe, sondern er mußte auch die Arbeiten der Handwerker überwachen. Er verhandelte mit den Lieferanten über den Wert der Hölzer, die Qualität der Stoffe, über die Preise und Liefertermine. Er setzte Verträge auf, prüfte die Rechnungen und nahm Lieferungen ab.«

Man darf nicht übersehen, daß die meisten Bauten der könig

lichen Familie so etwas wie ein Arbeitsbeschaffungsprogramm in einer wirtschaftlich schwierigen Nachkriegsperiode darstellen. Maler, Stukkateure, Tischler, Zimmerleute, Kupferschmiede, Glaser, aber auch frühindustrielle Unternehmen wie die Spiegelfabrik des Barons von Eckhardtstein und der Betrieb des Ofenbauers Feilner sind auf derartige Aufträge angewiesen. Wie sehr Beuth an der Einbeziehung wichtiger Betriebe beteiligt ist, steht nicht fest, aber bestimmt haben sich hier die beiden Freunde miteinander über solche Förderung des Gewerbefleißes in Preußen abgesprochen.

Als der Ofenbauer Tobias Christoph Feilner, der auch die schönen Ziegel und Terrakotten für die Bauakademie geliefert hat, sich selbst ein Haus baut, beauftragt er Schinkel, der später in dem unverputzten Ziegelbau wie viele andere Künstler der Zeit verkehrt hat. Beim Urheber des typisch Berliner Kachelofens, den erst in unserem Jahrhundert die Zentralheizung abgelöst hat, trifft sich, was in Preußen in der bildenden Kunst Rang und Namen besitzt. Das Bürgertum setzt sich immer mehr dem Adel gegenüber durch, auch wenn dieser beim Bau und Umbau der Stadtpalais noch lange das Übergewicht behält.

Am Pariser Platz, direkt dem Brandenburger Tor zur Seite, baut Schinkel das Palais des Grafen Redern um, es erfährt eine spektakuläre Veränderung, die dem zentralen Platz der preußischen Hauptstadt ein neues Gesicht verleiht. Es ist und bleibt Schinkels geschlossenster Bau und hat etwas Wehrhaftes, was städtebaulich gut in die Gegend paßt, die das Palais mit beherrscht. Im Kaiserreich mußte es dem Hotel Adlon weichen, ein Jammer, daß man nach dessen Zerstörung im Zweiten Weltkrieg nicht auf Schinkels Entwurf zurückgegriffen hat. Den »stolzen Bau«, wie ihn Grisebach nennt, soll Schinkel dem Palazzo Pitti nachempfunden haben. Er wurde auch durch seine Innenausstattung berühmt, vor allem wegen Schinkels perspektivischen Wandmalereien, in die er pompejanische Eindrücke und wohl auch Erfahrungen aus seiner Panoramen-Zeit eingebracht hat.

Pompeji ist im übrigen groß in Mode. Selbst der wenig musische Prinz Wilhelm hat sich sein Palais Unter den Linden, das Langhans, nicht Schinkel gebaut hat, pompejanisch ausmalen lassen.

Was imponiert, ist Schinkels Überlegenheit, sich über Stile und Geschmacksfragen virtuos hinwegzusetzen. Man fühlt sich fast schon an spätere Zeiten erinnert, in denen Kunst der Vergangenheit von den Modernen wie ein Steinbruch nach Belieben ausgeschlachtet werden durfte. Noch imponierender, daß es Schinkel gelingt, seine über alle Stile und Moden hinwegführende individuelle Handschrift sichtbar bleiben zu lassen.

Wie Zeitzeugen übereinstimmend berichten und frühe Fotos belegen, gelingt es Schinkel, selbst Sälen, die der Repräsentation dienen sollen, eine zwar heitere und festliche Wirkung zu geben, aber den offiziellen Charakter, der solchen Räumen anhaftet, abzumildern. Man fühlt sich in ihnen zu Hause.

So vermeidet er in den Innenräumen Säulen und unübersichtliche Ausmaße, die Besucher einschüchtern. Das Ebenmaß von Raum, Wand- und Deckenmalerei, Möbelausstattung und Beleuchtung deutet man schon damals »als Bekenntnis zu einer autonomen bürgerlichen Geselligkeit« und eine »Absage an die zeremoniellere Haltung in höfischen Sälen« (Grisebach).

Bei reichen und nichtadligen Bürgern denkt der Lieblingsbaumeister aller Preußen nicht daran, aufs Geld zu sehen. Er sieht nur auf Qualität und nichts sonst. Bei der Innenausstattung für Prinz Heinrich wie für Feilner besteht er auf einer mit seinem Seidenfabrikanten Gabain abgesprochenen Methode. Die kostbaren Seidenstoffe werden einfarbig geliefert und erst dann mit den gewünschten Farben bestickt, wenn sie bereits auf die von Schinkel entworfenen Möbel aufgezogen sind. Selbstredend stammen auch die Stickentwürfe von ihm. Daß er bei der Farbgebung äußerst penibel vorgeht, bestätigt Waagen. Schinkel habe sogar, schreibt er, »die verschiedenen Farbbeimischungen des Stuckmarmors auf einem Streifen Papier als Vorbild für die Arbeiter« genau verzeichnet.

Greift er reichen Bürgerlichen mit Rücksicht auf dekorative Qualität tief in die Geldbeutel, so spart er umgekehrt beim Adel bereitwillig, wenn es diesem finanziell nicht gut geht. Als Prinz Friedrich (eigentlich: Fritz Louis) sein Palais ausbaut, gibt der König seinem Patensohn nur kärgliche Mittel dazu. Fritz Louis ist der Sohn der Schwester der Königin Luise, jener Friederike, die wegen ihres lockeren Lebenswandels vom preußischen Hof entfernt, aber dann vom versöhnlichen Friedrich Wilhelm wieder in die Arme geschlossen wurde. Schinkel bessert dem Prinzen den Etat nachhaltig auf, indem er ihm – auch das noch! – Kunstan- und Wiederverkäufe anrät und teilweise sogar vermittelt.

Für Extravaganzen läßt die Lebensführung Schinkels kaum Spielraum. In der Architektur dagegen gestattet er sich hin und wieder kleine Eigenwilligkeiten – wenn er den Bauherrn als verwandten Geist betrachtet und sich die Gelegenheit gleichsam von selbst ergibt. Kronprinz Friedrich Wilhelm, als dessen väterlichen Freund er sich betrachtet, wirkt in seinen jüngeren Jahren auf intelligente Weise eigenwillig, was ihm beim Adel wie beim Volk viel Sympathie einbringt. So richtet ihm Schinkel im Schloß Charlottenhof ein Zimmer ein, das wie ein Zelt ausgestattet ist und in dem man sich, ein luftiger Scherz, wie im Freien fühlt. Weiß-blau gestreifte Markisenstoffe drapieren Zimmerdecke, Wände und die beiden Eisenklappbetten, Aufmunterung und Gruß an die junge Herrin des Schlößchens. Selbst die gwählten Farben besitzen eine besondere Bedeutung. Weiß-Blau sind die bayerischen Landesfarben, von denen sich Elise, die künftige Königin Preußens, mit ebenso vielen Skrupeln trennt wie von ihrem katholischen Glauben.

Die bayerische Prinzessin ist auf Charlottenhof nicht so glücklich geworden wie einst die mecklenburgische Prinzessin Luise in Paretz. Sie bleibt trotz ihrer leichten Gehbehinderung, die auf einem verkürzten Bein beruht, bis ins Alter eine ausgesprochen schöne Frau. Überdies wird sie in schwierigen Tagen auf ihren Mann, Friedrich Wilhelm IV., besänftigend einwirken. Populär beim Volk wird sie nicht, fühlt sich in Preußens romantischste Landschaft weiterhin verschlagen wie Iphigenie in die Barbarei. Sie wird nicht warm mit den Erzprotestanten. Ihren Mann überlebt sie um mehr als ein Jahrzehnt, erlebt noch, daß ihr Schwager, der nüchterne Prinz Wilhelm, Deutscher Kaiser wird und damit einen Schlußpunkt hinter Preußen setzt. Sein Bruder hatte Preußen Deutschland vorgezogen.

1832. Vollendet werden der Berliner Packhof und in Kolberg das Rathaus. Sulpice Boisserée besucht Schinkel in Berlin. Für die vier vom König befohlenen Vorstadtkirchen sucht Schinkel die Bauplätze aus. In Minden wird der Dom nach seinen Angaben ausgemalt. Zwei Große gibt es zu betrauern, deren Tod ihm nahegeht: Goethe stirbt am 22. März. Am 15. Mai, sechs Tage nach der Einweihung des Prinz-Albrecht-Palais, folgt ihm sein Berliner Freund Carl Friedrich Zelter. Der König genehmigt den Bau einer Sternwarte (Entwurf: Schinkel), und schon am 16. Juni wird der Grundstein zur Paulskirche am Gesundbrunnen gelegt. Am folgenden Tag geht Schinkel auf eine Dienstreise, seine erste als oberster Baumeister in Preußen.

Sie führt ihn über Cottbus und Muskau, wo er mit seinem Freund Pückler den Bau einer Grabkapelle (einen privaten Auftrag des Fürsten) bespricht, nach Görlitz, Glatz, Neiße, Krakau, Gleiwitz, Breslau, Liegnitz (wo er eine Kirche besichtigt und noch am gleichen Tag an der Einweihung einer anderen in Straupitz teilnimmt) sowie Frankfurt an der Oder.

Das Arbeitspensum hat nicht abgenommen, es hat sich eher noch vergrößert. Was Schinkel am meisten widerstrebt, das muß er nun fast täglich tun: delegieren. Zum Glück sind nicht nur in Berlin seine Schüler inzwischen herangewachsen. Mag sich nicht überall ein Persius finden, der seinen Herrn und Meister bereits vollgültig vertreten kann, oder ein Stüler, dem man freilich auf die Finger sehen muß: er neigt zur Eigenwilligkeit. Aber auf bekannte Gesichter, die bei ihm gelernt und gearbeitet haben, stößt Schinkel bald überall in Preußen und sogar in Sachsen.

In Sachsen ist es der siebenundzwanzigjährige Carl August

Schramm, der, nach fünfjährigem Studium bei Schinkel in seine Heimatstadt Zittau zurückgekehrt, den Wiederaufbau der im Krieg zerstörten Johanniskirche nach den Plänen seines Lehrers überwacht. Der spätere Direktor der Sächsischen Bauhandwerkerschule wird auch nach dessen Tod noch Sorge tragen, daß Schinkels Rathaus bis ins Detail genau ausgeführt wird. Im Norden wirkt Johann Gottlieb Ludwig Bartning in Schwerin, dessen Enkel Otto Bartning, dermaleinst, eine Aufgabe von Schinkelschem Format, im zerstörten Deutschland nach dem Zweiten Weltkrieg seine hölzernen Notkirchen errichten wird.

Sehr zahlreich sind die Jünger, denen Schinkel vertraut, allerdings nicht. Er bleibt trotz seines Beamtenberufs, der im Grunde Teamarbeit erfordert, ein Einzelgänger.

Wie gerne sähe man ihn, den Romantiker, durch den Lennégarten seinem Charlottenhof entgegenschlendern. Die Environs, die er baut, verführen geradezu zum Müßiggang. Ihm ist jedoch, wie es scheint, daran nichts gelegen. Man sieht ihn, ernsten Gesichts, mit skeptisch gewölbten Augenbrauen die Environs kritisch betrachten, wie es ein Profi tut.

An den Gastlichkeiten im Schlößchen des Kronprinzen nimmt er allerdings teil. Friedrich Wilhelm lädt gerne Männer des Geistes zu sich nach Potsdam, und das nicht nur zu gelehrten Gesprächen. Nach durchzechter Nacht kehren Humboldt, Rauch, Tieck, Schinkel nicht immer nach Berlin zurück, sondern schlafen erst einmal aus – Schinkel zumeist im Zeltzimmer, das die beiden Hofdamen, die es als Vorzimmer benutzen, zu diesem Zweck räumen müssen.

Noch ist der Potsdamer romantische Traum nicht ganz ausgeträumt. Kronprinz und Baumeister werden ihm etwas absolut Unpreußisches hinzufügen, phantastische Bauten, allein um ihres ästhetischen Reizes willen.

20. Romantik und Realitätssinn

Die besondere Schönheit fast aller Bauten Schinkels liegt in ihrer Symmetrie. Da erstaunt es, wenn man in dem von ihm skizzierten Architektonischen Lehrbuch, das man in seinem Nachlaß fand, folgendes liest: »Die Symmetrie aufgehoben durch einen recht bedeutenden u. zugleich schönen Gegenstand, hat etwas höchst reizendes. Man gibt gern die gemeine Ordnung auf wenn man etwas recht Wichtiges u. Genußreiches dafür erhält. Die genialsten Werke sind oft auf diese Weise entstanden.«

Asymmetrisches hat Schinkel eben erst dem erwähnten ehemaligen Schüler Carl August Schramm nach Zittau geschickt, nämlich die Pläne zum Umbau der Johanniskirche. Die Kirche hat zwei völlig verschiedene Türme. Aber das liegt mehr an den Zerstörungen im Siebenjährigen Krieg als daran, daß Schinkel die »gemeine Ordnung« zugunsten von etwas Genußreichem auflösen wollte. Auch das Schloß Babelsberg für Prinz Wilhelm, mit dessen Bau kurz darauf begonnen wird, kann nicht gerade als Musterbild symmetrischer Ordnung bezeichnet werden, was wiederum nicht an Schinkel, sondern an Prinz Wilhelms Gemahlin, Augusta, liegt.

Ein Bauwerk allerdings ist aus eben jener verspielten Lust am Asymmetrischen entstanden, die der Baumeister selbst so verführerisch, wiewohl etwas augenzwinkernd gepriesen hat. 1834 wird der Charlottenhof durch eine romantische Zutat ergänzt, die aussieht, als sei sie aus Italien an den Strand der Havel gespült worden: eine als »Gärtnerhaus« maskierte Villa, eigentlich ein Doppelwesen, denn zum Gärtnerhaus gehört ein römisches Bad, das hier sogar im Plural als »Römische Bäder« fungiert.

Obwohl diese Gebäude weder als Gärtnerhaus noch als Schwimmbad dienen, sondern das sind, was die Engländer »Follies« nennen, nämlich Bauwerke, die nur schön sein wollen oder skurril, aber keinen direkten Nutzen haben, beruhen sie auf langjähriger Auseinandersetzung Schinkels mit einem architektonischen Problem. Schon auf seiner ersten Reise ins geliebte Italien hatte es ihn intensiv beschäftigt.

Es gibt einen Text aus der Feder des römischen Autors und Beamten Plinius, der seit der Renaissance so etwas wie eine Pflichtlektüre für alle angehenden Architekten darstellt. Darin werden zwei idealtypische antike Villen beschrieben. Mehrere italienische Skizzen Schinkels beruhen auf dieser Lektüre und versuchen, die beschriebenen Villen zumindest auf dem Reißbrett nachzuvollziehen.

Das haben schon viele vor ihm getan, aber Schinkel empfindet es wohl als eine fortdauernde Geistesaufgabe für Baumeister. Noch im Jahre 1833, in dem er einen weiteren Orden für getreue staatliche Pflichterfüllung erhält (er kann seinen Rock inzwischen mit drei Ordensschleifen zieren), hat er eine erneute Rekonstruktion einer der idealen römischen Villen auf dem Zeichenblatt versucht.

Wie der – nicht allzu großzügige – Orden geht die Skizze höchstwahrscheinlich auf den Kronprinzen zurück, der sich etwas Ähnliches wie die von Gaius Plinius Caecilius penibel beschriebene Villa Tusca wünscht.

Im Mittelpunkt steht dabei die unter Neoklassizisten vieldiskutierte Frage, warum fast alle antiken Bauten ihre Harmonie aus der Symmetrie beziehen, aber die Villen der Gegenwart ihre Wohnlichkeit aus dem extremen Gegenteil, nämlich asymmetrischen Zutaten. Ihre Erörterung zwischen Schüler und Lehrer dürfte Schinkel zu den Entwürfen für Gärtnerhaus und Römische Bäder bewogen haben, sein erstes bewußt asymmetrisch angelegtes Ensemble.

Versteht man Schinkels schöne Nachkonstruktion des langgestreckten antiken Gebäudes richtig, so beruht das Geheimnis der italienischen Idealvilla darin, daß Symmetrie die Natur von vornherein übertrumpft. Dagegen läßt sich ein Bauwerk durch Asymmetrie sehr viel leichter der natürlichen Umgebung angleichen. Einem Entwurf für ein Landschloß des Prinzen zu Sayn-Wittgenstein in Litauen hat Schinkel übrigens seine Plinius-Rekonstruktion zugrunde gelegt, leider vergeblich. Das Gebäude ist nie realisiert worden.

Selten oder nie reagiert Schinkel als Purist. Mit dem stilistischen Fanatismus, der Baumeister zu allen Zeiten ausgezeichnet hat, geht er nicht konform. Er wagt Stilmischungen und bringt mit Vorliebe Experimentelles ins Spiel. Weder Avantgardist noch rückwärts orientiert, fühlt er sich nur jener Schönheit verpflichtet, für die er – Symmetrie hin, Asymmetrie her – nun einmal unverhohlen eintritt.

Das gilt besonders für das seltsame Zwitterwesen von Gärtnerhaus und Römischen Bädern. Zwar wohnt ein Gärtner in einer der Parterrewohnungen, und wer will kann im Wasser des Bades schwimmen. Aber diesen Bauwerken, die der Landschaft etwas Romantisches hinzufügen, fehlt jede Zweckhaftigkeit, sie sind im Grund eine architektonische Pointe, eine bewohnbare Skulptur. Die sie umgebenden Weinlauben, Pergolen und die höhergelegenen Gastzimmer mit ihrem Rankenwerk gestatten nicht einmal eine definitive Vorder- und Rückseite dieser Architektur gewordenen Dichtung. »So bildet diese Anlage ein malerisch gruppiertes Ganzes«, beschreibt Schinkel sie selbst in seiner *Sammlung architektonischer Entwürfe*, »welches mannigfaltige angenehme Ansichten, heimliche Ruheplätzchen, behagliche Zimmer und offene Räume für den Genuß des Landlebens darbietet, und seiner Natur nach immer fortgesetzter

Ausdehnung und Bereicherung fähig ist, so daß daran ein unausgesetztes Vergnügen der Production vorbehalten bleibt.«

Aber damit unterschätzt Schinkel seine Leistung. Es wird keine weitere »Production« geben. Gärtnerhaus und Römische Bäder bleiben einmalig.

Preußen mag nicht das Land sein, das einem als erstes einfällt, wenn es um Romantik geht. Dennoch ist die Romantik in ihm zu Hause, in seiner Armut und seinem Reichtum, seiner inneren Haltung und vor allem bei seinen Dichtern von Brentano bis Eichendorff. Und wenn es in deutschen Landen etwas gibt, was rein der Schönheit und der Dichtung wegen erbaut worden ist, dann Park, Schloß und Anhang von Charlottenhof in Potsdam, das oft als Militärstadt Preußens zitiert wird und selten als das, was es auch ist, eine der schönsten Städte in Preußen.

Um es klipp und klar zu formulieren: Die Schönheit ist in Preußen nicht weniger zu Hause als anderswo. Sie zeigt sich eher deutlicher und wird, weil sie nicht ins Preußenbild nach Hitler paßt, mit Absicht übersehen. Dabei war Hitler, man kann es nicht oft genug betonen, kein Preuße. Man erinnere sich seiner Sprache, seines Aussehens und seiner Handlungen.

Zwischen dem künftigen König und dem Baumeister besteht eine Art Bündnis. Beide sind sie, wenn auch unterschiedlichen Altersklassen angehörend, von der Romantik geprägt. Um eine Freundschaft handelt es sich nicht. Romantisches wird von ihnen sehr unterschiedlich aufgefaßt und realisiert. Für Schinkel verkörpert das Ensemble Charlottenhof tatsächlich eine Idealvorstellung: So naturverbunden sollte man leben und wohnen. Dem späteren Friedrich Wilhelm IV. bedeutet es eine zeitweilige Eremitage, in die man sich aus den standesgemäßeren Schlössern zurückzieht. Immerhin: Ihr gemeinsames Werk stellt einen Höhepunkt Berliner Romantik – und der Schönheit in Preußen – dar.

Als ein gemeinsames darf man das Werk bezeichnen, weil es ohne den anderen nicht entstanden wäre. Da Friedrich Wilhelm nicht nur für sich selbst plant, sondern liebend gern auch für

Freunde, ergibt sich daraus einiges, das man auf schöpferische Weise problematisch nennen könnte. Denn der Kronprinz macht seinem bayerischen Verwandten, dem jungen Prinzen Otto, mit einem hochfliegenden Plan den Mund wäßrig. Schinkel ist für das Projekt, wie meist bei Friedrich Wilhelms baulichen Plänen, eine Hauptrolle zugedacht.

Griechenland, nach seiner Befreiung von dem jahrhundertelangen türkischen Joch, ist eben, 1832, eine Monarchie geworden, und in Ermangelung eines Königshauses hat man den jüngeren Sohn Ludwigs I. von Bayern als Otto I. auf den griechischen Thron gehoben. Nun braucht er in Athen, wo es lange keinen König gegeben hat, ein Schloß.

Der preußische Kronprinz, gewohnt, in die Sterne zu greifen, rät ihm bei einem Besuch in München, wenn schon, denn schon, ein Schloß auf den Ruinen der Akropolis zu errichten. Der einzige Baumeister, dem so etwas gelingen könne, steht für beide von vornherein fest: Karl Friedrich Schinkel.

Der Gedanke, die Ruinen der Akropolis als Baugrund zu benutzen, bereitet schon damals den meisten Fachleuten Skrupel, die bis zu blankem Entsetzen reichen. Trotzdem geht Schinkel darauf ein. Er befaßt sich intensiv, sachverständig, bis ins Detail gehend und zeichnerisch meisterhaft mit diesem Plan, der gegen jede Denkmalpflege, wie sie Schinkel in Preußen mitbegründet hat, verstößt.

Es wird sich aus dem Bebauungskonzept, einem Alptraum für Freunde der Antike, sogar noch ein zweiter, komödiantischerer Traum entwickeln, der Plan für ein Schloß Orianda auf der Krim. Beides bleibt – gottlob, wie manche hinzufügen werden – Projekt. Aus den Entwürfen wächst keine neue »Production«, keine Wiederholung der Plinius-Villa oder der Römischen Bäder.

Der Gedanke, die schöne Havellandschaft mit den vielen Seen rund um Potsdam zum »Eiland Potsdam«, zu einem kleinen Paradies zu machen, geht bis ins 17. Jahrhundert zurück. Schönheit hat in Preußen zwar immer einen Sitz, niemals aber Priorität besessen. Erst jetzt, Anfang des 19. Jahrhunderts, kann man, König, Kronprinz und Künstler, mit geballter Kraft, zu Werke gehen. Es gelingt vortrefflich, auch ohne griechischen oder südrussischen Hintergrund.

1854 zieht der Zeitschriftenherausgeber, Offizier sowie Musikkritiker Heinrich Friedrich Ludwig Rellstab das folgende Fazit: »Der Zauberer, welcher dieses Paradies aus der Wüste geschaffen hat, ist Lenné. Und so finden wir seinen Namen für immer mit dem Schinkels vereint. Schinkel (...) baute Potsdam, Lenné trug es aus Sandwüsten und dürren Kiefernheiden in ein Tempeltal voller Armidengärten.«

Armida ist der Name einer Zauberin, die sich in Tassos Versepos *Das befreite Jerusalem* in den christlichen Fürsten Rinaldo verliebt. Tatsächlich hat Peter Joseph Lenné wie mit Zauberhänden verstanden, die – mit Ausnahme Sanssoucis – unwirtliche Gegend in eine gestaltete Landschaft zu verwandeln. Seine Methode ist ebenso einfach wie genial. Er bepflanzt die Fluß- und Seeufer mit Laubholzstreifen, vor allem Rotbuchen, Erlen, Ahorn, Schwarzpappeln und Robinien, die bis heute das Gesicht des Landes bestimmen, und durchzieht sie mit abwechslungsreich angelegten Wegen und Straßen. Er ist es auch, der dem Prinzen Wilhelm auf einem Ritt über Sand und Heide den noch kahlen Babelsberg gezeigt und ihm empfohlen hat, ausgerechnet auf ihm einen waldartigen Park anzulegen und ein Schloß zu erbauen. Die Wegeführung »auf dem Babel«, wie man die Erhebung damals nennt, stammt allerdings nicht von dem für seine Arbeit auf diesem Gebiet berühmten Lenné, sondern von seinem Erzkonkurrenten, dem Fürsten Pückler.

Alle Landschaftsgestaltung besteht aus Teamarbeit. Schinkel arbeitet gern mit Lenné zusammen; die beiden stimmen nach Art und Geschmack überein. Im »Eiland Potsdam« entdeckt man beider Handschrift, wohin man immer blickt. Vom Babelsberg sieht man direkt auf Schinkels Schloß Klein-Glienicke. Diese einzigartige Sichtachse haben die beiden einstigen Herren über Schlösser und Gärten des alten Preußen, der West-Berliner Professor Martin Sperlich und sein Ost-Kollege namens Eisbein schon mitten im Kalten Krieg klammheimlich wieder freigeschlagen, ohne es an die große politische Glocke zu hängen.

Sie vollzogen damit nach, was einst Friedrich Wilhelm III. höchst zögerlich angeordnet hat. Er befiehlt 1824 diese Sichtschneise, obwohl er derartige »Querenzien«, wie er sie zu nennen pflegt, als Geldverschwendung ansieht. Eine ganze Pappelallee muß abgeholzt werden! Aber er erfüllt damit einen Wunsch seines ältesten Sohns, der von Gartennachbar zu Gartennachbar an ihn appelliert hat. Daß in Wirklichkeit die Landschafts- und Schloßgestalter Lenné und Schinkel dahinterstecken, davon wußte vermutlich der dritte Friedrich Wilhelm ebensowenig wie die Vorgesetzten von Sperlich und Eisbein. Das heißt: der König dürfte es geahnt, Sperlich und Eisbein dürften es gewußt haben.

Um so beklagenswerter, wie wenig pfleglich man sonst mit dem Schinkelschen Erbe zumindest im Umkreis von Potsdam umgegangen ist. Den Abriß der schönen Havelbrücke, die mit ihren Rundbögen alles verband, haben wir schon erwähnt. Und noch im Kaiserreich hat man die Landstraße von Berlin nach Potsdam, die direkt an Klein-Glienicke vorbeiführt, so hoch aufgeschüttet, daß das Schloß einen Gutteil des von Schinkel wohlberechneten Sockels beraubt wurde. Um einiges höher noch ließ sie Albert Speer aufschütten, der sich so gern auf Schinkel berief. Er verbreiterte die Straße weiter, weshalb er die »Große Neugierde« um elf Meter versetzen und zudem drehen lassen mußte.

Die »Große Neugierde« ist das Ausrufungszeichen, das Schinkel hinter Klein-Glienicke gesetzt hat, ein Säulenpavillon mit Aussichtsturm. Eine »Kleine Neugierde« hat es immer gegeben, ein unscheinbares Gebäude, eine Art Tee-Pavillon, von dessen zwei Fenstern aus man unbeobachtet die vielbefahrene Landstraße überblicken konnte.

Bis Kriegsende gelang es Speer nicht, die Straßenaufschüttung zu vollenden. Er hinterließ ganze Gebirge lockerer Erde. Als Arbeitsbeschaffungsmaßnahme verwendeten es die Nachkriegsbehörden dazu, nun die schönen Parkanlagen Lennés und die kleinen Zierteiche Pücklers zuzuschütten. Und als habe man nicht schon genug Sakrilegien begangen, entfernte man auch jenen Gartenhof, den Schinkel nicht ohne Grund so heiter-romantisch gestaltet hatte. Das Schloß selbst ist als Baukörper bewußt streng und symmetrisch gegliedert. Der südlich inspirierte Hofgarten auf der Rückseite der Fassade wirkte um so überraschender – er führte in eine andere, in die Gegenwelt.

Relativ unbeschadet hat die Kriegs- und Nachkriegszeit in Glienicke nur ein einziges Gebäude überstanden, Schinkels erstes für den Prinzen Karl erstelltes. Es wird meist als »Kasino« bezeichnet – der Baumeister fand ein altes Billardhäuschen aus dem 17. Jahrhundert vor und verwandelte es in einen von Natur und schöner Aussicht umgebenen langgestreckten Gesellschaftsraum mit vielen Fenstern und einem Umgang. Es liegt auf einer Anhöhe, nur wenige Meter über der Havel, deren originale Landschaft eine ähnliche Rolle für dieses weiße Kasino spielt wie die pompejanischen Wandbilder für die innerstädtischen Villen. Ein fast unscheinbarer Bau. Aber es ist schwer, sich das Ensemble aus See, Wald, Park und Architektur ohne ihn vorzustellen. Schinkel versteht es immer wieder bestens, das Pünktchen aufs i zu setzen. Er akzentuiert, ohne auffallend zu wirken.

Im übrigen hat er mit Klein-Glienicke, wie wir gesehen haben, nicht viel Glück gehabt. Was auch für seine Nachfolger gilt, die den weiträumigen Besitz mit weiteren Bauwerken bestückt haben. Persius hat einiges hinzugefügt, darunter das merkwürdige Maschinenhaus, das – fast anachronistisch – mittelalterliche Züge trägt, und Ferdinand von Arnim einen ganzen Klosterhof, der einen Teil der Kunst- und Antiquitätensammlung des Prinzen birgt, sowie ein treudeutsches Försterhäuschen. Das ist alles später sorgfältig restauriert worden – den Verlauf der Lennéschen Gartenwege mußte man durch geradezu archäologische Ausgrabungen erneut ermitteln. Im Übereifer der Erneuerung haben die Baubehörden dann auch jene Ruinenbrücke »renoviert«, die als romantische Ruine, eine Art von »Folly«, gedacht und gebaut worden war. Fast wäre die »Insel Potsdam« an derartigen Schildbürgerstreichen zugrunde gegangen. Nach der Wiedervereinigung von West und Ost ist sie besser in Schuß denn je. Alle von Lenné und – nicht zu vergessen – Schinkel vorgesehenen Sichtachsen sind jetzt wieder, wie zu hoffen steht: auf Dauer, freigeschlagen.

Während Schinkel noch am »Jägerhof« baut und für diesen sogar eine Heißluftheizung vorsieht, die erste in Klein-Glienicke, entwirft er einen anderen, weniger romantischen, dafür moderneren und zukunftsträchtigen Plan, den eines Kaufhauses für Berlin, das erste, das die Stadt bekommen hätte.

Dafür hat er keinen Auftrag, es sei denn den zeit- und kulturhistorischen, den sich das Genie selbst gibt. Das ehemalige Gelände der Akademie der Künste, die an den Pariser Platz, in die unmittelbare Nähe des Brandenburger Tors, verlegt worden ist, bietet sich für ein wichtiges Gebäude an. Es liegt nicht weit vom Brandenburger Tor, Unter den Linden, dort wo man später die wuchtige Staatsbibliothek hingestellt hat. Wie weit er seinen Plan mit Freund Beuth abgesprochen hat, ist unbekannt geblieben. Man darf aber bezweifeln, daß Schinkel eine derartige kommerzielle Planung ohne Absprache mit Beuth in Angriff nehmen würde.

Auf jeden Fall hätte sein Gebäude besser in die Berliner Haupt- und Prachtstraße gepaßt als der ungefüge Kasten, den man im Kaiserreich an die gleiche Stelle setzte. Ein Kaufhaus findet wenig Anklang. Dem König mißfällt der prominente Bauplatz, der Kaufmannschaft die Konkurrenz, obwohl es sich bei Schinkels Idee nicht um ein Kaufhaus im heutigen Sinn handelt, sondern um eine Ansammlung von lauter kleinen Spezialläden. Das beruht auf dem, was er in London, mehr noch auf derselben Reise in Paris zu sehen bekommen hat, und ermöglicht ihm einen aufgelockerten Entwurf mit viel Glas.

Der Romantiker als Praktikus? Bauhistoriker interpretieren den Kaufhausentwurf häufig als Schinkels erste Absage an die Romantik. Das ist übertrieben. Man könnte mit gleichem Recht von einer Midlife-Crisis des Architekten sprechen, dessen – im Fachjargon – »technizistisches« Spätwerk sich abzuzeichnen beginnt: die einfachere Fassade wie an Bauakademie und Packhof oder des Hamburger Stadttheaters, das beim Bau verändert und verdorben, oder beim Marstallgebäude, das an der Stelle der Bauakademie vorgesehen war und gar nicht in Angriff genommen wurde.

Aber wann hätte Schinkel nicht über jeden Purismus hinwegexperimentiert? Einseitig war er nie. Mag die »Technizität« im Alter mehr in den Vordergrund treten, die Vorliebe für den Realitätsbezug war, durch die englischen Anregungen vorangetrieben, stets vorhanden. So bleibt auch der ältere Schinkel ein Romantiker.

Sogar der vierstöckige Bau, den er für Berlin erträumt, hat seine ästhetischen Seiten. Er bildet eine große U-Form, die sich zur Straße Unter den Linden hin öffnet. Das zweite und vierte Geschoß war für Wohnungen vorgesehen, die Läden im Parterre wurden durch »Zelte von Blech« akzentuiert, wie sie Schinkel erst kürzlich in Paris gesehen hatte, markisenartige Eingangsdekorationen. In der Mitte zwischen den beiden Längsflügeln erstreckt sich ein Platz, der zum Flanieren von Angebot zu Angebot reizt. Vorgesehen sind eine Fontäne – seit jeher ein beliebter Treffpunkt wie später die Normaluhr – und beschnittene Bäume, aufmarschiert in Reih und Glied wie Soldaten, so recht nach Schinkels Geschmack.

Schinkel blickt nicht zurück, auch wenn er den Formenkanon früherer Zeiten und Baustile übernimmt. »Die Geschichte«, lesen wir, »kann nur unsere Schule sein. Die Form für die Gegenwart kann nur in der Gegenwart geboren werden.«

Im übrigen ist er so leicht nicht zu übertölpeln. Die Idee mit der Massierung kleiner Läden zu einer Art Kaufhaus hat er dem König in den Entwurf der Bauakademie hineingemogelt. Diese Läden haben dann auch floriert.

21. Genie und Streß

Schinkel ist seit Jahren überarbeitet, eigentlich seit seinen Anfängen im Amt. Er hatte schon 1818 eine Besichtigungsfahrt zur Marienburg aus Gesundheitsgründen absagen müssen und bereits mehrere Entlastungsersuche eingereicht. Im März 1828 erlitt er einige Anfälle, die seinen Arzt veranlassen, ihm kurzerhand alle geistigen und körperlichen Anstrengungen zu verbieten. Bei Schinkel ein müßiges Unterfangen.

Die offiziellen Gesuche an den Kultusminister werden, wenn überhaupt, ausweichend beschieden. Einmal stellt man einen Assessor als Hilfskraft für ihn ab. Ansonsten arbeitet er weiter wie bisher und läßt sich, wahrscheinlich zu seinem Glück, gern ablenken. Vom Fürsten Pückler wissen wir, daß er eines Tages – offensichtlich ohne Voranmeldung – in Schinkels Büro auftaucht. Es wird um kleinere Bauten auf dem Muskauer Gelände gegangen sein; der Besuch wird zur Sitzung, in der »großartige Pläne entworfen« werden und die fünf Stunden dauert.

Aus Ablenkungen solcher Art erwächst nicht einmal immer ein Auftrag. Was in vorliegendem Fall an der Geldverlegenheit liegt, in der sich der fürstliche Abenteurer sein Leben lang befindet, und nicht, wie die Ablehnung des Kaufhausplanes, an mangelndem Interesse des Königs. So kann der Baumeister dem Muskauer Fürsten nicht einmal seine Ideen hinterrücks aufdrücken wie dem König. Der Arbeitstag ist verschenkt.

Das gilt zwar auch für den Störenfried, denn Pückler verbringt ihn, von Schinkel angeregt, »sich kaum Zeit zum Essen nehmend und erst um 2 Uhr nachts vom Schreibtisch aufstehend« über den Bauplänen. Aber erstens kann Pückler frei über seine Zeit verfügen, und zweitens muß er keine Rücksichten nehmen auf zahlreiche höhergestellte Personen, die Zutritt zu seinem Arbeitszimmer haben. Die beiden verkörpern zwei grundverschiedene Künstlertypen, Pückler den des Bohèmiens, Schinkel den des disziplinierten Planers.

Keiner kann aus seiner Haut heraus; beide müssen Vor- wie Nachteile ihrer Charaktere in Kauf nehmen. Bei Pückler liegen sie in seinem abwechslungsreichen Leben bei einem Berg von Schulden, bei Schinkel in einem nahezu gigantischen Werk um den Preis eines Privatlebens, wie es andere Leute – auch solche wie Pückler – führen.

Zu kurz kommen übrigens – Künstlerschicksal – bei beiden Ehefrau und Familie. Am deutlichsten zeigt sich das an Schinkels Sohn Karl Raphael. Er scheint gestört und lernt schwer. Ungeachtet seines zweiten Vornamens verweigert er jeglichen künstlerischen Beruf. Er wird Förster, ein guter, wie es heißt. Auch die Töchter scheinen eigenbrödlerisch veranlagt. Ihre Trotzhaltung haben sie vom Vater.

Waagen wird nicht müde, Schinkel für seinen Mut bei den »öfters bedenklich erscheinenden Lebensentschlüssen« zu loben und für die Ausdauer, mit der er »die schwierigsten, langwierigsten, oft unangenehmsten Arbeiten« anpackt und durchhält. Das ist zweifellos bewundernswert, aber der getreue Schüler läßt die Nachwelt gleichzeitig durch die Blume wissen, daß Schinkel auch Konflikte anzieht. Wie die meisten, die konsequent zu leben versuchen, bleibt er letztlich ein Einzelgänger und einsam. Viele Zeitgenossen haben bestätigt, daß sie trotz aller Höflichkeit und Gesprächsbereitschaft mit Schinkel nie ganz warm werden konnten. Er ist – mit Ausnahme seiner Freunde – den meisten ein Rätsel geblieben.

Das gilt für seine ganze Persönlichkeit. Dem König gegenüber zählt er anläßlich eines seiner vielen Anträge auf Arbeitsentlastung im Amt einmal auf, was er bislang alles für ihn geleistet hat. Die Liste gerät ihm eindrucksvoll genug, und er kann den Stolz nicht verhehlen, mit dem er auf seine Leistung pocht. Er stellt sein Schaffen in den Vordergrund und nichts sonst. Das tun die meisten Künstler, aber selten mit einer derartigen Unbedingtheit, die wie ein Selbstopfer aussieht.

Das Wort ist seinerzeit noch nicht einmal in englischsprachigen Ländern erfunden, aber wenn jemals jemand *workaholic* war, dann er. Künstlerische Arbeit scheint seine Droge, seine Manie, sein eigentliches Leben. Ehrgeizig ist er im idealen, keineswegs immer im materiellen Sinn. Rücksicht auf sich, seine Gesundheit, seine Schaffenskraft nimmt er nicht. Wo andere einen recht gesunden Egoismus verstecken, finden sich bei Schinkel nur Pläne für weiteres Schaffen.

»Wenn wir uns annähernd ein richtiges Bild davon entwerfen wollen, welcher Art und welchen Umfanges sein Schaffen war«, schreibt Theodor Fontane in *Am Ruppiner See*, »so müssen wir nicht allein das im Auge haben, was er widerstrebenden Gewalten gegenüber aus Berlin wirklich machte, sondern vor allem auch das, was er daraus machen *wollte*, müssen wir in den Kreis seiner schöpferischen Tätigkeit alles *das* mit hineinziehen, was in hundert ausgeführten Blättern auf dem Papiere lebt, aber an der Ungunst der Zeiten scheiterte.«

Fontane zählt einiges auf: die »große Friedenskathedrale zur Erinnerung an die Freiheitskriege«, die Schinkel bauen sollte und wollte. Ferner: »Die Linden entlang gedachte er in Statuen und Denkmälern eine monumentale Siegesstraße zu ziehen« und »anstelle des alten Domes sollte ein *wirklicher* Dom hoch in die Luft steigen, glänzend genug, um sich den anderen Prachtbauten jenes Platzes würdig anzureihen«. Der Dichter aus Neuruppin faßt das traurige Geschick seines Landmannes in dem Satz zusammen: »Er diente einem sparsamen König in einer geldarmen Zeit.«

Erholung sucht er immerhin, aber wiederum auf sehr Schinkelsche Art. Sorgsam organisiert er die alljährlichen Dienstreisen, die ihn nun als Oberbaudirektor in jeweils einen anderen Teil des Königreichs Preußen führen. Sie geraten ihm, in Begleitung seiner Frau, manchmal auch der ganzen Familie, strapaziös, denn nun verbinden sich Arbeit und Tourismus zu einer Anstregnung besonderer Art. Der wissensdurstige Schinkel läßt keine Sehenswürdigkeit, vor allem kein historisches Gebäude aus, das auf seiner Reiseroute liegt.

Und die oft anschließende Kur in einem der vielbesuchten Bäder seiner Zeit bietet wenig Erholung, denn einem Mann wie Schinkel liegt es nicht spazierenzugehen oder gar der Langeweile zu frönen, und zweitens gehört er inzwischen zur Prominenz nicht nur seines Landes und ist gesellschaftlich in der Pflicht. Da ihn Gesellschaftliches fast mehr anstrengt als seine Arbeit, können auch die Bäder nicht viel zur Verbesserung seiner Gesundheit beitragen. Trotzdem muß er einmal aus Hofgastein bei Beuth und dem Minister Rother um eine Verlängerung seines Urlaubs einkommen, weil die Ärzte auf 21 Bäder für den Patienten bestehen. Der Urlaub wird gewährt, aber die Kur schlägt nicht an.

Schinkel verfährt weiterhin nach seiner inzwischen altbewährten Methode, nämlich die eine Anstrengung mit einer anderen zu bekämpfen. Das mag in jungen Jahren gehen, im steigenden Alter wird es zum Raubbau.

1834 besucht Schinkel die östlichen Provinzen. Die Dienstreise dauert ein Vierteljahr. Er läßt wie immer keine Stadt aus, nicht Posen, Bromberg, Königsberg, Danzig oder Kolberg, ebensowenig eine Landschaft, die ihn interessiert, etwa die nur auf anstrengende Weise zu bewältigende Kurische Nehrung. In Kolberg besucht er Dom und Rathaus, für die er die Entwürfe geliefert hat.

Überall besichtigt er die wichtigsten Kirchen, Rathäuser, Schulen und andere staatlichen Gebäude, von denen eine ganze Reihe seine Handschrift tragen und so gut wie alle über seinen Schreibtisch gegangen sind. Das gehört ebenso zu seinen Aufsichtspflichten wie die Begutachtung von Baufehlern oder der Einsturzgefahr bei historischen Bauten. Auch über den Zustand der Straßen und Chausseen muß er sich informieren sowie über die Probleme der jeweiligen denkmalpflegerischen Maßnahmen – ein Pensum abwechslungsreicher Aufgaben, das sich nicht routinemäßig bewältigen läßt. Schinkels Gründlichkeit ist gefürchtet, vor allem bei den Denkmalpflegern, die ihre Aufgabe meist nebenher erledigen.

Im nächsten Jahr begleitet ihn Frau Susanne. Von Anfang Juli bis Mitte August geht es durch die Altmark nach Vorpommern und durch die Neumark zurück nach Berlin. Seiner Frau kann er auf der Insel Rügen eine Besonderheit bieten: die Übernachtung in zwei romantischen Zimmern im Leuchtturm von Kap Arkona und im Gasthaus auf der Stubbenkammer. Beide Gebäude sind von Schinkels Hand, der Leuchtturm, bei dem Susannes Bruder die Bauaufsicht geführt hat, im maritimen, das Gasthaus im »Schweizer« Stil, der nicht so recht auf eine Ostseeinsel passen will, aber den landschaftlichen Reiz der Gegend mit den bizarren weißen Kreidefelsen hoch über dem Meer auf seltsam fremdartige Weise unterstreicht.

1836 unternimmt er die Dienstreisen sogar mit der ganzen Familie. Eine willkommene Abwechslung nach dem Umzug ins Obergeschoß der Bauakademie. Christian Daniel Rauch beschreibt die neue Wohnung in seinem Tagebuch als »ein Muster großartigeinfacher Wohnungsarchitektur« und »die schönste und angenehmste Künstlerwohnung, die ich je gesehen habe«. Weniger begeistert scheint Waagen. Er nennt sie »höchst einfach und dem modernen Sinn widerstrebend. Man findet dort weder prächtige Tapeten noch kostbare Möbel, noch große Spiegel, gegen welche letzteren Schinkel eine entscheidende Abneigung hatte. Der einzige Schmuck besteht in Kunstwerken. Das Wohnzimmer vereinigt eine Anzahl der schönsten Kupferstiche besonders nach Raphael, zu welchem Genius Schinkel sich aus geistiger Verwandschaft unter den Neuerern am meisten hingezogen fühlte. Ein Saal davor enthält einen Theil seiner (...) Landschaften, ein anderer, größerer, Schinkel's Lieblingsraum, eine Anzahl von Gypsabgüssen, welche auf einem in mässiger Höhe herumlaufenden Bord aufgestellt (...), eine sehr schöne Wirkung machen.« Sein Studierzimmer daneben wird als »von ansehnlicher Größe« beschrieben und »mit kunstreich ausgebildeter Balkendecke versehen«. Auf dem »sehr langen Arbeitstisch« befindet sich auch die »Sammlung trefflicher Kupferwerke«, Schinkels Oeuvre-Katalog, für das »er nach seinen Verhältnissen bedeutende Opfer gebracht« hat, sowie ein Stapel seiner Handzeichnungen.

Als ihm Waagen zu dieser Wohnung gratuliert, antwortet Schinkel nur: »Wer weiß, wie lange ich sie genießen werde.«

Im April ist die Bauakademie zur Nutzung an die Oberbaudeputation und die Familie Schinkel übergeben worden. Die Verkaufsräume im Erdgeschoß hat man schon im August des vorigen Jahres merkwürdigerweise in einer Auktion vergeben. Noch im April geht es mitsamt der Familie nach Schlesien, wo man sich vor allem in Erdmannsdorf aufhält. Schinkel begutachtet das abgebrannte Schloß in Liegnitz, macht Zeichnungen für den Umbau eines weiteren Schlosses und geht zur Kur in die böhmischen Bäder, wo er mit der Skizzierung seiner Vorschläge für Schloß und Park Erdmannsdorf beginnt. Eine ausgedehnte Zeit, die zwischen Dienst und Freizeit, Arbeit und Badekur keine Unterschiede macht. Zum Abschluß fährt die ganze Familie noch nach Tirol. Mehr als ein Vierteljahr verstreicht, ehe alle Anfang August wieder in Berlin eintreffen.

Ob das enge Zusammensein mit Frau und Familie etwas mit den Todesahnungen zu tun hat, wie sie Waagen überliefert? Nicht unbedingt. Seit er die Spitze seiner Laufbahn erreicht hat, dürfte Schinkel die meiste Zeit mit Frau und Familie auf den Dienstreisen verbracht haben. Mag er nicht dem Idealbild eines treusorgenden Familienvaters entsprechen, so muß man doch den unzähligen Zeitgenossen Glauben schenken, die von einer tiefen Verbundenheit Schinkels mit Frau, Kindern und Verwandten berichten. Der stets ruhelos schaffende Genius scheint als Familienmensch angelegt.

Über Schinkels Beschwerden liest man bei Waagen: »Schon

seit einigen Jahren hatten sich (...) bei ihm leider bedenkliche Symptome eingefunden; seine Kräfte nahmen sichtlich ab; er klagte viel über Abspannung und litt oft mehr an Beklemmungen auf der Brust. Bei weitem aber am schmerzlichsten (...) war es ihm, dass er nur noch mit grosser Anstrengung arbeiten konnte. Zwar kehrte er aus den Bädern Marienbad und Kissingen (...) auf eine Zeit lang gestärkt zurück, indess fanden sich jene Symptome nicht allein von neuem ein, sondern es gesellten sich dazu bald noch ein unsicherer Gang, Beschwerlichkeit im Sprechen und öfteres Versagen der Hand beim Schreiben, was Alles auf eine tiefliegende Störung des Nerveneinflusses auf das allgemeine Muskelleben deutete.«

Oder auf einen Schlaganfall oder mehrere leichtere. Die »Einförmigkeit des Badelebens« kann die Symptome nicht beseitigen, bestenfalls zeitweise lindern. Zudem haßt Schinkel jeglichen Müßiggang. Sein Schwager Berger, der den Baumeister getreulich über die Fortschritte und Rückschläge auf den Berliner Baustellen unterrichtet, erfährt brieflich, wie solch therapeutisches Nichtstun von einem Patienten wie Schinkel *ad absurdum* geführt wird, indem er sein abwechslungsreiches und schnelles Leben auch im Bad durchsetzt. »Wir sind gestern«, berichtet er, »nach Eger und Franzensbrunn gefahren, welches eine starke Tagespartie wie etwa die nach Potsdam ausmacht und wo man sich sehr eilen muß, wenn man Morgens früh in Marienbad von 5 bis 7 Uhr seine 6 Becher Wasser aus 2 verschiedenen, eine Viertelmeile voneinander entfernt liegenden Brunnen einnehmen will und Abends wieder zurück in Marienbad sein möchte, um nochmal 2 Becher Wasser zu verschlucken. Man würgt dies viele Wasser unter dem Genuß Mozartscher, Bethofenscher [!], Rossinischer, Spontinischer pp Musik herunter, die von einem Orchester, welches aus 10 Handwerkern verschiedener Art zusammengesetzt ist, die, wie in Böhmen gewöhnlich (...), nebenher Musiker sind, *vortrefflich* executirt wird.«

Von Ruhe, die zu einer Genesung gehört, kann gar keine Rede

sein. Immer sind Frau und Kinder dabei, die sich in der Masse der Badegäste tummeln und ständig alte und neue Bekannte auftun. Schinkel verschließt sich auch dem General Karl Ernst von Witzleben nicht, einem engen Vertrauten Friedrich Wilhelms III., der Geschichten vom Hof mit dem Oberbaudirektor austauschen möchte, oder dem russischen Staatsrat, der sich auf dem Weg nach Italien befindet und Ratschläge für seine Reise erbittet. Kein Wunder, daß die Kuren nicht anschlagen. Sie verstärken eher die tägliche Aufgabenlast, die Schinkel hinter sich herzieht wie der Komet seinen Schweif.

Da liegt die Frage nahe, die kaum ein Schinkel-Biograph zu stellen versäumt hat, warum er, der Erfolgreichsten einer, nicht von vornherein den Beruf eines freien Architekten gewählt hat oder wenigstens mit Rücksicht auf die chronische Krankheit in ihn hinübergewechselt ist. Eine freie Arbeit in künstlerischen Berufen stellt zwar noch die Ausnahme dar, aber es gibt dafür schon Beispiele genug, selbst im unmittelbaren Freundeskreis – allen voran Rauch und Tieck.

Beide sind freilich Bildhauer und beschränken ihren Ehrgeiz auf das ureigene Fach. Schinkels Ehrgeiz reicht weiter. Für ihn gibt es nur alles oder nichts. Ohne sein Beamtentum hätte er es nie zum Ersten seines Metiers im Staate (und weit über diesen hinaus) gebracht. Die Spitzenposition ist erreicht, und von ihr führt kein Weg zurück, jedenfalls nicht für jemanden wie ihn. Ein bißchen hat sich Schinkel seine Grube selbst gegraben.

Zu denken gibt der Wechsel von Marienbad nach Hofgastein. Auch dorthin begleiten ihn die Kinder und die gleichfalls anscheinend erkrankte Frau Susanne; hier fehlt das Mondäne, das Schinkel sogar vermißt. »Glücklicherweise befindet sich Susannchen jetzt im Ganzen recht wohl, freut sich ihrer schwer errungenen Schlankheit und macht die oft beschwerlichen Partien in die Alpengebirge recht gut mit«, berichtet er seinem Schwager diesmal. Und fährt kurz darauf fort: »Unglaublich ist es, wie einsam wir hier in Hofgastein leben. Das Wildbad ist 1 Meile entfernt, und beide Orte sind ganz voll von Kurgästen, aber für ihre Weltberühmtheit ist hier das Leben so ländlich und geräuschlos, daß es keinen großen Abstich gegen andere Bäder macht. Viel Kranke, meistentheils Hinkende und auf Krücken Gehende finden sich hier, dagegen mangelt das Publicum, welches sich amüsirt oder nur im Spiel vergnügt. Ich wandele ganz einsam die Wege des Alpenthals und begegne niemand als den Bergbewohnern im Styl vollkommen wie zu Caesar's Zeit gestaltet.«

Soweit Schinkel selbst im Juli 1836, kurz vor der Besteigung des Gamsgarkogels, welchen er »schon ohne Furcht vor Brustkrampf zu wagen« imstande scheint. Erstaunlicherweise gibt er Berger nicht einmal ungeduldige Aufträge mit verdeckten Vorwürfen, wie in den früheren Briefen. Gebaut wird unter anderem an den Vorstadtkirchen, auf die der König, und die Nikolaikirche in Potsdam, auf die Schinkel großen Wert legt. Letztere hat er sogar als ein Hauptwerk angelegt.

Mit ihr begann der Ärger schon vor den ersten Entwürfen. Der König wünschte eine Kirche nach seinem evangelisch-orthodoxen Geschmack, eine Basilika also, indes der Kronprinz, nicht zuletzt unter dem Einfluß Schinkels, für einen Kuppelentwurf eintrat, einen Zentralbau. Schon vor Jahren hatten die beiden einen solchen diskutiert, ihn überdies zeichnerisch entworfen und immer wieder verändert.

Eine bis in alle Einzelheiten voll durchgearbeitete Fassung lag seit fünf Jahren als Stichvorlage für die nächste Zusammenstellung der *Sammlung architektonischer Entwürfe* bereit und war im Heft 2 1834 erschienen. Das heißt: die dadurch informierte Fachwelt erwartete einen eindrucksvollen Kuppelbau.

Aber Schinkel sah sich plötzlich zwischen Baum und Borke geklemmt. Sowohl der König als auch der Kronprinz bestanden auf ihrer vorgefaßten Meinung. Da der König am längeren Hebel saß, machte er nach einigem Hin und Her kurzen Prozeß. Er befahl, den als Zentralbau begonnenen Dom ohne Kuppel zu errichten und ihn statt dessen mit einem flachen Satteldach nebst einem reliefgeschmückten Giebel zu versehen.

Eine ärgerliche Sache für den Baumeister, der in seinem publizierten Entwurf so großspurig mit Gilly, Wren und Soufflot in Idealkonkurrenz getreten ist. Die Nikolaikirche in Potsdam war 1795 abgebrannt, und schon im nächsten Jahr hatte Friedrich Gilly den Entwurf zu einem Neubau geliefert. Aus ihm hatten sich die Diskussionen zwischen Schinkel und dem Kronprinzen entwickelt; er liegt noch Schinkels endgültigem Plan zugrunde. Dieser ist aber nicht unberührt von dem tiefen Eindruck, den St. Paul's, Wrens Londoner Meisterwerk, bei Schinkel hinterlassen hatte und mehr noch, Soufflots Bau in Paris, der dem römischen Pantheon nachgebildet ist, auch einem von Schinkels Lieblingsbauten. Nun ist aus allen diesen hochfliegenden Plänen ein erbärmlicher Kompromiß geworden.

Schinkel wird nicht mehr erleben, daß die Nikolaikirche Potsdams Wahrzeichen wird und fast alle Schinkel-Forscher sie als seine schönste bezeichnen. Erst nach seinem Tod und dem Friedrich Wilhelms III. kann der nächste Friedrich Wilhelm – »Kopf hoch, Schinkel, wir wollen einst zusammen bauen!« – den Bau erneut in Angriff nehmen. Bei der Vollendung führt Schinkels Schüler und Nachfolger im Amt, Ludwig Persius, die Bauaufsicht. Er zieht in vierjähriger Arbeit die Kuppel hoch, setzt aber noch vier störende Schmucktürmchen hinzu.

Freude an Sankt Nikolai hat Schinkel kaum gehabt, dafür den wahrscheinlich größten Ärger mit Ausnahme des Schauspielhauses. Schon vor der Einweihung der Kirche im September 1837 – Schinkel ist eben aus Marienbad und Erdmannsdorf, Kur plus Dienst, zurück – hat sich ein Übel gezeigt, an dem manche von Schinkels Bauten leiden. »Der Schall«, wie man damals die Akustik nennt, scheint ihm nicht eben hold. Im großen, flach abgedeckten Raum geht er so gut wie verloren. Und obwohl Schinkel mit den unglücklichen Predigern höchstselbst zu allen Tages- und Nachtzeiten probt und ihnen Ratschläge erteilt, beschwert sich das Eröffnungspublikum, man verstehe kaum ein Wort, das auf der Kanzel oder am Altar gesprochen werde.

Friedrich Wilhelm III., der offenbar Sabotage argwöhnt, macht aus seinem Herzen keine Mördergrube. »Das ist ja in einer ganz gewöhnlichen Dorfkirche besser«, sagt er. Und unkt, Skeptiker, der er ist, bei kritischen Gelegenheiten in Zukunft: »Ich fürchte, es wird damit gehen wie bei der Nikolaikirche!«

Bischof Eylert, ebenfalls erbost, weiß es noch genauer: »Man sah sich bedenklich an und schüttelte die Köpfe. Unwillig und verdrießlich verließ man die neue Kirche, die man voll andächtiger Erwartung betreten hatte. Nie hat man den König, der sonst ein ruhiger, gemäßigter Herr war, verdrießlicher und verstimmter gesehen als bei dieser Gelegenheit.« Sogar das Wort »Unerhört!« soll seinem Bericht zufolge gefallen sein.

Die vier kleinen Vorstadtkirchen, die gleichzeitig entstehen, Elisabeth-, Pauls-, Nazareth- und Johanniskirche, können darüber nicht hinwegtrösten. Auch sie hat Schinkel wie die Friedrich-Werdersche Kirche größer geplant, obgleich für sie nur ein relativ bescheidener Betrag zur Verfügung stand. Trotzdem gelingt es Schinkel, sich nicht zu wiederholen und den einzelnen Gotteshäusern ein eigenwilliges Gesicht zu geben. Am interessantesten dürfte die Johanniskirche in Alt-Moabit geraten sein. Sie verdankt mit ihrem offenen, aus einer hölzernen Konstruktion gefertigten Dachwerk vieles – wie die Bauakademie – englischen Eindrücken. Die hübsche Paulskirche am Gesundbrunnen besticht durch eine Idee, wie sie wohl nur einem Vielbauer wie Schinkel einfallen kann: sieben in die Wand eingelassene korinthische Pilaster verleihen der verputzten Fassade eine Eleganz, die man an vielen größeren Kirchen vermißt. Selbst die späteren Anbauten, eine Sakristei und ein Glockenturm, haben dem Bau nichts anhaben können. Die beiden weiteren kleinen Kirchen zeigen ihre unverputzten Backsteinziegel und Rundbögen. Alle vier scheinen ungemein vielfältig in der Ausführung. Aber trotz ihrer Verschiedenheit sind sie, der Ersparnis halber, auf dem gleichen Grundriß und mit jeweils genau dem gleichen finanziellen Aufwand erbaut. Ein kleines Architektenkunststück am Rande der Architekturgeschichte.

Den Einfallsreichtum ihres Schöpfers sieht man diesen Seitenwerken Schinkels an. Den Streß nicht, ganz im Gegenteil. Am Ende wirkt alles, was er anpackt, als sei ihm die Arbeit daran leichtgefallen und habe ihm Spaß gemacht. Das aber gelingt, wie man weiß, in jedem Lebensbereich immer nur dann, wenn man mit unendlich viel Mühe an eine Aufgabe herangeht.

22. Das Wunschbild von Orianda

Nicht nur der Mensch Schinkel, auch der Künstler ist zwiegespalten. Es scheint ihn geradezu zweimal zu geben. Daß er im Kleinen und Bescheidenen zurechtkommt, beweist er immer wieder – in menschlichen Bereichen sowieso, da gilt er als freundlich und zurückhaltend. Als Architekt versteht er es, mit geringsten Mitteln etwas Besonderes zu schaffen, wie jüngst mit den Vorstadtkirchen. Darin ist er ganz der getreue Schüler David Gillys, des preußischsten aller Preußen.

Getreu hält er auch das Gedächtnis an Friedrich Gilly aufrecht. Ihm, dem Hochfahrenden, dem nichts zu aufwendig und zu teuer sein konnte, gleicht er nicht minder, hat dessen Rolle sozusagen übernommen, als Ebenbild zugleich dieses zweiten seiner Lehrmeister.

In manchen Dingen macht er keine Kompromisse. Wo es um Bauten geht, die ihm so wichtig scheinen, daß jede Änderung ihrer Größenverhältnsse ein Sakrileg wäre, scheint er ein anderer Mensch zu werden. Sein Selbstbewußtsein wächst dann ins Ungeheure, und er legt sich sogar mit dem König an, der ihm wohlgesonnen ist.

Das hat sich schon früh gezeigt, als Friedrich Wilhelm III. noch von London aus, wo er an der Siegesparade teilnimmt, dem erst dreiunddreißigjährigen Architekten Schinkel, der bis dahin kaum etwas gebaut hat, den Auftrag gibt für einen Dombau zum Gedenken an die Befreiungskriege gegen Napoleon. Das ganze Spittelmarktviertel will der König dafür kaufen, dreißig Jahre soll der Bau dauern und alle anderen in Berlin überragen. Der junge Schinkel liefert einen großartigen Entwurf, der insofern erstaunt, als er noch mehr und viel mehr Geld beansprucht, als vom König vorgesehen. Außerdem beharrt Schinkel darauf, das Gebäude entweder in Potsdam oder an jener Stelle auf dem Leipziger Platz zu errichten, auf dem Friedrich Gilly sein Denkmal Friedrichs des Großen bauen wollte. Letztlich wird das »große Werk«, wie Schinkel es nennt, das »seiner Natur nahe« kommt, nie in Angriff genommen. Der König verliert über den zu hohen Ansprüchen seines Leib- und Magenarchitekten, der »einen der größten und schönsten Plätze der Welt« schaffen will, die Lust an dem Projekt.

Möglicherweise ist es Schinkel mit vielen anderen Entwürfen, für die Großkirchen, das Mausoleum für die Königin Luise, den Palast auf der Akropolis und selbst für das Kaufhaus Unter den Linden, ähnlich gegangen. Nie greift Schinkel zu tief, oft aber – absichtsvoll oder nicht – zu hoch. In Preußen baut man eben keine Märchenschlösser.

Das Traumschloß seines Spätwerks entwirft er wie den Akropolis-Palast in einer südlichen Landschaft, die er nie gesehen hat. Die Zarin Alexandra Fjodorowna – eigentlich Charlotte, die Tochter König Friedrich Wilhelms und Luises – mit Nikolaus I. von Rußland verheiratet, hat an der gebirgigen Südwestküste der Insel Krim, hoch über dem Schwarzen Meer, einen Bauplatz erworben. Die Vierzigjährige kränkelt seit einiger Zeit und will sich dort im warmen Klima einen Palast errichten, und zwar »ganz im edelsten griechischen Stil«. Ihr Bruder, der preußische Kronprinz, wird ihr gesagt haben, daß für diese Aufgabe einzig und allein Karl Friedrich Schinkel in Frage komme.

»Die Aufgabe«, schreibt Schinkel dem Kölner Stadtbaumeister Weyer, »welche eine Menge perspektivischer und architektonischer Zeichnungen fordert (...), hätte mir noch mehr Genuß gewährt, wäre sie in eine ganz gesunde Periode meines Lebens gefallen.« So muß er, da es der Zarin offensichtlich eilt, alles in einem Zuge herstellen, ein ganzes Konvolut, das nach St. Petersburg geschickt wird. Schinkel hätte die außerordentlich gelungenen Entwürfe gern vorher in Berlin ausgestellt, aber dazu bleibt keine Zeit.

Denn natürlich hat er es nicht bei einem einzigen Entwurf bewenden lassen. Obwohl er sich krank fühlt und ihm die Arbeit schwerfällt, legt er der Zarin zunächst einen Entwurf, wie er sagt, im »moskowitischen« Stil vor. Der scheint ihm schnell selbst mißfallen zu haben, und er fängt von vorne an.

Das Plateau, das rund 500 Meter über dem Schwarzen Meer liegt, hält er so, wie er es sich in seiner Phantasie vorstellt, in einigen landschaftlichen Skizzen fest. Er bebaut es ein zweites Mal in ebenso anschaulichen wie phantastischen Aquarellen, das heißt: viele Fachleute sprechen beim zweiten Entwurf von einem anderen Bauplatz – mag sein, daß Alexandra Fjodorowna zwei zur Auswahl vorgegeben hat. Auf jeden Fall handelt es sich wiederum nicht um das, was sie wohl eigentlich erwartet, nämlich eine dem Schloß Charlottenhof ähnliche Sommerresidenz, sondern um ein orientalisch anmutendes Schloß, das aus *1001 Nacht* stammen könnte.

Allerdings scheint darin auch der Schöpfer der Bauakademie durch. Das langgestreckte Gebäude erinnert, jedenfalls von weitem, an eine feste Burg, als welches es konzipiert ist. Sie läßt sich, aus Sicherheitsgründen, nur von der Landseite her betreten, und im Kellergeschoß zur Seeseite hin muß Schinkel, laut Auftrag, eine Reihe von Kanonen unterbringen.

Von nahem wirkt Orianda wie ein orientalisches Traumschloß. Der »edelste griechische Stil«, den die Zarin verlangt, bleibt zwar bewahrt, aber Schinkel variiert ihn geschickt mit Elementen, die an seine »Lalla-Rookh«-Zeit erinnern. Das Ganze hat etwas von Bühnenbild oder Panorama, und ist doch ein Stück allerschönster phantastischer Architektur.

Erstaunlich mutet die Farbenpracht an, die er verwendet, obwohl sie eigentlich zum griechischen Stil nicht paßt. Das heißt, Anfang des 19. Jahrhunderts haben sich die Kenntnisse über klassische Kunst und Architektur erheblich ausgeweitet. Man weiß inzwischen, daß die antiken Skulpturen bemalt und die Tempelwände nicht schneeweiß waren. Schinkel hat eben eine Abhandlung des jungen Architekten Gottfried Semper über die Vielfarbigkeit der Bauten und Kunstgegenstände der Antike mit viel Beifall gelesen, den er dem Autor in einem Brief zum Ausdruck bringt. Trotzdem hat man den Eindruck, der ehemalige Bühnenbildner habe mit den bunten Marmorsäulen und dem vergoldeten Dach etwas zu tief in die Farbtöpfe gelangt.

In einem Begleitbrief stuft er seinen Entwurf nicht eben gering ein. Er gibt vielmehr der Hoffnung Ausdruck, der Bau könne »befruchtend auf die allgemeine Kulturentwicklung in Rußland« wirken, was wiederum reichlich hoch gegriffen scheint. Wie sich überhaupt mit zunehmenden Jahren Schinkels Selbstbewußtsein mitunter übersteigert in Szene setzt.

Daß Orianda nicht gebaut wurde, weil angeblich die Wasserversorgung nicht gesichert war, haben Generationen von Kunstinteressierten bedauert. Der merkwürdige Palast, eine Mischung von »Lalla Rookh« und Bauakademie, wäre trotz bunter Säulen, vergoldeter Dächer, großer Spiegelscheibenfenster und der krönenden »Belvedere»-Veranda vielleicht Schinkels eindrucksvollstes Bauwerk zwischen Gestern und Morgen geworden. Wahrscheinlich bekam die Zarin bei soviel ästhetischer Pracht Angst vor der Courage, die Schinkel ihr abverlangte. Es war dies der Entwurf, für den der Baumeister eine Perlmutterdose erhielt, deren Inhalt ihn freilich ein kleines bißchen für seine verlorene Mühe entschädigt hat.

Schinkel, der doch Enttäuschungen gewohnt gewesen sein muß, ist vom Scheitern dieses Vorhabens zutiefst getroffen. Ungeachtet seiner vielen Nebentätigkeiten hat er gebaut, was immer man bauen konnte, sei es neogotisch, klassizistisch, romanisch oder in vorgreifender Moderne. Ein Traumgebäude hat man ihm nicht zu bauen gestattet. Der Gedenkdom wäre eines geworden, der Palast auf der Akropolis oder jene von ihm entworfene romantische Residenz, die der Schinkel-Forscher Goerd Peschken als »Papierprojekt« bezeichnet. Schinkel hat es in sein *Architektonisches Lehrbuch* integriert, die Traumvorstellung eines majestätischen Gebäudes am Abhang eines Gebirges, das eine Stadt am Strom überragt. Ein Thema, welches vor allem den Kronprinzen intensiv beschäftigt, im übrigen eines, das schon der Maler Schinkel in seiner Jugend aufgegriffen hatte.

Vielleicht erfüllen sich einem Erzpraktiker keine Träume. Es sind jedoch immer nur die erfüllten Träume, die enttäuschen. Unerfüllte behalten oft über Generationen hinweg ihre Faszinationskraft.

23. Der freie Moment

Die nächste Dienstreise, 1838, führt wieder nach Schlesien, und wieder ist mit Ausnahme des Sohnes die ganze Familie dabei, auch bei der anschließenden Kur in Bad Kissingen. Dort führt Schinkel einen ausgedehnten Briefwechsel über verschiedene Projekte, die er übernommen hat.

Der Kur ist das bestimmt nicht förderlich. Aber Schinkel hat es sich angewöhnt, die von ihm bestimmten Bauaufseher brieflich anzuleiten und Zweifelsfragen zu diskutieren. So korrespondiert er mit Berger über den Einsturz eines Turms am Neubau von Erdmannsdorf, mit dem Hofbaumeister Martius über ein Schloß, das er für die preußische Prinzessin Marianne in Kamenz in der Lausitz entworfen hat, und mit Rauch über Probleme mit dem geplanten Denkmal für Friedrich den Großen in Berlin.

Schinkel ist zwar ein Mann, der sich über körperliche Leiden hinwegsetzen kann, nicht jedoch über Schlamperei. Immer wieder beschwört er seine Leute, sich exakt an die Pläne und Richtlinien zu halten, die sie schriftlich oder in Form von Skizzen von ihm bekommen haben.

Erfolg hat er damit nur bei seinem Schwager Berger. Die anderen gehen oft sehr eigenmächtig vor, was sie wohl auch müssen, denn die Bauarbeiten lassen sich nicht bis zum nächsten Brief aus Kissingen unterbrechen. Das Schloß in Kamenz wird von Martius über Gebühr vergrößert und dadurch verdorben, indes Persius und Strack, zwei seiner Meisterschüler, eben dabei sind, das Schloß Babelsberg durch weitere Anbauten zu verunstalten.

Das Delegieren will dem alternden Praktiker, der nach wie vor am liebsten alles selber machen würde, einfach nicht gelingen. Auch hat seit der Orianda-Enttäuschung der bewährte Einfallsreichtum nachgelassen. Er beginnt, sich in seinen Entwürfen zu wiederholen. In Frankfurt an der Oder entsteht ein Stadttheater, bei dem man sich an seinen wenig inspirierten Entwurf nicht hält. Die Sternwarte in Berlin und der eigentümlich gedrungene Turm, den er dem vom Jugendfreund Steinmeyer ausgeführten Jagdschloß Granitz auf Rügen hinzufügt, wirken zwar apart, bleiben aber Routine, Gelegenheitsarbeit. Das gleiche gilt für das Schloß Kurnik in der Provinz Posen, das nach Schinkels Plänen, wie vom Bauherrn gewünscht, in eine gotisch-englische Tudor-Burg verwandelt wird. Allein das Rathaus im sächsischen Zittau wird unter der Bauaufsicht des braven Schramm getreu nach Schinkels Vorlage errichtet.

Doch regt sich auch Kritik. Schon die Kirche mit den sehr verschiedenen Doppeltürmen scheint dem Berliner Baumeister nicht allzu glänzend gelungen. Und nun ein Rathaus wie ein toskanischer Palast? Orianda hat, wie es scheint, alles verändert. Die höchste Vollendung seiner Baukunst, die er in diesem Schloß sah, ist ihm nicht vergönnt. Die gescheiterte Hoffnung schlägt sich nun in der Alltagsarbeit nieder. Dem Baumeister fehlt, was er früher im Übermaß besessen hat: der Elan.

Da mutet es wie Ironie des Schicksals an, daß der berühmte Mann in seiner Beamtenlaufbahn noch einmal befördert wird. Im November 1838 ernennt man ihn zum Oberlandesbaudirektor. Die Ehrungen, die der Erfolg verursacht, erreichen ihren Höhepunkt fast immer erst dann, wenn der Mißerfolg einsetzt.

Immerhin geht die Rangerhöhung mit einem höheren Gehalt einher. Schinkel bekommt jetzt 2800 Taler. Auf die 280 Taler für die Miete der Dienstwohnung in der Bauakademie verzichtet der König, dem bis heute der Ruf eines Pfennigfuchsers nachhängt, wegen der hohen Kosten des alljährlich notwendigen Kuraufenthalts.

Krankheit, nachlassende Phantasie und Beförderung entbinden Schinkel nicht von dem täglichen Kram, der ihm reichlich auf den Schreibtisch gelegt wird. Dessen Erledigung ist anstrengender als schöpferische Tätigkeit, die sich jedoch leichter einschränken läßt. Darum kommt er nun nicht mehr herum, ob er will oder nicht. Da bleibt wenig, was ihm tatsächlich am Herzen liegt: für den Kronprinzen der Wiederaufbau der Burg Stolzenfels am Rhein, die er kürzlich im Anschluß an die Kissinger Kur aufgesucht hat, die Detailarbeit am Kölner Dom, der nie fertig zu werden droht, und – *last not least* – die Planungen für das Denkmal Friedrichs des Großen, das endlich in Angriff genommen werden soll.

Was das Denkmal betrifft, ist Friedrich Wilhelm III. ärgerlich geworden, und man kann ihn angesichts der ständigen Verzögerung des Projekts verstehen. Er ist nicht mehr der Jüngste und drängt seit über einem Vierteljahrhundert auf eine Ehrung seines großen Vorfahren. Soll er sich von der Nachwelt dereinst nachsagen lassen, es sei ihm nicht gelungen, die wohl bedeutendste historische Persönlichkeit unter den Herrschern seines Landes im Stadtbild der preußischen Metropole gebührend in Erscheinung treten zu lassen? Jetzt spricht er ein Machtwort, auf das die apostrophierten Herren, Professor Rauch und Oberlandesbaudirektor Schinkel, sofort reagieren müssen.

Dabei kann sich der König über mangelnde Resonanz seiner Künstler nicht beklagen. Johann Gottfried Schadow, »der alte Schadow«, wie der inzwischen dreiundsiebzigjährige Bildhauer seit Jahrzehnten in Berlin genannt wird, hat schon ein Jahr nach dem Tod Friedrichs des Großen dessen Reiterstandbild entworfen, freilich, wie es in seinem Werkverzeichnis heißt, »in der Tracht des Alterthums zu Pferde sitzend«. Den Alten Fritz in der Toga hat indes keiner der beiden bisherigen Nachfolger den spottlustigen Berlinern vorsetzen mögen.

Der geniale Entwurf Friedrich Gillys ist danach ebenso unausgeführt geblieben wie der frühe Schinkels. Für ein durch Kriegswirren und ständige Mißernten notleidendes Land im Wiederaufbau erwiesen sich beide Projekte als zu kostspielig. Jetzt machen sich, sehr verspätet, Rauch und Schinkel gemeinsam an die Arbeit. Das heißt, Rauch rafft zusammen, was er zum Thema einer Friedrich-Ehrung bisher geschaffen hat und zieht daraus eine Art Quintessenz. Und Schinkel bestimmt den prominenten Standort, den der König wie Rauchs Entwurf sofort akzeptiert, und entwirft den Aufbau des Sockels. Wie so oft bei den zwei Freunden ist kaum zu sagen, wer was vorgeschlagen oder auf Vorschlag des anderen verändert hat. Städteplanerisch wird dies Denkmal von beiden geschickt in die Bauten der Straße Unter den Linden integriert.

Zur Grundsteinlegung, die Bischof Eylert vornimmt, kann Friedrich Wilhelm schon nicht mehr erscheinen. Er hat kurz vor seinem siebzigsten Geburtstag einen leichten Schlaganfall erlitten. Von einem Sessel am Fenster des Kronprinzenpalais, in dem er immer noch residiert, verfolgt er die Zeremonie direkt gegenüber dem Gebäude. Rauch und Schinkel, in der vordersten Reihe neben Eylert plaziert, verneigen sich tief in seine Richtung, als sie mit dem Hammer, wie es die Tradition erfordert, auf den Grundstein schlagen. Der König winkt müde zurück.

Schon wenige Tage später stirbt Friedrich Wilhelm III. am 7. Juli 1840, und Schinkels romantischer Schüler besteigt als Friedrich Wilhelm IV. den Thron. Die Erwartungen, die beide, König wie Baumeister, auf diesen Wechsel insgeheim gesetzt haben mögen, erfüllen sich nicht.

Der Tod des Königs kam trotz Schlaganfall für seine Umgebung überraschend. Schinkel reagiert auf das Ereignis mit verstärkten Krankheitssymptomen. Seit einiger Zeit ist Mitarbeitern aufgefallen, wie unverhältnismäßig sich der Baudirektor über Lappalien, hauptsächlich die – meist schlechten – Nachrichten von der Baustelle in Kamenz, aufregen kann. Er scheint am Ende. Martius, sein Baubeauftragter, berichtet: »Schinkel, bei dem ich am 1. Mai eintraf, (...) war kränklich und litt oft an heftigen Schmerzen, was seine Stimmung sehr trübte. Oft hörte ich ihn im Nebenzimmer stöhnen!«

Der Kranke begibt sich noch im Juli, dem Sterbemonat Friedrich Wilhelms III., nach Bad Gastein, von wo aus er übrigens weiter engen Kontakt mit Martius hält, auch wenn er sich in seinen Briefen kürzer faßt: »Meine erlahmte Hand«, lesen wir in einem, »erlaubt mir nur, das Notwendigste zu erwidern...« Erschreckt stellt er fest, daß sein Geruchssinn immer schlechter wird und am Ende ganz erlischt.

Als er im September wieder in Berlin erscheint, kommt es zu einem letzten Zusammentreffen zwischen Schinkel und dem jetzigen König Friedrich Wilhelm IV. Der Baumeister und verehrte Lehrer hat es versäumt, an den Krönungsfeierlichkeiten teilzunehmen, was Friedrich Wilhelm offensichtlich als persönliche Kränkung betrachtet. Es fallen einige sarkastiche Worte, nach denen der König ihn ganz einfach stehenläßt. Die beiden haben einander nie wiedergesehen.

Die Lähmung der rechen Hand hatte Schinkel schon im Frühjahr befallen, als er – vielleicht zum erstenmal – die Eisenbahn nach Potsdam benutzte. Sie ist 1839, ein Jahr zuvor, eröffnet worden und führt zunächst nur offene Waggons. Die Lähmung, die Zeitgenossen auf eine starke »Durchkältung« zurückführen, wird auch in Gastein und während einer anschließenden Molkekur in Meran nicht besser.

Einer der ersten Besuche nach der Heimkehr von seinem Gasteiner Kuraufenthalt gilt dem neuen Atelier, das Rauch sich eingerichtet hat, und in dem ein lebensgroßes Modell des künftigen Denkmals Friedrichs des Großen steht. »Er sah so wohl aus«, lesen wir in Rauchs Tagebuch, »daß ich ihm dazu Glück wünschte, klagte aber (...), daß er alles nur halb sähe, auch Farben des Regenbogens, welcher auf der Reise sich schon gezeigt habe etc., er begrüßte meine beiden ältesten Enckelchen, sah den Ausbau der neuen Werkstatt mit Prof. Tieck und schien ganz heiter...«

Am Nachmittag des gleichen Tages trifft er bei einem Spaziergang im Tiergarten einen alten Bekannten, Carl Gropius. Der plant ein neues, riesiges Rundpanorama von dreißig Metern Durchmesser. Es soll auf seiner weiten Fläche alle bedeutenden Kulturdenkmäler der Alten und der Neuen Welt in ihrer natürlichen Umgebung abbilden, ein gewaltiger kulturhistorsicher Bilderbogen, von dem er hofft, daß Schinkel wie in alten Zeiten dabei mitmacht.

In der Nacht zum 9. September geschieht es dann. Schinkels Zustand verschlechtert sich. Auf einem Auge kann er plötzlich nicht mehr sehen, und der herbeigerufene Arzt befürchtet einen Schlaganfall. Der rasch hinzugezogene Chirurg bekämpft diesen, wie damals üblich, mit einem Aderlaß. Bei ihm sinkt Schinkel in eine tiefe Ohnmacht, aus der er nie wieder ganz erwachen wird. »Den Ärzten gelang es weder, die Ursache der Krankheit zu erkennen, noch das Leiden zu mildern«, liest man bei Waagen.

Und weiter: »Was der arme Kranke an einem sehr grossen, furunkelartigen Geschwür im Nacken, an verschiedene Male eintretenden, heftigen Gehirnkrämpfen, bei denen er sich die Zunge blutig biß, wie an einem sehr heftigen Husten in den dreizehn Monaten bevor seine Auflösung erfolgte, ausgestanden, will ich hier nicht näher beschreiben. Das Furchtbarste bleibt immer, dass ein Mann von einer Persönlichkeit wie Schinkel, dem Leben ohne Thätigkeit ärger als der Tod war, und der sich nie gern von Anderen bedienen liess, länger als ein Jahr in einem halbbewussten und gänzlich hilflosen Zustande zubringen musste. Es gehört dies zu den Fällen, deren Unbegreiflichkeit die Theilnehmenden in starrem Schmerze verstummen lassen ...«

Die Teilnehmenden, das sind vor allem die Familienmitglieder. Frau Susanne muß eine aufopfernde Pflegerin gewesen sein, die auch die Kinder in die Arbeit einspannt. Ihr zur Seite steht der »Urfreund«, wie Schinkel ihn genannt hat, Beuth, der täglich kommt und von Zeit zu Zeit auch andere Freunde und Vertraute mit sich bringt. Einmal ist es Thorvaldsen auf dem Weg von Kopenhagen zurück nach Italien. »Thorvaldsen!« soll der Kranke ausgerufen haben. »Sie gehen zurück nach Rom!«

Seine letzten Worte? Das ist zweifelhaft. Die Rede ist von einem über einjährigen Koma, einer tiefen Ohnmacht, aber ganz ohne Bewußtsein kann Schinkel doch nicht gewesen sein. Eine künstliche Ernährung gibt es damals noch nicht. Frau Susanne muß ihm Nahrung zugeführt und auch für das Gegenteil gesorgt haben. Ein Koma, scheint es, ist dem hilflos Leidenden nicht einmal vergönnt. Er scheint ständig halbwach.

So schildert es jedenfalls Waagen: »Als ich Schinkel zum letzten Male besuchte, fand ich sein Aussehen ziemlich dasselbe und Niemand hätte ihm angesehen, dass er nun bereits fast ein Jahr in diesem Zustande zugebracht hätte. Die Mittheilung, daß die Ausführung seiner Entwürfe für das Museum nun zuversichtlich im nächsten Frühjahr durch tüchtige Künstler ihren Anfang nehmen werde, machte sichtlich einen erfreulichen Eindruck auf ihn. Da ich ihm aber sagte, dass ich nach Italien ginge und von ihm Abschied nehmen wolle, fing er bitterlich an zu weinen, ein Anblick, der mir wahrhaft das Herz zerschnitt.«

Das ist am 2. September 1841. Einige Tage später verweigert der Kranke jegliche Nahrung. Er nimmt nichts mehr zu sich, die Kräfte nehmen rapide ab. Der Tod tritt am 9. Oktober nachmittags um halb drei ein. Schinkel ist sechzig Jahre alt.

Die Obduktion ergibt, wie wir wiederum von Waagen wissen, »als Hauptsache der Krankheit sehr bedeutende Zerstörungen im linken grossen Gehirn, welche theils in Verknöcherungen der Arterien die Grundfläche des Gehirns, theils im Erweichen der Gehirnmasse und innerhalb derselben in einer Verhärtung bestanden und von der Art waren, dass sie nur die noch so lange Erhaltung des Lebens auffallend erscheinen lassen.«

Aus dieser Diagnose eines medizinischen Laiens dürfte jene Behauptung entstanden sein, die immer wieder auftaucht, daß man bei Schinkels Obduktion nur noch eine verschwindend geringe Gehirnmasse vorgefunden habe. Dem ist jedoch nicht so. Schinkels Todesursache wurde genau erforscht; es gibt wissenschaftliche Abhandlungen darüber. Aber unter welchem deutschen oder lateinischen Namen auch immer diese definiert werden mag, alles läuft auf die Tatsache hinaus, daß sich der preußische Baumeister buchstäblich zu Tode gearbeitet hat.

Das lag in seiner Natur und seiner Erziehung. Sein absolutes Künstlertum duldete keine Grenzen, und seinem vom Vater ererbten Pflichtgefühl galt das Erfüllen einer Aufgabe mehr als persönliches Wohlergehen. Wer will, kann Schinkel als das Opfer seiner selbst ansehen, denn er hat sein Leben bewußt so gestaltet, daß dessen Aufgabe am Ende seine Kräfte übersteigen mußte. Man kann ihn aber auch als Opfer des Staates ansehen, dem er diente, und der, wenn es um die Leistungskraft des einzelnen ging, kein Pardon kannte. Es läuft letztlich auf dasselbe hinaus. Schinkel war eben ein Preuße.

Dabei läßt er sich kaum mit Friedrich Gilly vergleichen, von dem er die preußische Aufgabe übernommen hat. Gilly, der eine gehörige Portion Egozentrik besaß, hätte sich vermutlich nicht derart rigoros ausnutzen lassen. Größere Ähnlichkeit weist Schinkel mit einem Baumeister auf, der dem Alter, nicht der Nationalität nach sein Großvater hätte sein können. Sir Christopher Wren gab London nach dem verheerenden Brand von 1666, der die mittelalterliche Stadt zerstörte, ein neues Gesicht, und er trug sogar einen ähnlichen Titel wie Schinkel. Er war Königlicher Generalbaumeister. Als solcher entwarf er nicht weniger als 51 Kirchen, alle fast auf einen Schlag und in seltener stilistischer Vielfalt, klassizistisch, gotisch, prunkhaft barock und undefinierbar holländisch-solide. Seine Schaffenskraft und seine Phantasie waren Schinkel durchaus adäquat, denn kein Turm der Gotteshäuser glich dem anderen. Wren wurde allerdings trotz seines Fleißes neunzig Jahre alt.

Sein Meisterwerk, die Paulskirche in London, hat Schinkel in seinen Reiseberichten an Frau Susanne nur am Rande erwähnt. In sich aufgenommen haben muß er es genau, wie eines seiner Meisterwerke, die Nikolaikirche zu Potsdam, beweist. Man sollte in derartigen Vorbildern und Übernahmen kein Manko sehen – Kunst kommt seit jeher von Kunst. Die deutsche Architektur ist bis hin zu Mies van der Rohe ohne das Vorbild und die Übernahme von Maß und Ausrichtung aus dem Werk Schinkels nicht zu denken.

Nur leider hat man seinen Freiheitsbegriff nicht immer und wenn, dann allenfalls zaghaft übernommen. «Jeder freie Moment«, sagt er in dem für seine Familie aufgeschriebenen »Wahlspruch«, »ist ein seliger.« Aber unter »Freiheit« versteht er nicht Bindungslosigkeit oder schrankenlose Individualität. Im Gegenteil, für ihn »erscheint die Freiheit des Geistes bei jeder Selbstüberwindung, bei jedem Widerstand gegen äußere Lockung, bei jeder Pflichterfüllung, bei jedem Streben nach dem Besseren und bei jeder Wegräumung eines Hindernisses zu diesem Zweck«. Wiederum: Er vertritt Preußisches in der Kunst wie kaum ein zweiter.

Seine Beisetzung am 12. Oktober 1841 erfolgt »mit unabsehbarem Gefolge«, wie es in einer Zeitung heißt. Den Sarg tragen zwölf Schüler der Bauakademie, bestattet wird er auf dem Friedhof der Friedrich-Werderschen Gemeinde, der er angehört und deren Kirche er erbaut hat.

Heute muß man sein Grab aber auf dem Dorotheenstädtischen Friedhof aufsuchen. Man hat Schinkels sterbliche Überreste später auf diesen Prominentenfriedhof umgebettet, auf dem auch seine Freunde und Mitarbeiter wie Schadow, Beuth, Rauch und Strack liegen. Seine engen Freunde planen zunächst als Gedenkstein einen Findling auf das Grab zu setzen, aber es ist Beuth, der den Gegenvorschlag macht, Schinkels eigenen Entwurf für das Grabmal des Chemikers und Apothekers Hermbstaedt zu verwenden. Er hat die schöne Stele vor acht Jahren für den Dorotheenstädtischen Friedhof geschaffen, auf dem sie sich nun also zweimal befindet. Aber Rauch fügt ihr ein Reliefporträt des Freundes bei, und auf der Rückseite finden sich die freien Verse:

Was vom Himmel stammt,
Was uns zum Himmel erhebet,
Ist für den Tod zu groß,
Ist für die Erde zu rein.

Woher sie stammen, ist unbekannt.

König Friedrich Wilhelm IV., der sich gern den »Romantiker auf dem Königsthron« nennen hört, scheint seine abweisende Haltung bei der letzten Begegnung mit seinem zeitweiligen Lehrer bedauert zu haben. Noch während Schinkels Krankheit befiehlt er »die Anbringung des fehlenden Schmucks« an dessen Bauten. Das gilt für den Giebelschmuck der Neuen Wache und die Fresken am Museum, für die Skulpturen auf der Schloßbrücke und die Reliefs am Schauspielhaus. Nach Schinkels Plänen läßt er auch den Berliner Dom umbauen (den Wilhelm II. später hat abreißen lassen) und den Dom zu Köln weiter vervollständigen. Vor allem aber sorgt er dafür, daß Schinkels bauliches Lieblings- und Sorgenkind, die Nikolaikirche, nun doch die vom Baumeister gewünschte Kuppel aufgesetzt bekommt, eine Aufgabe, die zunächst von Persius, nach dessen frühem Tod von Prüfer durchgeführt wird und sechs Jahre dauert.

Das heißt also, Schinkel hat seine Hauptwerke, auch sein erstes, die Neue Wache, nie ganz vollendet gesehen. Es ist sein Schüler Friedrich Wilhelm, der dafür Sorge trägt, daß postum alles so hergerichtet wird, wie es geplant war.

Seine Treue kommt auch der Familie zugute. Freilich muß Beuth da eingreifen, der schon im November des Sterbejahres eine diesbezügliche Eingabe an das Ministerium macht. »Für diesen Hausstand von fünf Pesonen ist eine Einnahme aus der Witwenkasse von 400 Talern vorhanden«, heißt es in ihr. Sie wird jedoch mit dem Tode der Witwe aufhören, »den Kindern bleibt dann nur ein durch eisernen Fleiß und kleine, den Töchtern gemachte Vermächtnisse erworbenes Vermögen, das höchstens auf 18 000 Taler anzuschlagen ist und mithin nach dem jetzigen Zinsfuße von 3 1/2 % eine Einnahme von 630 Talern gewährt oder für jedes Kind von 157 Talern. Hiernach ist die Familie hauptsächlich auf die Verwertung des künstlerischen Nachlasses des Vaters [an]gewiesen.« In der Antwort erfährt Beuth, ohne dessen Realitätssinn die Familie zweifellos zu kurz gekommen wäre, daß der König verfügt habe, »allen hinterlassenen Schinkelschen Bildern und Zeichnungen eine würdige Aufbewahrung zu sichern«.

Friedrich Wilhelm ist es dann auch, der 1842 den gesamten Nachlaß Schinkels und dessen Sammlung antiker Gipsabgüsse dazu für 30 000 Taler erwirbt. Die von Beuth geschätzte Summe sichert die Zukunft der nun vaterlosen Familie. Der »Urfreund« erweist sich seiner Apostrophierung würdig.

Im übrigen dürfte er auch durchgesetzt haben, daß die Witwe auf Lebenszeit im oberen Stock der Bauakademie wohnen bleiben darf. Ein Teil der Wohnung, die drei größten Zimmer und die beiden Arbeitsräume des Verstorbenen, werden abgezweigt – sie sind für ein künftiges Schinkel-Museum vorgesehen, das bis zur Auslagerung während des Zweiten Weltkriegs dort bestand. Bewacht wurde es unten am Schinkelplatz von einem Denkmal Peter Christian Beuths.

Frau Susanne hat noch zwei Jahrzehnte in der Bauakademie gelebt. Erst nach ihrem Tod hat der Königlich Preußische Regierungsassessor Karl August Alfred Freiherr von Wolzogen, ihr Schwiegersohn, der Mann der jüngsten Tochter Elisabeth, den schriftlichen Nachlaß Schinkels, Tagebücher, Briefe und Aphorismen, herausgeben können. Aber auch da, wie es zu gehen pflegt, von der Familie eifersüchtig überwacht und von ihm stilistisch und auch inhaltlich bearbeitet.

Der Staat, dem Schinkel mit so selbstzerstörerischem Eifer diente, ist 1947 aufgelöst worden, weil man ihn für den Militarismus und die Greuel des Dritten Reichs verantwortlich machte. Ein Mißverständnis, denn den Militarismus hat man in der ganzen Welt gepflegt, und die Nazis waren im Prinzip alles andere als preußisch, vielmehr das genaue Gegenteil.

Viel von der preußischen Vergangenheit ist nicht übriggeblieben. Erhalten hat sich das Vorbild Schinkels, seine Leistung, dem kargen Land und seiner Hauptstadt jene Schönheit hinzuzufügen, der er, der diszipliniertestе aller Romantiker, am Ende selbst zum Opfer fallen sollte.

24. Das Nachleben oder Spaß und Trost.

Mit seinem frühen, schweren und geheimnisumwitterten Tod ist Schinkels Faszinationskraft nicht erloschen. Er hinterläßt ein umfangreiches Werk, das seine Zeit geprägt, zumindest mitgeprägt hat. Eine Wirkung, die über diese Zeit weit hinausreicht, bis in unsere Tage, selbst wenn es unter den Lehrern und Architekten ausgesprochene Schinkel-Verächter gibt. Auch das gehört zum schöpferischen Geist: Kein wirklich großer Künstler ohne Gegner.

Nachwirkungen hat auch Schinkels ungewöhnliches Leben und sein ebenso ungewöhnlicher Tod. Da ranken sich rasch Legenden um seine Leiden. Es ist nicht nur von Gehirnschwund die Rede, sondern auch von »Anzeichen einer beginnenden Geisteskrankheit«.

Beides entspricht nicht den Tatsachen. Noch in Schinkels Todesjahr hat sein Hausarzt, Dr. H. Pätsch, die Krankengeschichte seines prominenten Patienten unter dem Titel »Schinkels letzte Krankheit und Leichenbefund« der Öffentlichkeit mitgeteilt. Der Baumeister ist an den Folgen eines Schlaganfalls (Hirninfarkt) gestorben, welcher »den Geist länger als ein ganzes Jahr in Fesseln legte, ehe [die Krankheit] den Körper zu zerstören vermochte«.

Der Neurologe Professor Dr. Dieter Janz hat noch 1981 darauf hingewiesen, daß obwohl die Obduktion alle Symptome der letzten Krankheit Schinkels bestätigt haben, dennoch die Möglichkeit besteht, daß die extreme Lebensführung des Baumeisters den Tod zumindest mitverursacht hat. Schon Dr. Pätsch ließ seinerzeit die Frage offen, »ob dieses außerordentliche, vielleicht über alles menschliche Dürfen hinausgehende Maass geistiger productiver Thätigkeit zu der merkwürdigen Krankheit (...) in einem Verhältnis wie Ursache und Wirkung stehe«. Er spricht sogar von einem »relativen Mißbrauch der verliehenen Kraft« durch Schinkel, aber auch vom »Übermaass« der »strafenden oder rächenden Natur«.

Mißbrauch? Schinkels Landsmann und Lobredner Theodor Fontane hätte dem vielleicht sogar zustimmen können. Schinkel selbst und seine Zeitgenossen hätten wohl eher auf die Aufgabe verwiesen, die in Preußen nun einmal absoluten Vorrang hat und der ebenfalls von Dr. Pätsch zitierten »Natur« und deren »Übermaß« an Strafe die Schuld an Schinkels Leidensweg zugesprochen.

Schinkels zur Hälfte selbstgestellte Aufgabe, in Preußen so etwas wie Schönheit einzuführen oder fortzusetzen, ist zunächst von seinen Schülern – hier fällt meist das sonst kaum noch verwandte Wort »getreulich« – übernommen worden.

Unmittelbarer Nachfolger Schinkels als Direktor der Oberbaudeputation wurde sein Schüler Friedrich August Stüler, ein Thüringer des Jahrgangs 1800, für den sein Lehrer Vorbild war und blieb. Er neigte allerdings – ganz im Sinne Schinkels – als Maler zu kleinen Extravaganzen. So erhielt er 1834 den Auftrag, der Zarin Alexandra einen Herzenswunsch zu erfüllen. Alexandra, Tochter Friedrich Wilhelms III., liebte Schinkels 1810 entstandenes Litho des von Bäumen verborgenen Doms und wünschte sich, zu Gast auf der Pfaueninsel, auch hinter diesen Waldwipfeln Glockenklang. Im Auftrag des Königs baute Stüler am gegenüberliegenden Havelufer eine Kirche »im russischen Style« aus gelben Ziegeln.

Friedrich Wilhelm IV. ernannte später nicht nur Stüler zum »Architekten des Königs«, sondern verlieh den neugeschaffenen

Titel gleichzeitig dem drei Jahre jüngeren Friedrich Ludwig Persius. Der war ein enger Mitarbeiter Schinkels in Potsdam und Klein-Glienicke gewesen. Weshalb der junge König auch eine Arbeitsteilung vorsah: Stüler sollte vor allem in Berlin, Persius in Potsdam tätig werden. Beide wurden enge Vertraute des Königs, der sich ja für die Architektur mehr interessierte als für die Politik, was den betreffenden Architekten die Arbeit freilich eher erschwert denn erleichtert hat. Der Architekt und Theoretiker Richard Lucae, von dem das Opernhaus in Frankfurt am Main stammt, äußert in seinem Nekrolog auf Stüler, vorsichtig, aber deutlich: »Nur ihm, der von der Geschmeidigkeit und vom Trotz gleich weit entfernt war, konnte es gelingen, die Phantasien eines geistreichen Dilettanten immer zu einer edlen Erscheinung zu verkörpern und dabei – wenn auch manchmal mit Aufopferung eines eigenen, vielleicht berechtigteren Gedankens – nicht dem letzten Ziele aller Kunst, der Schönheit, ungetreu zu werden.«

Abstand zu halten von Geschmeidigkeit wie von Trotz haben Schinkels Erben gewiß von keinem besser lernen können als von ihrem Lehrer. Die Doppelbesetzung seiner Nachfolge ist dann rasch zu Ende gegangen. Persius stirbt schon 1845, erst zweiundvierzig Jahre alt. So wird Stüler Friedrich Wilhelms IV. engster Vertrauter und mehr als das, ein Freund, der dem Monarchen auch in dessen Krankheit zur Seite steht.

Er stirbt 1865, vier Jahre nach seinem König. Der letzte Schinkel-Schüler, der als Hofarchitekt wirkt und Stil wie Gesinnung seines Lehrers vertritt, war Johann Heinrich Strack (1805–1880), der Schöpfer der Berliner Siegessäule, einem letzten Nachklang der Schinkel-Zeit, schon mit dem Pathos des wilhelminischen Zeitalters.

Heutigen Schinkel-Verächtern sollte es zu denken geben, welch frühen Bundesgenossen sie gehabt haben. Der letzte Hohenzoller auf dem preußischen Königs- und dem deutschen Kaiserthron war es, dem Schinkels Stil nicht elitär genug war und der ebenso wild entschlossen wie vergeblich nach »Baustilen gegen Schinkel« gesucht hat. Er hat schließlich den von Schinkel umgebauten Dom am Lustgarten abreißen und durch ein wilhelminisches Monstrum in einer Art Neobarock ersetzen lassen, ein für das Kaisertum Wilhelms II. repräsentatives Gebäude, das wenig Frömmigkeit ausstrahlt.

Wilhelms verzweifelte Suche nach Bauwerken, die gegen den immer noch übermächtig im Berliner Stadtbild dominierenden Schinkel stehen könnten, hat Walther Rathenau überliefert. In seinem Tagebuch steht genau verzeichnet, worüber der Kaiser bei einem Treffen mit dem AEG-Industriellen im Jahre 1911 reden wollte, nämlich (unter anderem) Mannesmann, England nach dem Tod des Königs Eduard VII., Edelsteine, Baumwolle sowie nicht zuletzt »Baustile (gegen Schinkel)«.

Fand Wilhelm II. Schinkels Baustil nicht elitär genug, so war er im Fortschreiten der Geschichte manchem klugen und noch mehr unklugen Geistern viel zu elitär. Man hat ihm, wie wir sehen werden, sogar einen »faschistischen« Geschmack vorgeworfen. Pfleglich umgegangen mit seinem Erbe sind nach dem Ende Preußens die beiden deutschen Teilstaaten jedenfalls nicht. Die Sprengung des kaum beschädigten Prinz-Albrecht-Palais unmittelbar nach Kriegsende läßt sich vielleicht mit einem Gefühl der Scham und Schande entschuldigen – das von Schinkel umgebaute und so gut wie neugestaltete Bauwerk hatte den Nazis als Gestapo-Hauptquartier und Folterkeller gedient. Daß man einen historischen Schandfleck nicht durch die Beseitigung des Bauwerks auslöschen kann, in dem er begangen wurde, ist eine später getroffene Erkenntnis. Keine Entschuldigung gibt es für den Abriß der ebenfalls erhaltenen und durchaus leicht zu renovierenden Bauakademie in Ost-Berlin. Gerettet wurde das Eingangstor, das man dann lange als Pforte zu einem Weinkeller (»Schinkel-Stuben«) nutzte.

Große Mühe hat man sich in Ost wie West zur Feier des zweihundertsten Geburtstages und mehr noch zum 750-Jahres-Jubiläum der Stadt gegeben. Schinkels Geburtstag wurde auf beiden Seiten mit glänzenden Ausstellungen begangen, und in den Genuß der zum Stadtjubiläum veranstalteten mächtigen Gebäudeputzerei kamen dann auch die (zum Glück) vielen erhaltenen Schinkelbauten. Daß sowohl Neue Wache als auch Altes Museum alsbald wieder so ungepflegt erschienen wie zuvor, mag an der Eile der Reinigungsarbeiten gelegen haben.

Schinkel ging aus beiden Gelegenheiten mit frischem Lorbeer gekränzt hervor. So schien es wenigstens. Aber wird auf der einen Seite der Ruf nach einem Wiederaufbau der Bauakademie laut, der städtebaulich der Mitte Berlins Charakter und Zusammenhang geben könnte, regen sich auf der anderen Seite Gegenstimmen, denen Schinkels Bauweise nach wie vor für eine demokratisch verfaßte Gesellschaft zu elitär ist. Dabei dürfte er der bescheidenste und auch stilistisch der nüchternste aller preußischen Baumeister gewesen sein, vielleicht mit Ausnahme des älteren Gilly.

Was wirft man Schinkel vor?

Lassen wir es uns von Goerd Peschken sagen, dem Baugeschichtler von hohem Format, der eine junge Architektengeneration, diejenige der 68er-Revolte, stark beeinflußt hat. Peschken war kein Feind Schinkels – er hat 1979 in der Reihe *Schinkels Lebenswerk* eine aufschlußreiche Untersuchung des *Architektonischen Lehrbuchs* veröffentlicht –, er ist vielmehr ein Skeptiker. Deutlich wird er in einem Interview.

Gefragt, ob er in der Architektur für den Kronprinzen in Potsdam einen »resignativen Zug« festgestellt habe, lautet die Antwort: »Na klar... Das habe ich doch nicht erfunden. Das hat schon August Grisebach 1924 formuliert, mein Gott, das wird dann immer wieder verdrängt. Es darf nicht gewesen sein, es muß das Letzte, Höchste, Größte sein, aber es ist schauerliches Zeug. Da sind einzelne tolle Ideen, aber wenn Sie diese Säulen anschauen, das ist doch so, wie wenn irgendeiner mit einem alten Gebiß klappert. Furchtbar. So ähnlich ist es mit den Säulen vor dem Alten Museum, jetzt wo das Schloß weg ist. Das Alte Museum war ja klein gegenüber dem Schloß; das Schloß war doch ungefähr um die Hälfte höher und doppelt so breit.

Schinkel mußte irgendetwas machen, damit der Kunsttempel nicht unterging. Der F. W. IV. hat ihm wahrscheinlich diese Säulen skizziert und dann hat er diese Säulen hingesetzt. Aber wenn ich das jetzt so ansehe, wenn Sie dazwischen rumgehen, das ist so grauenhaft klotzig und leer und hohl und so faschistisch, weil da eine leere Form, die nicht mehr erfüllt wird, aufgefahren wird.«

Noch eindeutiger fällt Peschkens Antwort auf die Frage aus, was er »von der Art und Weise, in der Schinkel zur Zeit rezipiert wird«, halte.

»Ich sehe«, antwortet der Gelehrte, »im wesentlichen eine Selbstbestätigung der etablierten Leute, die sich dieses Themas nun bemächtigt haben. Aber die Frage ist doch, wozu ist das gut, sich ernsthaft mit Schinkel zu befassen? Wozu ist es gut, wenn Sie heute eine Beethoven-Sonate studieren? Das macht Spaß, es tröstet auch ein bißchen.«

Man kann vielleicht mehr aus der Kunst ziehen – sie sei schön oder nicht – als Spaß und Trost. Aber das ist schon etwas. Schinkel, der sein Leben dafür hingab, wäre es ganz gewiß zufrieden.

Zeittafel

1781 13. März Karl Friedrich Schinkel als zweites von 5 Kindern in Neuruppin geboren. Eltern – Dorothea, geb. Rose und Superintendent Johann Cuno Christoph Schinkel. Ältere Schwester: Sophie (geb. 1771).

1782 Schinkels Bruder Friedrich Wilhelm August geb. (22. 9.).

1785 Schinkels Schwester Charlotte Sophie Friederike geb. (17. 8.).

1787 Brandkatastrophe in Neuruppin. Tod des Vaters (25. 10.).

1792 Besuch des Gymnasiums in Neuruppin.

1794 Schinkels Schwester Dorothea (das Geburtsjahr ist umstritten) stirbt in Krenzlin bei Schwester Sophie, die mit dem Geistlichen Wagner verheiratet ist. Umzug nach Berlin ins dortige Predigerwitwenhaus. Besuch des Gymnasiums Zum Grauen Kloster.

1797 Tod des Bruders Friedrich Wilhelm August. Besuch der Akademieausstellung mit Entwurf zum Denkmal Friedrichs des Großen. Entschluß, Architekt zu werden.

1798 Abgang vom Gymnasium. Studium bei David und Friedrich Gilly.

1799 Gründung der Bauakademie, an der Schinkel bis 1802 studiert. Erster Bühnenentwurf auf Anregung von Gilly, erste Landschaftsbilder.

1800 Tod der Mutter in Berlin (8. 3.), Tod Friedrich Gillys in Karlsbad (1. 9.). Schinkel baut Pomona-Tempel auf Potsdamer Pfingstberg und landwirtschaftliches Wirtschaftsgebäude in Bärwinkel.

1801 Reise nach Köstritz, Karlsbad und in den Harz. Bauten: Schloß Buckow, Quilitz. Entwürfe für Schloß Köstritz und Schloß Elley in Kurland (beide nicht ausgeführt).

1802 Akademieausstellung zeigt Zeichnungen Schinkels nach Friedrich Gilly und Bühnenbild *Iphigenie in Aulis*. Bauten: in Zehlendorf und in Berlin (Haus des Zimmermeisters Steinmeyer in der Friedrichstraße).

1803 Erste Italienreise, bis März 1805 mit Studienfreund J. G. Steinmeyer: Dresden, Prag, Wien, Triest, Venedig, Rom (von Oktober 1803 bis April 1804), Neapel, Sizilien, Rom, Genua, Paris (von November 1804 bis März 1805).

1805 Heimkehr nach Berlin (März). Für Gilly Bauaufsicht Schloß Owinsk an der Warthe. Auszug aus dem Haus Gillys. Bis 1815 hauptsächlich als Maler tätig.

1806 Erste Reise nach Pommern, auf der er wahrscheinlich seine spätere Frau kennenlernt. Plant Landhaus bei Stettin.

1807 Zeigt im besetzten Berlin die ersten Panorama-Bilder, draunter »Konstantinopel« und »Jerusalem«.

1808 Panorama von Palermo ist besonders erfolgreich. Weihnachten weitere Schaubilder, darunter »Ausbruch des Vesuvs.«

1809 Heirat mit Susanne Berger aus Stettin (17. 8.). Brand der Petrikirche, Neuentwurf von Schinkel eingereicht. Im Dezember Rückkehr des Königspaars aus Ostpreußen, das sich Schinkels neue Panorama-Bilder zeigen läßt.

1810 Inneneinrichtung der Räume der Königin Luise im Stadtschloß, Schlafzimmer im Empire-Stil. Schinkel wird Beamter, zum Oberbauassessor ernannt (15. 5.), übernimmt das »ästhetische Fach«. Tod der Königin Luise in Hohenzieritz. Geburt der Tochter Marie Susanne Eleonore (2. 9.). Entwurf eines Luisengrabmals, das nicht ausgeführt wird.

1811 Reise mit Frau ins Salzkammergut, über Dresden und Prag. Besuch mit Brentano bei Graf Pückler in Muskau. Im Auftrag des Königs zur Auktion in Köpenick. Gotische Eisenlaube nach Schinkels Entwurf in Gransee eingeweiht. Zweite Tochter Susanne Marie Sophie geb. (23. 11.). Ernennung zum Mitglied der Berliner Akademie der Künste. Weihnachten wieder diverse Schaubilder für Gropius. Erstes Bild (»Mittelalterliche Stadt am Fluß«) der »Kathedralenserie«.

1812 Schinkel zeigt in Akademieausstellung Umbauplan für Singakademie. Beginn der Zusammenarbeit mit Rauch. Gutachten und Berichte: u. a. Anatomisches Theater, Gewächshaus für Botanischen Garten, Zivilkasino in Potsdam. Entwurf: Kirche für Voigtsdorf in Schlesien. Panorama-Bild zu Weihnachten: »Der Brand Moskaus«, der erst im gleichen Jahr stattgefunden hat.

1813 Meldung zum Landsturm, bleibt aber in Berlin. Geburt des Sohnes Karl Raphael (6. 12.). Entwurf des Eisernen Kreuzes. Bewerbung bei Iffland als Bühnenmaler. Entwurf eines Doms als Denkmal für die Befreiungskriege (im Auftrag des Königs, bis 1815). Weihnachtspanorama »Völkerschlacht bei Leipzig« (ebenfalls erst im gleichen Jahr stattgefunden). Gutachten: u. a. zur Kirche in Voigtsdorf, zur Klosterkirche, die dann wegen Geldmangels gestrichen wird, drei Gutachten zur Werderschen Kirche. Baupläne: Tempel-Grabmal für Friederike Koch, Braut des Komponisten Flemming.

1814 Umzug in die Friedrichstraße. Erste Kontakte mit Hardenberg. Bau der Dorfkirche in Neuhardenberg. Gutachten: u. a. Garnisonskirche für Schweidnitz, Kirchturm in Brietzig (Schlesien). Entwürfe: Siegeszeichen für Quadriga auf dem Brandenburger Tor (ausgeführt), Neugestaltung des Tiergartens, Denkmal für Hermann den Cherusker (nicht ausgeführt). Zeigt in der Akademieausstellung zwei Ölbilder, »Schloß am See« und »Altan mit Fernblick«. Weihnachtspanoramen: zwei Ansichten der Insel Elba, Napoleons erstem Verbannungsort.

1815 Ernennung zum Geheimen Oberbaurat (12. 3.). Bühnenbilder zur *Zauberflöte*, die im Januar 1816 aufgeführt wird. Erste Maßnahmen für den Denkmalschutz in Preußen. Gutachten: u. a. Renovierung Französischer Dom, Ohlauer Tor in Breslau, Reparaturkosten der Kirchen auf dem Gendarmenmarkt, Abbruch der 1809 ausgebrannten Petrikirche, Erhaltung des Lettners in der Xantener Stiftskirche. Entwürfe: Kirchturm in Brietzig, Eisengitter Schloßbrücke. Gemälde für Hardenberg und Gneisenau. Weihnachten Schaubild von St. Helena, wohin Napoleon nach der Schlacht bei Belle-Alliance (18. 6.) verbannt worden ist.

1816 Reise mit Frau Susanne und Tochter Marie nach Weimar (Besuch bei Goethe) und zu Verhandlungen mit Boisserée (Heidelberg), Dombesichtigung in Köln, Trier (Porta Nigra), Aachen und die Niederlande, Rückfahrt erneut über Köln (9.7. – 26.9.). Bühnenbilder: *Ariodan* und E.T.A. Hoffmanns *Undine*. Gutachten: u.a. über Sammlung Boisserée (an Altenstein), den Zustand der Kölner Domruine, Standort der Militärärzteschule. Innenausbau Palais Prinz August (teilweise dem Schwager Berger übertragen). König befiehlt Bau einer neuen Wache.

1817 Baubeginn Neue Wache. Reise nach Pommern, halb dienstlich, halb privat. Umbau des Berliner Doms beendet. Schauspielhaus am Gendarmenmarkt brennt ab (29.7.). Langhans reicht neuen Bauplan ein, der nicht befürwortet wird. Entwurf eines Bebauungsplans für die Innenstadt. Gutachten: u.a. zur Ablehnung des Boisserée-Ankaufs durch den Minister Bülow, zur Büchsenmacherei, zum Erhalt der Dachskulpturen am Stadtschloß und Renovierung des plastischen Schmucks am Zeughaus, zum Umbau des Berliner Rathauses, zur Klosterkirche Kamenz (Schlesien) sowie Kirchen in Neheim und Arnsberg (Westfalen). Bühnenbilder: *Athalia* (Oper), *König Yngurd* (Tragödie), *Axel und Walburg* (Trauerspiel), *Rittertreue* (Oper). Entwürfe: Blücher im Schuppenpanzer, Denkmal für Breslau, Umbau Palais Prinz Friedrich, Anbau Berliner Rathaus.

1818 Baubeginn Schauspielhaus am Gendarmenmarkt (bis 1821) und Denkmal auf dem Kreuzberg (bis 1821), sowie Kasernenbau Lindenstraße. Bühnenbilder: *Tankred*, *Die Jungfrau von Orleans*, *Orpheus und Eurydike*, *Die Vestalin*, *Lila*. Entwürfe: Neugestaltung Einfahrt Wilhelmstraße, Kirche in Neheim, erste Pläne für Theaterbau, Kirche in Hemer (Westfalen).

Erste Zeichen von Arbeitsüberlastung: Bitte um Hilfskraft und Absage einer Dienstreise zur Marienburg.

1819 Reise nach Marienburg, Umbau der Schloßbrücke (bis 1824) und Schloß Neuhardenberg. Neues Entlastungsgesuch an den Minister. Fünf Pläne zur Wiederherstellung der Porta Nigra. Schinkel wird Mitglied der Technischen Deputation, *Sammlung architektonischer Entwürfe* beginnt zu erscheinen. Gutachten: u. a. Umbau der Alten Post von Schlüter, Umbau Hallesches Tor (nicht ausgeführt), Gutachten zur Marienburg (an Hardenberg), nochmals Porta Nigra. Entwürfe: Kutusow-Denkmal in Bunzlau (Schlesien), Potsdamer Zivilkasino. Bühnenbilder: *Don Carlos, Hermann und Thusnelda*, *Die Braut von Messina,* erste Aufführung überhaupt des *Faust* durch den Grafen Radziwill in privatem Rahmen, *Axur, König von Ormus* (Singspiel), *Nittetis* (Oper).

1820 Ernennung zum Professor der Baukunst und Wahl in den Senat der Akademie der Künste. Besuch mit Rauch und Tieck bei Goethe. Umbau Schloß Humboldt in Tegel (bis 1824). Entwurf für Sternwarte und Anatomie in Bonn (bis 1822). Aufstellung der Sammlungen für das Museum Unter den Linden. Erster Entwurf für Grabmal Scharnhorst (bis 1833). Gutachten: u. a. Zeughausdach, Neueinrichtung Schloßkapelle Bonn, Düsseldorfer Theater (Entwurf von Weinbrenner abgelehnt), Appellationsgericht in Köln, Gymnasium in Düsseldorf, wiederum Kirche in Neheim. Ölgemälde »Schloß am Strom«. Bühnenbilder: *Vestalin* (zur Einführung des neuen Generalmusikdirektors Gasparo Spontini), *Die Fürsten Chawansky*, *Alcisor* (Oper von Gluck).

1821 »Lalla Rookh«-Fest im Schloß. Gründung des »Vereins zur Förderung des Gewerbefleißes« durch Beuth (15. 1.). Verleihung des Roten Adlerordens III. Klasse. Fünfwöchige Reise mit der Familie im Sommer nach Stettin. Schinkel verbringt eine Woche auf Rügen (Gemälde von Rugard und der Stubbenkammer). Erneutes Gesuch um Arbeitsentlastung an Minister v. Bülow. Entwürfe: Umbau Singakademie, Werdersche Kirche in Form eines griechischen Tempels (nicht ausgeführt), Bühnenbilder zur Einweihung des Schauspielhauses. Ausführliches Gutachten zum Kölner Dom sowie zu Kirchen in Altenberg, Münster (Apostelkirche), Issum und auf dem Kreuzberg in Berlin. Bühnenbilder: *Othello*, *Olympia*, *Das Bild* (Trauerspiel).

1822 Mit Beuth Herausgeber der *Vorbilder für Fabrikanten und Handwerker* (bis 1837). Entwurf für ein Museum am Lustgarten (Neues, heute: Altes Museum). Umzug Unter den Linden 4a. Geburt der Tochter Elisabeth (17. 8.).

Baubeginn des Jagdschlosses Antonin für Fürst Esterhazy in Polen (bis 1824), Schinkels einzigem Holzgebäude. Order an Schinkel zur Wiederherstellung des Brandenburger Doms. Gutachten: u. a. Anatomie Bonn, bauliche Mängel am Akademiegebäude, Pfarrkirche Kamenz. Kostenvoranschlag Museumsprojekt. Bühnenbilder: *Aucassin und Nicolette*, *Nurmahal* (lyrisches Drama). Auftrag zur Regulierung der Anlagen im Lustgarten.

1823 Schloßentwurf für den Grafen Potocki in Krakau (nicht ausgeführt), Entwürfe für die Möbel des Potsdamer Zivilkasinos und einen Brunnen in Pyritz, Landhaus Behrend in Charlottenburg. König genehmigt Museumsbau am Lustgarten und Verlegung des Packhofes. Grundsteinlegung Neues Museum. Gutachten: u. a. Feuerschutzprobleme am Alexanderplatz, Kirchen in Trier, Schwelm (Westfalen) und St. Mennatis im Kreis Koblenz sowie Brunnenhaus in Aachen, Alte Post, Kölner Dom, Umbau des Gymnasiums Zum Grauen Kloster und zum Bau des Königstädtischen Theaters in Berlin. Artillerie- und Ingenieursschule ist bezugsfertig.

Der Kronprinz bekommt zu seiner Hochzeit die Burg Stolzenfels am Rhein geschenkt. Erste Pläne zum Ausbau von Schinkel. Genehmigung des Königs für Schinkels Umbau des Potsdamer Tors. Bühnenbilder: *Dido*, *Libussa*.

1824 Baubeginn Museum am Lustgarten (bis 1830), zwei Wachtgebäude der Kriegsakademie am Potsdamer Platz (bis 1825), Inneneinrichtung der Wohnung des Kronprinzen im Schloß (bis 1826), Villa im Schloßpark Charlottenburg (»Schinkel-Pavillon« – bis 1825), Schloß Neindorf (bis 1827), Architektonische Anordnung eines Denkmals für Pius VII. in der Peterskirche, Rom, für Thorvaldsen. Erste Entwürfe Werdersche Kirche, in griechischem und »deutschem« Stil, für Um- und Neubauten Charlottenhof und Umbau des Kavaliershauses auf der Pfaueninsel bei Potsdam. Berufung ins Institut de France und die Akademie in Kopenhagen. Das erste Heft des »Domwerks« von Boisserée erscheint mit Schinkels Vignette. Besichtigung von Klein-Glienicke, das Prinz Karl von den Erben Hardenbergs erworben hat. Entwürfe: Kasino für Klein-Glienicke, Ottobrunnen in Pyritz sowie neue und endgültige Planung des Scharnhorst-Denkmals mit Rauchs Löwen. Bühnenbild: *Das Käthchen von Heilbronn*.

Zweite Italienreise ab Juli, während in Berlin die

Pfähle für das Museum eingrammt werden. Begleiter: Dr. Waagen, der Medailleur Brandt und Oberfinanzrat Kerrl. Über Köln (Besichtigung des Doms) und Stuttgart (Besuch bei den Boisserées), Lausanne, Mailand, Florenz nach Rom. Von Neapel Ausflüge nach Paestum, Amalfi und Pompeji. Dreitägige Fahrt nach Sorrent und Capri. Rückfahrt über Neapel, Rom, Venedig, München und Weimar (Besuch bei Goethe) nach Berlin (bis Anfang Dezember).

Akademie zeigt auf der Jahresausstellung zwei Landschaftsbilder und zwei Kandelaber der Fabrik Feilner nach Schinkels Entwürfen.

1825 Ernennung zum Ehrenmitglied der Akademie in Rom. Einrichtung der Wohnräume des Kronprinzen im Berliner Stadtschloß und Innenentwürfe für Klein-Glienicke. Entwürfe des Leuchtturms Arkona auf Rügen (bis 1827) und Theater in Hamburg (verändert ausgeführt). Baubeginn Kirche Schönberg bei Aachen, Grundsteinlegung für Friedrich-Werdersche Kirche (Zweiturm-Entwurf), Gesellschaftshaus in Magdeburg (bis 1827), Neubau »Kleine Neugierde« in Klein-Glienicke.

Schinkel malt sein letztes bedeutendes Gemälde: *Blick in Griechenlands Blüte*, das Prinzessin Luise, die jüngste Tochter des Königs, als Geschenk zur Hochzeit mit Prinz Friedrich der Niederlande erhält. Bühnenbilder: *Armide* von Gluck, *Macbeth*.

1826 Planungen für Charlottenhof, Potsdamer Nikolaikirche und Rathaus zu Kolberg. Ferner Rampe, Badehaus und Gartenbank für Muskau und zwei Feldsteinkirchen in Pommern. Im April Reise mit Beuth nach Frankreich und England, über Weimar (17. 4. Besuch bei Goethe) und Koblenz (21. 4. Wiedersehen mit Brentano) nach Paris (29. 4.–

21. 5. Besichtigungen mit Alexander von Humboldt). Übersetzen in Calais (23. 5.) nach London (bis Mitte Juni), über Bristol, London, Lüttich, Köln zurück nach Berlin (27. 8.).
Gutachten: u. a. Kirchen in Wesel und Frankfurt. Atelier Rauch fertigt große Schale nach Schinkel-Entwurf. Bühnenbilder: *Die Bekränzung Apollos* (Lebende Bilder), *Alexander und Darius.* Museumsrohbau wird zum Winterbeginn rechtzeitig unter ein Zinkdach gebracht.

1827 Kaufhausentwurf Unter den Linden (nicht ausgeführt). Projekt Berliner Börse (nicht ausgeführt).
Schinkels Verbesserungsvorschläge für das neue Museum vom König abgelehnt. Jägerhof für Klein-Glienicke begonnen. Inneneinrichtung und Möbel für Prinz Karl. Gutachten über Heizlüftung im Jägerhof, Kirchen in Heerwege (Schlesien), Altenkirchen (Rheinland), St. Marien (Frankfurt), Eller, Götterswicherhamm (Rhein), Altenberg, Tempelburg (Pommern) sowie das Mauritz-Tor in Münster. Mängelrüge wegen Abweichung bei einem Turmbau in Kirschseiffen (Rheinland). Bühnenbild: *Agnes von Hohenstaufen.*

1828 Entwürfe zu mehreren Vorstadtkirchen (bis 1833). Einrichtung der Wohnung des Prinzen Wilhelm. Umbau des Palais Redern am Pariser Platz (später abgerissen wegen Neubau Hotel Adlon), Bau eines Hauses für den Fabrikanten Feilner (bis 1829). Neugestaltung des Lustgartens. Reitbahnhalle vollendet. Im November kommt es zu einer Kontroverse, weil Schinkel Unter den Linden gleichzeitig als Architekt und Gutachter gewirkt hat. Bau eines Wachtgebäudes am Stettiner Heumarkt nach Plänen von Schinkel.
Erneute Zeichen für Überarbeitung; im März Be-

sichtigungsreise zu einer renovierungsbedürftigen Kirche in Stettin (St. Jacobi) abgesagt.

Gutachten: u. a. Schlußbericht Kirchturm Kirschseiffen und Kirchenbauten in Bütow (Pommern), Cosel, Straupitz (Schlesien), Peckelsheim (Westfalen), Oberhonnefeld (Rheinland). Arbeit am Gärtnerhaus Charlottenhof (bis 1833). Nebentätigkeiten: Ausstattung Dürer-Fest und Entwurf Bücherschränke für General v. d. Marwitz. Enwurf von gleichförmigen Rahmen für das Neue Museum, Saalschmuck für Naturforscherfest im Schauspielhaus. Bühnenbild: *Oberon*. Silvester ist Schinkel bei der Feier im Palais des Prinzen Karl zugegen, an der auch der König teilnimmt.

1829 Möbelentwürfe für Beuth. Kommission für Neues Museum eingesetzt, Vorsitzender: Wilhelm v. Humboldt. Arbeit an Museumsfresken »Götterleben« (bis Oktober), zweiter Teil: »Menschenleben« begonnen. Fest »Zauber der weißen Rose« in Potsdam mit Dekorationen Schinkels. Erste Badereise im August zur Erholung.

1830 Gustav Friedrich Waagen als erster Direktor der Gemäldegalerie (Museum am Lustgarten) eingesetzt. Pläne für neue Bibliothek (nicht ausgeführt), Brunnen für Hof im Gewerbeinstitut, Erneuerung der Stettiner Johanniskirche, Schloßsaal in Gleiwitz, Umbau des Berliner Rathauses und zwei Vorstadtkirchen. Letzte Innenarbeiten am Museum, das am 60. Geburtstag König Friedrich Wilhelms III. (3. 8.) eröffnet wird.

Da ist Schinkel in Italien mit der ganzen Familie (25. 7. bis September). Köln, Bonn (Ausflug zum Drachenfels), Rüdesheim, Heidelberg, Schweiz, Mailand und Venedig.

Im Bau: Neuer Packhof, Palais Redern (Inneneinrichtung), Nikolaikirche in Potsdam (Grundsteinlegung 3.9.). Ausschachtungsarbeiten für Elisabeth-Kirche am Rosenthaler Tor. Besichtigung der Friedrich-Werderschen Kirche durch den König (23. 10.), Aufstellung der Schinkel-Büste von Tieck im Treppenhaus des Museums (27. 11.). Am 16. Dezember wird Schinkel zum Geheimen Oberbaudirektor befördert und übernimmt die Leitung der Oberbaudeputation.

1831 Entwurf und Baubeginn der Altstädtischen Hauptwache in Dresden (bis 1833). Entwürfe: künstliche Ruine für Pücklers Park in Muskau, Bauakademie, neue Entwürfe für die Vorstadtkirchen, Grabmal für Niebuhr in Bonn, Glienicker Brücke (bis 1834). Order, die Kirchenbauten in Potsdam und Berlin aus Kostengründen zu verlangsamen.
Erste Kur in Marienbad.

1832 Beginn des Baus der Vorstadtkirchen (bis 1835). Baubeginn Bauakademie (bis 1836). Fertigstellung Packhof, Rathaus in Kolberg. Besuch Boisserées in Berlin (April und Mai). Einweihung Palais Prinz Albrecht.
Tod Goethes (23. 3.) und Zelters (15. 5.).
Dienstreise nach Schlesien (17. 6.–11. 8.): Cottbus, zu Privatgeschäften in Muskau, Görlitz, Glatz, Neiße, Krakau (auch hier »Privatgeschäfte«), Gleiwitz, Oppeln, Breslau, Liegnitz, Frankfurt/Oder.
Schinkel zum Ehrenmitglied der Bayerischen Akademie der Künste ernannt. Beginn der Renovierungsarbeiten Schloß Erdmannsdorf im Riesengebirge.

1833 Römische Bäder in Potsdam (Charlottenhof bis 1836) – Großer Bauplan für die Berliner Innenstadt. Schinkel wird Roter Adlerorden III. Klasse mit Schleife verliehen. Lehnt Berufung an den

Lehrstuhl für Architektur der Akademie in Dresden ab. Entwürfe: Ausmalung Johanniskirche in Moabit, Postament für Statue im Palais Redern, Turm für Kirche in Brieg (Schlesien), Schloß Babelsberg für Prinz Wilhelm, Gemälde an Wand des oberen Treppenhauses im Museum (»Naturgewalt«), Hermbstaedt-Grabmal (das auch sein eigenes werden wird), Schill-Denkmal in Wesel. Gutachten: u. a. Rathaus Glogau, Klosterkirche Cappenberg (Westfalen), Blumengarten-Tor in Muskau, Kreuzgang in Münster und Stift Asbeck (Westfalen). Zeichnungen: Rekonstruktion römischer Villen nach Plinius.
Dienstreise durch Sachsen, Westfalen und Rheinland (5. 7.–7. 9.): Wittenberg, Halle, Merseburg, Naumburg, Erfurt, Mühlhausen, Soest, Hagen, Elberfeld, Düsseldorf (Besichtigung des umgebauten Theaters), Köln (Besprechungen mit Dombaumeister), Aachen, Trier (Besichtigung der Ausgrabungen), Altenberg, noch einmal Köln, Berlin.

1834 Vorschlag für einen Palast auf der Akropolis (nicht ausgeführt), Arbeit an einem neuen Domplan für Köln, der den Gesamtausbau vorsieht. Entwürfe: zwei neue Skizzen für Bonner Grabmal Niebuhrs, eines Lehrers des Kronprinzen. Umbau Schloß Kurnik und Johanneskirche in Zittau. Inneneinrichtung des Jenischhauses in Hamburg. Im Bau befindlich: die Berliner Sternwarte, Schloß Babelsberg und die Vorstadtkirchen (in Alt-Moabit, Wedding und Gesundbrunnen). 12 musizierende Engel für Kölner Dom. Sockel für Büste des Großen Kurfürsten im Schloßhof Stettin. Gutachten: u. a. für Kirchen in Altenberg, Wesel, Dortmund und Rettung der Burg Wewelsburg (Rheinland und Westfalen). Dienstreise in die östlichen Provinzen (8. 7.–1. 9.): Posen,

Gnesen, Thorn, Bromberg, Kulm, Graudenz, Elbing, Königsberg, Pillau, Kurische Nehrung, Memel, Tilsit, Masuren, Insterburg, Königsberg, Danzig, Oliva, Köslin, Kolberg (Besichtigung von Dom und Rathaus nach Schinkels Entwürfen), Stettin, Berlin. Bühnenbild: *Die deutschen Herren in Nürnberg* (Oper).

1835 Fertigstellung der »Großen Neugierde« in Klein-Glienicke. Innenausbau der Bauakademie (in »Allgemeine Bauschule« umbenannt). Auftrag zum Entwurf eines neuen Bibliotheksgebäudes. Altarentwurf für Kirche in Groß-Krummöls (Schlesien). Zum Korrespondierenden und Ehrenmitglied des Institute of British Architects in London ernannt. Entwürfe: Klause (Klausnerei) bei Kastel, Wiederaufbau auf Order des Kronprinzen. Der König mahnt bei Schinkel und Rauch Denkmal für Friedrich den Großen an. Beschäftigung mit einer idealen fürstlichen Residenz im Rahmen des *Architektonischen Lehrbuchs*. Gutachten: u. a. zur Dekkenausführung einer Kirche in Wesel, zur Erweiterung von St. Marien in Dortmund, zum Aufbau von Schloß Altena (Westfalen).

Dienstreise in Begleitung seiner Frau durch Altmark, Vorpommern und Neumark (12. 7.–11. 8.): Tangermünde, Stendal, Gardelegen, Salzwedel, Ostseeküste entlang und Überfahrt nach Rügen, wo Schinkel und Frau Susanne im Leuchtturm Kap Arkona unterkommen, Besichtigung des von Schinkel entworfenen Schweizer Gasthauses auf der Stubbenkammer, Greifswald, Anklam, Pasewalk und durch die Neumark zurück nach Berlin. Im August Versteigerung der Läden im Erdgeschoß der Bauakademie. Einweihung des Schlosses Babelsberg (18. 10.).

1836 Schinkel erhält Roten Adlerorden II. Klasse mit Eichenlaub und bezieht Dienstwohnung im Obergeschoß der Bauakademie (März-April). Ehrenmitglied der Akademie der bildenden Künste in St. Petersburg. Entwurf für Schloß und Kirche Erdmannsdorf (bis 1838/41).
König genehmigt Ausführung des Reiterstandbilds Friedrichs des Großen von Rauch. Vorschläge zum Ausbau der Burg Stolzenfels. Gutachten: u. a. über den Sarkophag in der Klause bei Kastel im Rheinland und Wiederaufbau des abgebrannten Schlosses Liegnitz.
Dienstreise mit Frau und Familie nach Schlesien, anschließend Kur in den böhmischen Bädern und Bad Gastein. Danach Salzburg und Tirol (Ende Mai – Anfang August). Intensive Beschäftigung mit Schloß, Garten und Kirche Erdmannsdorf, das Schinkel mit der Familie aufgesucht hat.

1837 Beschäftigung mit Stolzenfels, Erdmannsdorf und einem Erinnerungsdenkmal an den Aachener Kongreß (für Aachen im Auftrag des Kronprinzen). Inneneinrichtung Prinz Wilhelm (Palais) vollendet. Schloß Babelsberg wird von Prinz Wilhelm und seiner Frau Augusta bezogen. Frühe Kur (Mai) in Teplitz und Marienbad. Anschließend begibt sich Schinkel erneut nach Erdmannsdorf, besucht auch weitere schlesische Orte, setzt sich für die Erhaltung des Franziskanerklosters in Görlitz ein.
Zeichnungen entstehen vor allem in Marienbad.

1838 Entwürfe für ein Schloß auf der Krim: Orianda (nicht ausgeführt). Ernennung zum Oberlandesbaudirektor (13. 11.). Es erscheint die erste Monographie über ihn, Franz Kuglers *K.F. Schinkel – eine Charakteristik seiner künstlerischen Wirksamkeit.*

Pläne zum runden Turm am Jagdschloß Granitz auf Rügen. Entwürfe für Burg Stolzenfels. Verhandlungen mit Prinzessin Marianne über Schloßbau Kamenz in Schlesien. Dienstreise nach Schlesien mit Besichtigung des Bauplatzes in Kamenz und der Arbeiten in Erdmannsdorf (im April). Anschließend im Juni mit Familie zur Kur in Kissingen. Von dort Korrespondenz mit Schwager Berger wegen Turmeinsturzes in Erdmannsdorf und Baustellenleiter Martius über den geplanten Bau in Kamenz. Nach der Kur fährt Schinkel ins Rheinland: Mainz, Koblenz, Stolzenfels, Köln, Düsseldorf, Kassel, Berlin. August: Einweihung der Klause bei Kastel. Im September Schinkels letztes Gutachten über den Aufbau des Kölner Doms. Begibt sich im Oktober wieder nach Kamenz, wo am Geburtstag des Kronprinzen die Grundsteinlegung erfolgt (18. 10.) und neue Besprechungen mit Prinzessin Marianne und Prinz Albrecht notwendig werden.

Weiterer Entwurf: Sternwarte Bonn (Bau erst 1845 vollendet).

1839 Bauvorhaben Kamenz entwickelt sich wie Erdmannsdorf zur ständigen Belastung. Schinkel erwähnt in einem Brief an Prinzessin Marianne seinen schlechten Gesundheitszustand. Verhandlungen über Fenster und Glasursteine für das Gewölbe, Kostenberechnungen für Türrahmen und Arkadengänge beschäftigen ihn beständig. Erforderlich werden ein Maschinenhaus, eine Wasseranlage und eine erneute Bodenangleichung. Verlangt wird auch ein Tirolerhaus in Erdmannsdorf. Während Kur im Juli in Kissingen arbeitet Schinkel die Bauberichte von Martius durch.

Wieder in Berlin Gutachten zur Stadtplanung in

Krefeld. Im Winter: grundlegende Änderung des Entwurfes für Schloß Kamenz.
König zieht Order zum Neubau der Bibliothek zurück, statt dessen soll das alte Bibliotheksgebäude (Spitzname: »Kommode«) renoviert werden.

1840 Ehrenmitglied der Akademie der Künste in Stockholm. Entwurf eines Denkmals für Ancillon, Prediger der französischen Gemeinde und Prinzenerzieher. Grabmal für Kriegsminister von Witzleben. Im Mai letzter Besuch in Kamenz.
Tod Königs Friedrich Wilhelm III. (7. 6.).
Zur Kur nach Bad Gastein, ab September wieder in Berlin. Schinkel verliert das Bewußtsein (9. 9.).
Friedrich Wilhelm IV. befiehlt weiteren Aufbau des Kölner Doms und Anbringung des Schmucks an sämtlichen Schinkelbauten.

1841 Tod Schinkels, ohne das Bewußtsein wiedererlangt zu haben, am 9. Oktober.

1842 Friedrich Wilhelm IV. kauft Schinkels künstlerischen Nachlaß für ein Schinkel-Museum (16. 1.)

1844 Erster Teil der Museumsfresken wird vorgeführt (Illumination).

1846 Giebelschmuck an der Neuen Wache vollendet.

1847 Zweiter Teil der Museumsfresken enthüllt.

1861 Portaltüren am Museum angebracht, zwei Pegasus-Gruppen und Löwenkämpfer an der Treppe aufgestellt.

1880 Aufbau des Kölner Doms vollendet.

Statt einer Bibliographie

Zum 200. Geburtstag Karl Friedrich Schinkels gab es 1981 im damals noch geteilten Berlin zwei Ausstellungen, eine im Westen, im Schloß Charlottenburg, unter dem Titel *Architektur, Malerei, Kunstgewerbe*, und eine im Osten, in Schinkels Altem Museum unter dem Titel *Karl Friedrich Schinkel 1781–1841*. Beide Kataloge gehören inzwischen zu den Grundlagenwerken über den preußischen Baumeister. Der letztgenannte enthielt eine Bibliographie von über 400 Titeln. Goerd Peschken: Interview »Denk-mal Schinkel« in Sonderheft Karl Friedrich Schinkel Museumspädagogischer Dienst, Berlin 1981.
Dieter Janz: Leserbrief Schinkel, in *Der Tagesspiegel*, Berlin, 19. April 1981.

Schinkels Leben und sein Werk sind gut erforscht, vor allem das Werk, weniger das Leben, um das es vorwiegend in dieser Biographie geht. Die Aussagen dazu beruhen alle auf Franz Kuglers kurzer *Charakteristik* (Berlin 1842) und auf Gustav Friedrich Waagens *Karl Friedrich Schinkel als Mensch und Künstler*, eine Abhandlung, die zuerst im *Berliner Kalender* 1844 erschien und in Waagens *Kleinen Schriften* (Stuttgart 1875) nachgedruckt wurde. Schinkels *Briefe, Tagebücher, Gedanken* sind in Auswahl von seinem Schwiegersohn Alfred Freiherr von Wolzogen in vier Bänden gesammelt und zuerst 1862–64 herausgegeben worden. Eine spätere Ausgabe von

Hans Mackowsky hat die von Wolzogen vorgenommenen Änderungen korrigiert (Berlin 1922, Reprint Berlin-Frankfurt am Main-Zürich 1981). Schinkels *Reise nach England, Schottland und Paris im Jahre 1826* liegt in den eigenen Äußerungen dokumentiert vor, herausgegeben und kommentiert von David Bindmann (Berlin, DDR, 1986, München 1986).

Monographien und Biographien gibt es viele der unterschiedlichsten Art. Eine der besten ist immer noch Fontanes Beitrag über seinen Landsmann in den *Wanderungen durch die Mark Brandenburg. Die Grafschaft Ruppin – Am Ruppiner See*. August Grisebachs *Carl Friedrich Schinkel – Architekt, Städtebauer, Maler* (Leipzig 1924), ist 1981 in München-Zürich neu herausgekommen. Neuere Arbeiten liegen vor von Wolfgang Büchel (Reinbek 1994), Barry Bergdoll: *Preußens berühmtester Baumeister* (Basel, Boston, Berlin 1994), Eric Forssman (*Bauwerke und Baugedanken* 1981, *Seine Bauten heute*, Dortmund 1990). Werner Szambien (Basel, Boston, Berlin 1990), auch vom Verfasser dieser Biographie ein »kleiner Schinkel« als *Preußischer Kopf* (Berlin 1981). Paul Ortwin Raves Biographie (München, Berlin 1953, ist bearbeitet von Eva Börsch-Supan (München 1981) neu herausgekommen. Unübertroffen blieb Mario Zadows Faktensammlung *Karl Friedrich Schinkel* (Berlin 1980), die viele bislang unerschlossene Quellen anzapfte und der auch dieses Buch vieles verdankt. *Die Reisen nach Italien*, von Gottfried Riemann gesammelt (Berlin 1979), sind als Neuausgabe (Berlin, Weimar 1994) erschienen. Die *Bühnenentwürfe* hat Helmut Börsch-Supan (Berlin 1990) zusammengestellt. Hermann Pundts *Schinkels Berlin* erschien (Frankfurt, Berlin, Wien) 1981. Hans Andreas: *Karl Friedrich Schinkel – Bauten, Gemälde, Industriedesign, Bühnenbilder* (München) 1995.

Schinkel hat sein Werk selbst in seiner *Sammlung architektonischer Entwürfe* zusammengefaßt. Die Erstausgabe erschien 1819–1840 und wurde als *Collection of Architectural Designs* 1981 in Chicago und 1982 in London und New York nachgedruckt. Ergänzt wird sie durch die jahrzehntelange Sammlung *Karl Friedrich Schinkels Lebenswerk*, die seit 1938 von der Akademie der Baukunst, Berlin, herausgegeben wird, ab 1948 von Paul Ortwin Rave und ab 1963 von Margarete Kühn (Berlin, seit 1968 München, Berlin) weitergeführt. Folgende Einzelbände sind erschienen: *Potsdam* von Hans Kania (1939), *Schlesien* von Günther Grundmann (1941), *Berlin 1. Teil* von Paul Ortwin Rave (1942, erweiterter Nachdruck 1981), *Bauten für den Prinzen Karl* von Johannes Sievers (1942). *Berlin 2. Teil* von Paul Ortwin Rave (1948, erweiterter Nachdruck 1981), *Die Möbel* von Johannes Sievers (1950), *Pommern* von Hans Vogel (1952), *Arbeiten für den Prinzen Wilhelm* von Johannes Sievers (1955), *Mark Brandenburg* von Hans Kania und Hans-Herbert Müller (1960), *Die Rheinlande* von Otto Brües (1968), *Westfalen* von Ludwig Schreiner (1969), *Berlin 3. Teil* von Paul Ortwin Rave (1969, erweiterter Nachdruck 1981), *Das Architektonische Lehrbuch* von Goerd Peschken (1979), *Ausland, Bauten und Entwurf* von Margarete Kühn (1989).

Über die historischen Hintergründe informieren u. a. Helmut Börsch-Supans *Deutsche Romantiker* (München 1972) und Dieter Struß: *Deutsche Romantik – Geschichte einer Epoche* (München, Gütersloh 1986), zum Thema Klassizismus Willmut Arenhövels Katalog *Berlin und die Antike* (Berlin 1979) und Oswald Hederers *Klassizismus* (München 1976), über die Akademieausstellungen Helmut Börsch-Supan: *Die Kataloge 1786–1850* (Berlin 1971), über die Bildhauerei der Zeit *Das Klassische Berlin im 19. Jahrhundert* von Peter Bloch und Waldemar Grzimek (Berlin 1978).

Biographien seiner Zeitgenossen, in denen Schinkel erwähnt wird: Oswald Hederer: *Leo von Klenze* (München 1964), Edmund Hildebrandt: *Friedrich Tieck. Ein Beitrag zur deutschen Kunstgeschichte im Zeitalter Goethes und der Romantik* (Leipzig 1906), Marlies Lammert: *David Gilly. Ein Baumeister des deutschen Klassizismus* (Berlin, DDR, 1982), Alste Oncken: *Friedrich Gilly* (Berlin 1935, Nachdruck Berlin 1981), Hermann Fürst von Pückler-Muskau: *Andeutungen über Landschaftsgärtnerei* (Stuttgart 1834), Nachdruck in *Ausgewählte Werke Fürst Pückler-Muskau*, herausgegeben von Ekhard Haack und Heinz Ohff (2 Bände, Berlin 1985), Johann Gottfried Schadow: *Kunst-Werke und Kunst-Ansichten (1849), Aufsätze und Briefe (2. Auflage 1890)*, eingeleitet von Helmut Börsch-Supan (Berlin 1980), Ernst Ludwig Heim: *Tagebücher und Erinnerungen*, herausgegeben von Wolfram Körner (Leipzig, DDR, 1989), Clemens Brentano: *Briefe*, herausgegeben von Friedrich Seebaß (Nürnberg 1951), Peter Berglar: *Wilhelm von Humboldt* (Reinbek 1970), Cécile Lowenthal-Hensel: *Preußische Bildnisse des 19. Jahrhunderts. Zeichnungen von Wilhelm Hensel* (Berlin, Katalog Nationalgalerie 1981), Ribbe/Schäche: *Baumeister, Architekten, Stadtplaner. Biographien zur baulichen Entwicklung Berlins* (Berlin 1987) Helmut Reihlen: *Christian Peter Wilhelm Beuth* (Berlin, Köln 1988), Katalog der Ausstellung *Carl August Schramm* und *Karl Friedrich Schinkels Spuren in Zittau* (Zittau o. J.). *Künstlerleben in Rom. Bertel Thorvaldsen*, Katalog (Nürnberg, Schleswig, Kopenhagen 1991/92), Lili Parthey: *Tagebücher. Aus der Berliner Biedermeierzeit*, herausgegeben von Bernhard Lepsius (Berlin, Leipzig 1926), über Johann Gottlieb Ludwig Bartning in Heiner Lautenschläger: »Otto Bartning« in *Mitteilungen der Musischen Gesellschaft*, Heft 68 (1996).

Schinkels Vielseitigkeit hat seit jeher viele Autoren zu Einzeluntersuchungen ermuntert, die seine Person und sein Werk von den verschiedensten und oft reizvollsten Perspektiven beleuchten. Unter anderem wurden benutzt Gottfried Riemanns und Christa Heeses Zusammenstellung *Karl Friedrich Schinkel. Architekturzeichnungen* (2. Auflage, Berlin 1996); Hans-Joachim Giersbergs und Adelheid Schendels *Potsdamer Veduten* (Potsdam-Sanssouci 1984), Helmut Börsch-Supans »Brükkendarstellungen deutscher Romantiker« und Martin Sperlichs »Überbrückungen«, beides in *Daidalos*, 57 (1995), Marieluise Hübschers *Die königlichen Schauspiele in Berlin unter der In-*

tendanz des Grafen Brühl (1815–1828), Diss. (Berlin 1960), *Lalla Rookh, ein Festspiel mit Gesang und Tanz. Aufgeführt auf dem Königlichen Schlosse in Berlin am 27sten Januar 1821*, ohne Verfassernamen im Verlag L. W. Wittich erschienen (Berlin 1822), Paul Ortwin Raves »Schinkel als Beamter« im *Zentralblatt der Bauverwaltung*, Nr. 62 (Berlin 1932), die Monographie *Berliner Eisenguß* von H. Schmitz (München 1917), auch Brigitte Stamm: *Blicke auf Berliner Eisen* (Berlin 1970). Über Denkmalpflege: Gabriele Wolff: *Zwischen Tradition und Neubeginn. Zur Geschichte der Denkmalpflege in der 1. Hälfte des 19. Jhdts.*, Diss. (Frankfurt, Selbstverlag 1992), Abri Martina: *Die Friedrich-Werdersche Kirche zu Berlin* (Berlin 1992), Wolfgang Illert: *Das Treppenhaus im Deutschen Klassizismus* (Worms 1988), Laurenz Demps: *Der Gensd'armen-Markt* (Berlin, DDR, 1987), Manfred Hartmann Scärf: *Die klassizistischen Landschloßumbauten Karl Friedrich Schinkels* (Berlin 1986), *Preußische Bauten am Rhein* (Dortmund 1983 – Schriften des Ministers für Landes- und Stadtentwicklung Nordrhein-Westfalen), Doris Maurer (Hg.): *Potsdam. Ein Reisebuch* (Frankfurt am Main 1993).

Bedanken muß ich mich besonders bei Dr. Ekhard Haack für viele Hinweise auf Literatur und einige gemeinsame Reisen zu Schinkel-Bauten sowie bei dem Dichter und Archivar Klaus M. Rarisch für Hinweise auf Dissertationen zum Thema und wiederum bei Renate Reifferscheid für ihre Hilfe und überaus sorgfältige Redaktion.

H. O.

Personenregister